工程经济学

（第二版）

Engineering Economics

(Second Edition)

梁学栋 邓富民 李智 张欣莉 编著

经济管理出版社

图书在版编目（CIP）数据

工程经济学/梁学栋等编著 . —2 版 . —北京：经济管理出版社，2017.5
ISBN 978 - 7 - 5096 - 5053 - 0

Ⅰ.①工… Ⅱ.①梁… Ⅲ.①工程经济学—高等学校—教材 Ⅳ.①F062.4

中国版本图书馆 CIP 数据核字（2017）第 073403 号

组稿编辑：王光艳
责任编辑：许　兵
责任印制：黄章平
责任校对：超　凡

出版发行：经济管理出版社
　　　　　（北京市海淀区北蜂窝 8 号中雅大厦 A 座 11 层　100038）
网　　址：www. E - mp. com. cn
电　　话：（010）51915602
印　　刷：玉田县昊达印刷有限公司
经　　销：新华书店
开　　本：720mm×1000mm/16
印　　张：21
字　　数：380 千字
版　　次：2017 年 5 月第 2 版　2017 年 5 月第 1 次印刷
书　　号：ISBN 978 - 7 - 5096 - 5053 - 0
定　　价：68.00 元

·版权所有　翻印必究·

凡购本社图书，如有印装错误，由本社读者服务部负责调换。
联系地址：北京阜外月坛北小街 2 号
电话：（010）68022974　　邮编：100836

目 录

第一章 绪论 ··· 001
 第一节 工程经济学简介 ··· 003
 第二节 研究对象及内容 ·· 005
 第三节 工程经济分析 ··· 008

第二章 资金的时间价值与等值计算 ·· 021
 第一节 现金流量 ··· 022
 第二节 资金的时间价值 ·· 023
 第三节 资金等值计算 ··· 030

第三章 方案的评价指标 ·· 045
 第一节 评价指标体系 ··· 046
 第二节 静态评价指标 ··· 050
 第三节 动态评价指标 ··· 054
 第四节 EXCEL 运用实例 ·· 070
 第五节 经济评价指标选择 ··· 071

第四章 建设项目方案的多方案比较选优 ······································ 077
 第一节 建设项目方案概况 ··· 078
 第二节 独立型方案的比选 ··· 080
 第三节 互斥型方案的比选 ··· 083
 第四节 混合方案的比选 ·· 096

第五章　工程项目资金来源 ... 105

第一节　工程项目融资概述 ... 106
第二节　工程项目资金来源与融资渠道 ... 108
第三节　工程项目融资的框架结构 ... 114
第四节　工程项目融资的参与者 ... 118
第五节　主要融资方式 ... 120
第六节　工程项目的融资方式 ... 126
第七节　融资方案分析 ... 131

第六章　投资方案的财务评价 ... 143

第一节　财务评价概述 ... 145
第二节　财务基础数据的估算 ... 147
第三节　财务评价报表的编制与评价指标的计算 ... 165
第四节　资金的财务杠杆效应与风险分析 ... 182

第七章　投资方案的国民经济评价 ... 207

第一节　国民经济评价概述 ... 208
第二节　国民经济评价的费用与效益分析 ... 213
第三节　费用效果分析 ... 218
第四节　影子价格 ... 225

第八章　工程项目风险与不确定性分析 ... 235

第一节　工程项目风险分析 ... 236
第二节　工程项目风险性决策 ... 242
第三节　不确定性分析 ... 246

第九章　价值工程 ... 263

第一节　价值工程概述 ... 264
第二节　价值工程分析方法 ... 270
第三节　价值工程的应用实例 ... 290

第十章 项目后评价 ·· 299
    第一节 项目后评价概述 ································· 300
    第二节 项目后评价的内容与方法 ······················ 312
    第三节 项目后评价报告 ································· 318

参考文献 ··· 325

第一章 绪 论

👉 学习目标

1. 理解工程经济学的概念和发展历程。
2. 了解工程经济学的研究对象和特点。
3. 了解工程经济分析的基本原则和基本要素。
4. 掌握工程经济分析的方法和步骤。

👉 章前引例

新建工厂需要做哪些工作

某地为满足发展工业生产，增加粮食产量，扩大就业等需要，拟建一个大型化肥厂。其主管部门领导为确保项目成功运作，要求某研究机构对该项目进行可行性分析。

实践证明，项目可行性分析做得越细致，基建和生产的经济效果就越能获得保证。过去有很多基建项目，由于前期缺乏严格、科学的可行性分析和论证，导致项目中途下马或建成投产以后困难重重，出现诸如厂址选择不当、原材料供应不足、电力缺乏、交通不便，甚至产品滞销等问题，导致事倍功半。

某研究机构接受该可行性分析任务后，首先进行了市场预测和市场调查，然后进行了各种技术经济分析，最后提出了方案为决策部门提供支持。

1. 调查和预测

预测的方法有许多种，但是需要选择一种既简单方便，又正确的预测方法。新建一个化肥厂，需要预测的内容很多，大致要进行市场需求预测、技术预测和资金来源分析等。

（1）市场需求。产品的种类和产品的销路与经济形势、地区发展程度、产品目标市场状况等密切相关，同时还受到国家相关的建设方针和计划的影响。所

工程经济学

以，仅仅是市场预测就要做许多工作。

(2) 技术预测和设备调查。在今后几年内，化肥工业会有怎样的变化？催化剂、工艺路线、气化原料会如何变化？技术上有何突破？预测这些事件，对随后采取什么工艺和设备有积极意义。

(3) 资金来源分析。在新建一个项目的过程中，资金从何处而来是首先要解决的问题。目前，项目建设的资金来源主要有银行贷款和自筹资金（更新改造资金、几家合办等）两种。对于银行贷款要考虑到本息的归还能力和偿还期的问题，对于合办的要考虑到利益及赔款分配等问题。

在对利润和偿还期进行分析时，可根据国内同类厂商的资料进行预估计，并进行相应的财务分析。若利润率过低、偿还期太长，甚至赔本，应考虑另一种工艺路线和设备。

2. 决策

(1) 规模决策。根据上述对化肥产量和需求量的预测，化肥厂的规模应多大？其投资效果又如何？

(2) 引进技术分析。

1) 查对需要引进的设备。引进何种设备？引进国内的还是国外的？

2) 查对引进设备的用途和负荷。采用其他符合本地本厂情况的加工方法，用国产原材料规格，以及人员配备等，然后进行财务总概算和技术经济的分析。

3. 工业基本建设程序

工业的基本建设，工作环节很多，这些环节互相联系紧密，牵涉面广，需要经过许多步骤和阶段。根据国家计划新建一个大厂，大体上要经过编制计划任务书、厂址选择、勘察、设计、施工、设备安装、试运转以及竣工验收等阶段，整个过程需要按照严格的工作程序进行。

资料来源：http://resource.jingpinke.com。

上例即是在日常经济生活中常遇到的典型工程经济学问题，在完成了对本书的学习以后，能够对上述案例所述情况有较为直观的认识。

第一节　工程经济学简介

工程经济学（Engineering Economics）是工程与经济的交叉学科，是研究工程技术实践活动经济效果的学科。即以工程项目为主体，以技术—经济系统为核心，研究如何有效利用资源，提高经济效益的学科。工程经济学研究各种工程技术方案的经济效益，研究各种技术在使用过程中，如何以最小的投入获得预期产出或者说如何以等量的投入获得最大产出；如何用最低的寿命周期成本实现产品、作业以及服务的必要功能。在深入了解工程经济学之前，我们必须明确工程经济学的一些基本概念及其发展历程。

一、概念

工程（Engineering）一词，根据美国专业发展工程师理事会的定义为："工程是研究、试验、实践而得来的数学和自然科学知识，用来判断人类利用物质和自然力谋福利的发展道路"。

经济（Economics）这一概念，有多种的认识角度。它可以指一种生产关系，如按生产资料的所有制，划分为国有经济、集体经济和私有经济，按资源的配置方式划分为小农经济、市场经济、计划经济等；也可以指一个国家国民经济的总体或它的各个组成部分，如工业经济、农业经济、第三产业经济等；也可以指社会生产和再生产过程及其各个环节，即包括生产、交换、流通、分配和消费等社会活动，都属于经济范畴；它同时还可以是效益和节约的概念，即以尽可能小的投入，获取尽可能大的产出。例如，某个投资项目，以比较小的资金投入，获取丰厚的利润，就可以说这项投资很经济或经济效益好。本书中的"经济"更多指的是第四种含义，即节约、效益。

工程经济学是工程技术与经济相结合的综合性交叉学科，是兼有技术经济属性和工程技术属性的应用经济学科。它是以工程技术为主体，以技术经济系统为核心，研究工程技术领域的经济问题和经济规律，工程技术进步和经济增长相互关系的科学。工程经济学是微观经济学的一个特殊领域，因此，它关注的重点是单个组织或企业的经济决策，其任务就是用有限的资源，以最优的方式完成工程任务，并获得最大的经济效益和社会效益。著名的亚瑟姆·威灵顿（Arthur M.

Wellington）曾经将工程经济学形象地描述为"一门少花钱多办事的艺术"，对工程经济学进行了形象的概括和阐述。

工程经济学一般用来解决如下一些问题：

（1）什么样的工程项目是值得去做的。工程经济学中，通过使用不同的分析工具，在项目实施之前对项目进行分析、评估，从而决定某个具体的项目是否值得去做，以及可以花费多少资源和代价去做。

（2）给不同的项目赋予不同的优先性。在实际中，一般都不会是只有一个项目需要做，而是同时有两个或两个以上的项目需要去完成，这种情况下就需要辨明每个项目的轻重缓急，以便更好地安排项目的进度和完成顺序。

（3）安排工程项目的任务设计。如章前引例中的案例，在确定一个项目以后，需要安排项目每个环节需要完成的任务。从项目的开始，到最后的完成阶段，都需要事先对项目进行完善缜密的设计。正所谓"凡事预则立，不预则废"，充分完善的任务设计可以有效保证项目的顺利进行。

由工程经济学主要解决的问题出发，可得出工程经济学的主要内容包括资金的时间价值理论、工程项目的可行性研究理论、投资项目经济评价指标体系与多方案择优理论、不确定性分析、设备更新的经济分析、生产经济、价值工程理论等，这些内容将在本书接下来的章节中详细介绍。

二、发展历程

工程经济学主要产生并发展于国外，目前，公认为起源于1887年亚瑟姆·威灵顿的著作《铁路布局的经济理论》(The Economic Theory of Railway Location)，他首次将成本分析方法应用于铁路的最佳长度和路线的曲率选择问题，并提出了工程利息概念。1930年，格兰特（E. L. Grant）在他的《工程经济学原理》(Principles of Engineering Economy) 一书中指出了古典工程经济学的局限性。格兰特的许多贡献获得了社会承认，被称为"工程经济学之父"。此后，工程经济学在美国等西方国家得到了进一步的发展和完善，形成了相对完整的学科领域（见表1-1）。

近几十年来，西方工程经济学理论出现了宏观化研究的趋势，工程经济中的微观部门效果分析正逐步同宏观的效益研究、环境效益分析结合在一起，国家的经济制度和政策等宏观问题成为当代工程经济学研究的新内容，使这一学科得到更为完善的发展。

我国对工程经济学的研究和应用起步于20世纪70年代后期。随着改革开放

表 1-1　工程经济学发展历程

重要的历史人物	主要贡献
亚瑟姆·威灵顿	最早探讨工程经济问题的人物之一。首次将成本分析方法应用于铁路的最佳长度和路线的曲率选择问题，并提出了工程利息的概念。他认为工程经济并不是建造艺术，而是一门少花钱多办事的艺术，从而开创了工程领域中的经济评价工作。1887年出版了《铁路布局的经济理论》。
菲什	20世纪20年代，系统地阐述了与债券市场相联系的工程投资模型。
戈尔德曼	20世纪20年代，出版《财务工程》，第一次提出用复利法来确定方案的比较值、进行投资方案评价的思想，并且批评了当时研究工程技术问题不考虑成本、不讲究节约的错误倾向。
格兰特	1930年出版教科书《工程经济学原理》，奠定了经典工程经济学的基础。指出了古典工程经济学的局限性，并以复利计算为基础，对固定资产投资的经济评价原理作了阐述，同时指出人的经验判断在投资决策中具有重要作用，被誉为"工程经济学之父"。
迪安	在凯恩斯经济理论的基础上，分析了市场供求状况对企业有限投资分配的影响。1951年出版《投资预算》，阐述了动态经济评价法以及合理分配资金的一些方法及其在工程经济中的应用。
布西	1978年出版了《工业投资项目的经济分析》。全面系统地总结了工程项目的资金筹集、经济评价、优化决策以及项目的风险和不确定性分析等。
里格斯	1982年出版了《工程经济学》。系统地阐述了货币的时间价值、时间的货币价值、货币理论、经济决策和风险以及不确定性等工程经济学的内容，把工程经济学的学科水平向前推进了一大步。

的推进，工程经济学的原理和方法已广泛应用到我国诸多领域的经济建设项目宏观与微观的评价中；对工程经济学学科体系、理论和方法、性质与对象的研究也十分活跃；有关工程经济的投资理论、项目评价等著作和文章大量出现，逐步形成了有体系的、比较贴近我国国情的工程经济学学科。

第二节　研究对象及内容

工程经济学属于综合性的交叉学科，采用定性和定量相结合的方法，其对象以工程技术的经济性分析为主，包括了时间价值、评价分析、对比分析、价值工程和不确定分析等方面的研究内容。

一、研究对象

工程经济学从技术的可行性和经济的合理性出发，运用经济理论和定量分析方法，研究工程技术投资和经济效益的关系。例如，各种技术在使用过程中，如何以最小的投入取得最大的产出;如何用最低的寿命周期成本实现产品、作业或服务的必要功能等。工程经济学不研究工程技术原理与应用本身,也不研究影响经济效果的各种因素自身,而是研究这些因素对工程项目产生的影响,研究工程项目的经济效果,具体内容包括对工程项目的资金筹集、经济评价、优化决策,以及风险和不确定性分析等。

扩展阅读

目前关于工程经济学的主要观点

第一种观点:从经济角度选择最佳方案的原理与方法

在《管理经济与工程经济》中,G.A 泰勒教授认为,工程经济学和管理经济的研究对象是如何进行经济决策,即按经济准则选取最佳方案的学科。美国德克萨斯州大学的布西教授(Lynn. E. Bussey)与泰勒的观点相似。在其1978年的《工业投资项目的经济分析》一书中,布西教授将"工程经济学"与"工业投资项目的经济分析"严格区分开来。在他看来,为了解决资源分配上的竞争,"不但要一对一对地将待选方案做出经济比较,而且更需要找出使企业的整体利益(通常指企业的总体净现值)最大的子集项目(Subset of Project)。这正是工程经济与工业投资项目选择之间最根本的区别所在"。

第二种观点:为工程师服务的经济学

无论是第一代的工程经济学家威灵顿、菲什、戈尔德曼,还是当代的 J.L. 里格斯,都或明或暗地认为工程经济学就是为工程师而准备的经济学。威灵顿更是直接地将工程经济学定义为"使工程师少花钱多办事的艺术"。如此一来,工程经济学的具体对象就涵盖了工程项目规划、投资项目经济评价、投资决策分析及生产经营管理等领域的决策问题。

第三种观点:研究经济性的学科领域

日本学者千住镇雄、伏见多美雄教授和中村善太郎副教授自20世纪50年代开始,就对西方的工程经济进行了研究反思和新的探索,创建了颇具特色的经济性工程学。他们认为,不论是企业还是非盈利组织为合理地运营发展都"以经济性为准则或尺度"选择行为方案,基于经济性的分析称为经济性分析。但以往的经济性分析一直是在各种学科领域中相互孤立地进行研究发展,如管理会计、管理经济学、工程经济学、运筹学、质量控制、工业工程等学科均从略有不同的立场、角度研究经济性,并探索出实用的分析方法。但以经济性的综合应用角度观之，这些理论仍无法充分地发挥出应有的实践效果，为此，他们开发出经济性工程学这样一种综合而实用的用以研究分析评价经济性的学科。

第四种观点：研究工程项目节省或节约之道的学科

我国学者任隆消、陈云鹏1987年出版了《工程经济》，主要研究"工程项目的节约，即经济性"。更具体地说，就是从拟议中的一个或若干个工程项目投资的财务和经济效果出发，运用事先的成本效益分析方法，通过对同一工程项目方案的优先和最佳方案的可行性判断，或不同工程项目财务和经济效果的排队和最佳的项目组合，力求实现最大限度的节省或节约，从而为正确的工程项目决策（投资决策）提供可靠依据；工程经济学是介于工程学科与经济学科之间的一门边缘性、应用性的管理学科。

资料来源：赵国杰：《新工程经济学体系设计》，《基础管理优化》，2003年第3期，总第56期。

二、研究内容及特点

工程经济学立足于经济，研究技术方案，已成为一门综合性的交叉学科。其主要研究内容包括资金的时间价值、工程项目评价指标与方法、工程项目多方案的比较和选择、建设项目的财务评价、建设项目的国民经济评价和社会评价、不确定性分析、价值工程、设备更新方案的比较、项目可行性研究等方面。其主要特点如下：

1. 综合性

工程经济学既包含自然科学的内容，又包含社会科学的内容。工程技术学科研究自然因素运动、发展的规律，是以特定的技术为对象的；而经济学科是研究生产力和生产关系运动发展规律的一门学科。工程经济学从技术的角度分析经济问题，又从经济角度考虑技术问题。工程技术的经济问题往往是多目标、多因素的。它所研究的内容涉及技术、经济、社会、时间等因素，具有综合性。

2. 实用性

工程经济学是实践性很强的应用科学。工程经济学研究的课题、分析的方案来源于工程建设实际，并紧密结合生产技术和经济活动进行，工程经济学是为了适应生产实践的需要而产生和发展的。其分析和研究的成果直接用于生产，并受到实践的验证。

3. 定量性

工程经济学的研究方法注重定量分析。通过对各种方案进行客观、合理、完善的评价，用定量分析结果为定性分析提供科学依据。如果不进行定量分析，那么技术方案的经济性就无法评价,经济效果的大小就无法衡量,也就无法在方案之间进行比较和优选。因此,在分析和研究过程中,要用到很多数学方法、计算公式,并建立数学模型。

4. 预测性

工程经济学是对工程技术可行方案的预期效果进行分析。由于工程经济分析活动一般都在项目发生之前进行,因而要事先对未来要实施的技术政策、技术措施、技术方案等进行经济分析评价。通过预测使技术方案更接近实际,避免盲目性。

5. 系统性

在工程经济分析中,要将所研究的对象置于一个大系统中进行分析研究,着眼于整体,采用系统分析的思想与方法来分析各个因素与环节,以实现系统总体最优为目的。

6. 择优性

工程经济学的研究内容是在技术可行的基础上进行经济合理性的研究,为技术可行性提供经济依据。对于一个技术问题,往往存在着不同的解决方案。为了达到最佳的经济效果,需要对这些方案进行比较和选择。工程经济分析的过程,简而言之就是方案的比较和择优的过程。

第三节 工程经济分析

工程经济分析的主要目标是实现评价对象经济效益的最大化。建设项目作为工程经济分析的主要客体,追求其投资的最大报酬,就应当遵循科学的建设规律,讲究资源合理配置和有效使用,努力提高工程的有效性。

工程经济分析是项目建设前期的一项重要工作,是科学的建设程序中十分重要的一个环节。工程经济分析是在项目初步设计基础上进行的。通过项目经济性评价,可考察项目设计方案可以实现的经济状况,并以此对方案优化提出建议;通过项目经济性评价,可考察融资方案的经济可行性,并对项目融资组合和融资决策提出建议;通过项目经济性评价,可全面考察项目的财务盈利能力、偿债能力和生存能力,为投融资各方提供科学的决策依据;通过项目经济性评价,可考察项目的社会经济资源配置和使用状况以及对社会福利的贡献,为有关部门审批

（核）项目提供科学依据；通过项目经济性评价，可考察项目运营的不确定性因素和可能的风险，为项目的可靠运营提供建议。

一、基本原则

工程经济分析以实现评价对象经济效益的最大化为目标，其分析过程遵循以下基本原则。

1. 经济效益原则

经济效益原则是工程经济分析的核心原则。

所谓工程经济活动的经济效益是指该活动的投入与产出的比较，一般有比率和绝对效果两种表达形式：

$$经济效益 = \frac{产出（所得）}{投入（所出）} \quad (1-1)$$

或者

经济效益 = 产出（所得）- 投入（所出）

第一个公式是经济效益的相对效果，第二个公式是经济效益的绝对效果，比值（差值）越大，则表示经济效益越好。

在对工程项目进行分析的过程中，要以经济效益为核心原则来考察分析项目是否具有实行的必要。本书后边章节中的很多指标体系，都是从不同的角度构造的反映经济效益的指标。

2. 定量与定性相结合的原则

工程经济分析方案的经济效果要从工程消耗和工程成果两方面来确定，用定量的方法对成果和费用、产出与投入之间进行分析和计算，以此作为评选方案的依据。

由于实际工程中往往存在着一些无法定量的因素，例如，社会因素、政治因素、环境因素等，因而仅凭定量计算的结果作为选择方案的依据是不够的。因此，在评选方案中应在定量计算的基础上进行定性分析。

3. 可比性原则

方案之间的比较是工程经济分析中极为重要的内容，而参选方案之间是否具有可比性是进行方案比较的基础。若方案之间具有可比性，则可以进行方案的比较选择，否则就不能直接进行比较，必须经过处理之后才可以进行比较。工程经济分析的可比性包括：原始资料和数据的可比性、消耗费用的可比性、需求的可比性、价格和时间的可比性。

4. 技术与经济相结合的原则

随着科学技术的进步和社会经济的发展，社会经济活动已经与现代科学技术密不可分，而科学技术的发展又受到经济的制约。经济发展的需要是技术进步的动力，技术的进步又是推动经济发展的决定因素，技术与经济是矛盾的统一。因此，在工程经济分析中技术上的先进性与经济上的合理性两者必须统一。在使用工程经济分析方法进行评价时，既要评价技术上的先进性与适用性，又要评价经济上的合理性，要将两者结合起来。

5. 财务分析与国民经济分析相结合的原则

财务分析是指在国家现行财税制度和价格体系的前提下，从项目角度出发，计算项目的财务效益和费用，分析项目的盈利能力、偿债能力和可行性。国民经济分析是指在合理配置社会资源的前提下，从国家整体利益的角度出发，计算项目对国家经济的贡献，分析项目的经济效率、效果以及对社会的影响，评价项目在宏观经济上的可行性。

由于财务分析与国民经济分析所代表的利益主体不同，因而财务评价的结论与国民经济评价的结论可能会不一致。在我国，项目是以国民经济评价是否可行作为选取条件，当财务分析与国民经济评价的结果不一致时应以国民经济分析的结果为主。

二、基本要素

在对工程项目进行财务评价时，其基本的经济要素主要包括投资、成本费用、营业收入、税金和利润。

1. 投资

工程经济学中所说的投资主要是指以固定资产建造和购置为中心的活动与投入。根据工程项目建设与经营的要求，投资者要形成一定的生产能力，所需要的项目总投资应包括建设投资、建设期利息、固定资产投资方向调节和流动资金四个部分。

常见的投资分类方法如下：

(1) 投资按其与形成资产关系的直接程度，可以分为直接投资和间接投资。

1) 直接投资。直接投资是指投资者运用筹措的资金直接开设厂房、独立经营，或者收购原有企业或与其他投资者合资经营、合作开发等，从而获得企业经营管理的权力。直接投资一般都能使实质资产存量增加，为生产产品和提供劳务创造物质基础。

2）间接投资。间接投资指投资者运用自己的资金购买股票、债券等有价证券以取得一定的股息为目的的投资行为。间接投资只能形成虚拟资产，其本身并不直接增加生产能力或服务能力。

（2）投资按其形成资产内容的不同，可以分为固定资产投资、流动资产投资、无形资产投资和其他长期投资。

1）固定资产投资。固定资产投资是指构建新的固定资产或者更新改造原有固定资产的投资。固定资产在生产经营过程中，其价值将随着固定资产的磨损，以折旧的形式逐渐计入产品成本，随着产品价值的实现而分次得到补偿。

2）流动资产投资。流动资产投资即增加流动资产的投资。流动资产是指可以在一年内或超过一年的一个营业周期内变现或耗用的资产，如现金、存款、存货等。流动资产在经营过程中，其价值一次性转移到产品成本中去，并随着产品价值的实现而得到补偿。

3）无形资产投资。无形资产投资是指为了获得无形资产而支付的资金。无形资产是指企业为生产商品、提供劳务、出租或为管理目的而持有的、没有实物形态的非货币性长期投资，一般包括专利权、非专利技术、商标权、著作权、土地使用权和商誉等。

4）其他长期投资。其他长期投资是指除固定资产、流动资产、无形资产以外的其他投资，如长期待摊费用等。长期待摊费用又称递延资产或递延费用，企业已经支付这些费用，但是其影响不仅限于支付当期，而是由支付当期和以后各期共同分摊。其他长期投资包括固定资产大修理支出、租入固定资产改良支出、开办费等。

（3）投资按其形成资产的用途不同，可以分为经营性投资和非经营性投资。

1）经营性投资。经营性投资是指所形成的资产主要用于物质生产和营利性服务。投资资金所转换的资产在运转中进行经济核算，以其收入弥补支出，计算分析盈亏。一般情况下，所投资金能完成周转过程。

2）非经营性投资。非经营性投资是指所形成的资产主要用于服务管理性事业。投资资金所转换的资产在运转中，资产的使用价值逐渐损耗，资产的价值无处转移，不能以收入弥补支出，不考核经济成果。因此，投资资金不能形成自身的循环周转。

2. 成本费用

（1）总成本费用。企业总成本费用是指项目在一定时期内为生产销售产品和提供劳务所发生的全部费用。总成本费用由生产成本和期间费用两部分组成。

1）生产成本。生产成本是指为生产产品和提供服务所发生的各种耗费，主要包括各项直接支出和制造费用。

各项直接支出主要包括直接材料、直接燃料和动力、直接工资和其他直接支出。制造费用是指发生在生产单位的间接费用，是生产单位为组织和管理生产所发生的各项费用。包括生产单位管理人员的工资、职工福利费、生产单位固定资产折旧费、修理费等。

2）期间费用。期间费用是指与特定的生产经营期密切相关，直接在当期得以补偿的费用。期间费用包括管理费用、财务费用和销售费用。

（2）经营成本。经营成本是工程经济学中分析现金流量时所使用的特定概念。经营成本是指总成本费用扣除折旧费、维护费、摊销费和利息支出后的成本费用。经营成本涉及项目生产及销售、企业管理过程中的物料、人力和能源的投入费用，能够准确地反映企业生产和管理水平，与同类产品或服务的生产企业具有可比性，因而是经济分析的重要指标。

（3）固定成本和可变成本。按照各种费用与产品或服务数量的关系，可以把总成本费用分为固定成本和可变成本两部分。

固定成本是指在一定时期和一定业务范围限度内不受产品或服务数量增减变动影响的费用。例如，折旧费、修理费、摊销费、工资（计件工资除外）及福利费和其他费用等。通常把运营期发生的全部利息也作为固定成本。

可变成本是指产品成本中随产品或服务数量的增减变动成比例增减的费用，包括外购原材料、燃料及动力费和计件工资等。

3. 营业收入

营业收入是指在企业销售产品或提供服务等日常活动中所形成的经济利益总流入，包括主营业务收入、其他业务收入等。营业收入是财务分析的重要数据，也是现金流量表中主要的现金流入量。

营业收入与同期总产值不同。总产值是指已加工完毕的成品、半成品和在制品按相应的价格计算的总值，所反映的是生产阶段的效益，而营业收入是产品出售的货币收入，是按照出售时的市场价格计算的，是给企业带来的真正效益。

4. 税金

税金是指工程项目根据国家税法的规定向国家缴纳的各种税款。税收是国家取得财政收入的主要渠道，也是国家对各项经济活动进行宏观调控的重要杠杆。在工程经济分析中，只有正确地计量项目的各项税费，才能科学准确地进行评价。现行税收制度包含几十个税种，本章就几个主要的相关税种进行简要介绍。

(1) 增值税。增值税是对在我国境内销售或者提供加工、修理修配劳务以及进口货物的单位和个人，就其取得货物的销售额、进口货物金额、应税劳务销售计算税款，并实施抵扣制的一种流转税。增值税是价外税，销售价格内不含增值税款，因此，增值税既不计入成本费用，也不计入销售收入。从企业角度进行投资项目现金流量分析时可以不考虑增值税。

(2) 营业税。营业税是对在我国境内提供应税劳务、转让无形资产或销售不动产的单位和个人，就其取得的营业额为课税依据征收的一种流转税。营业税的征收范围包括交通运输业、建筑业、金融保险业、邮电通信业、文化体育业、娱乐业、服务业七大行业的劳务提供；转让土地使用权、商标权、专利权、非专利技术、著作权、商誉等无形资产；销售不动产和混合销售行为。

(3) 消费税。消费税是政府向消费品征收的税项，可对批发商或零售商征收。征收消费税的消费品主要是奢侈品、非生活必需品、高能耗消费品、高档消费品、特殊消费品（烟、酒等）、稀缺资源消费品等。消费税是价内税，是价格的组成部分，与增值税交叉征收。

(4) 所得税。所得税是以单位（法人）或个人（自然人）在一定时期内的纯所得额为征税对象的各种税种，包括企业所得税以及个人所得税两种。

1) 企业所得税。适用于我国境内的实行独立经济核算的企业组织，包括：国有企业、集体企业、私营企业、联营企业、股份制企业和其他组织，但外商投资企业和外国企业除外。在计算企业应纳所得税额时，企业的收入总额应包括：生产经营收入、财产转让收入、利息收入、租赁收入、特许使用费收入、股息收入和其他收入。其计算公式为：

应税所得额 = 收入总额 − 税收准予扣除项目金额 (1-2)

应纳所得税额 = 应税所得额 × 适用税率 − 税额减免 − 税额抵免 (1-3)

本期实际应纳税额 = 应纳所得税额 + 期初递延所得税额 − 期初预付所得税额 (1-4)

纳税人发生年度亏损的，可以用下一纳税年度的所得弥补；下一纳税年度的所得不足以弥补的，可以逐年弥补，延续弥补期最长不得超过 5 年。

2) 个人所得税。凡在中国境内有住所，或无住所而在境内住满一年的个人，从中国境内和境外取得的所得，均应缴纳个人所得税。个人所得税适用于居民个人工资、薪金、劳动报酬等所得，以及个体工商户的生产、经营所得和对企事业单位的承包经营、承租经营所得。

5. 利润

利润是企业在一定会计期间内从事生产经营活动所取得的财务成果，能综合反映企业的生产经营的情况。企业利润主要包括营业利润、利润总额、税后利润等。

（1）营业利润。营业利润是指企业在一定期间取得的主营业务利润和其他业务利润减去期间费用之后的余额，即

营业利润 = 主营业务利润 + 其他业务利润 − 期间费用 　　　　　(1−5)

（2）利润总额。利润总额是指企业在一定期间内全部生产经营活动的最终财务成果，包括营业利润、投资净收益、营业外收支净额和补贴收入，即

利润总额 = 营业利润 + 投资净收益 + 营业外收支净额 + 补贴收入 　　(1−6)

其中：

营业利润 = 主营业务收入 − 主营业务总成本费用及主营业务税金及附加 + 其他业务利润 − 营业费用 − 管理费用 − 财务费用 　　　　　(1−7)

在项目评价时，为简化计算，通常假定项目不发生其他业务利润，也不发生投资净收益、补贴收入、营业外收支净额，即

利润总额 = 主营业务收入 − 主营业务总成本费用 − 主营业务税金及附加

　　　　　　　　　　　　　　　　　　　　　　　　　　　　　(1−8)

（3）税后利润。税后利润又称净利润，是指企业一定时期利润总额减去所得税后的余额，即

净利润 = 利润总额 − 所得税 　　　　　　　　　　　　　　　　(1−9)

三、基本方法及步骤

改革开放以来，工程经济分析在方法与步骤的研究方面有很大的进展，使工程经济评价方法日趋完善。20 世纪 50 年代我国曾从国外引进了工程经济论证方法、投资计算方法，20 世纪 70 年代末期又从西方引进了增量分析法、费用效益分析法等。工程经济分析步骤也逐渐得到标准化和规范化。

1. 基本方法

本节着重介绍增量分析法和费用效益分析法。

（1）增量分析法。增量分析法主要用于对一个项目的多个备选方案的投资决策。由于边际效应和规模报酬递减定律的存在，因而在对同一个项目进行投资时，不同的投资规模会形成不同的收益与成本，这样就形成了多个投资备选方案。

对于具有两个以上的备选方案的项目进行决策时，就可以采取增量分析法。

增量分析法是指在相互竞争的互斥方案中通过比较一个方案相对于另一个方案的差额成本与差额收益，分析为获得增量效果所付出的增量成本是否经济，从而做出投资决策的一种分析方法。对于具有两个以上的备选方案的项目进行增量分析的步骤如下：①将可行的方案费用按递增的顺序进行排列；②将费用最低的两个方案进行比较，通过增量分析选出优势方案；③将选出的方案与紧邻的下一方案进行增量分析，并选出新的优势方案；④重复第三步，直到最后一个方案，此时被选定的方案即为最优方案。

（2）费用效益分析法。费用效益分析是通过比较项目的预期效益和预计费用来判断项目的经济合理性，并以此作为决策者决策依据的一种方法。

为了保证项目的经济合理性，费用效益分析必须同时反映项目投入与产出这两个因素影响的结果。常用的表示方法有差额表示法和比率表示法两种。

1）差额表示法。差额表示法是将项目总效益减去项目总费用，计算出项目净效益的一种方法。其计算公式为：

$$净效益 = 效益 - 费用 \tag{1-10}$$

对于工程项目来说，净效益应大于零，且净效益越大经济效果越好。此方法要求投入与产出的计量单位必须是价值形式。由于得出的净效益是一个绝对量，因而只适用于在规模、内外条件与技术水平等方面都相似的企业或行业的经济结果表示。

2）比率表示法。比率表示法是通过项目总效益与项目总费用之间的比值，来计算项目效益费用比的一种方法。其计算公式为：

$$效益费用比 = \frac{效益}{费用} \tag{1-11}$$

此方法中，分子和分母的量纲可以不同。例如，固定资产利用的经济效果用每百元固定资产所产生的产值表示（元/百元），或者是能源利用的经济效果用每吨煤所提供的产值表示（元/吨）。

2. 基本步骤

工程经济分析一般包括以下五个步骤：①确定目标；②寻找关键要素；③穷举方案；④评价方案；⑤决策。步骤之间的关系如图 1-1 所示。

（1）确定目标。工程经济分析首先要通过调查研究寻找经济环境中的需求，并确定工作目标。工程项目的成功与否是与该系统能否满足社会需要密切相关的，只有通过市场调查明确目标，才能谈得上技术可行性和经济合理性。

（2）寻找关键要素。关键要素即实现目标的制约因素，寻找关键要素是工程

图 1-1　工程经济分析基本思路

经济分析的重要环节之一。只有找出了主要矛盾，确定了系统的各个关键要素，才能集中力量采取有效的方法和措施。寻找关键要素是一个系统分析的过程，需要使用系统思想方法，综合运用各种相关学科的知识。

（3）穷举方案。确定关键要素后，下一步要做的工作就是制定各种备选方案。由于一个问题可以采用多种解决方法，因而可以制定出许多种不同的方案。例如，要降低人工费用可以采用新设备，也可以采用简化操作流程的方法；要降低废品率，可以通过采用新设备或者通过质量控制方法来实现。工程经济分析本身就是多方案择优，因此穷举方案就要尽可能多地提出潜在方案，也可提出包括维持现状的方案。

穷举方案需要多专业交叉配合。工程技术人员不应单凭自己的直觉提出方案，也不应草率地淘汰方案，应该通过仔细地定量和定性综合分析得出结论。

（4）评价方案。从工程技术角度提出的方案通常都是技术可行的，为了在相同的效果下选择最为经济合理的方案，这就需要对备选方案进行经济效果评价。

在评价方案时应尽可能对参与分析的各个因素进行定量分析，一般来说，将方案的投入与产出用货币表示为费用与收益，来确定各个对比方案的现金流量，然后进一步采用数学方法进行综合分析，以选出最优方案。

（5）决策。决策就是从若干个方案中选择最佳的实施方案，这对工程项目建设的效果起着决定性的影响。在决策阶段，要通过增强信息交流和沟通来尽可能减少由于信息不对称而产生的分歧，使各方人员充分了解各个方案的综合效果，从而提高决策的科学性和有效性。

本章小结

本章作为工程经济学的绪论篇，主要介绍了工程经济学相关的概念界定及发展历史。同时，对工程经济学的研究对象和特点给予了说明。在工程经济分析中，详细介绍了分析的基本原则和基本要素，对要素中的投资、成本费用、营业收入、税金和利润等部分内容给予了详细阐述。最后，介绍了工程经济分析的基本方法和进行工程经济分析的必要步骤。本章应重点掌握工程经济分析的原则、要素、基本方法和步骤等内容。

概念回顾

工程经济学（Engineering Economics）。工程经济学是工程技术与经济相结合的综合性交叉学科，是兼有技术科学属性和工程技术属性的应用经济学科，它是以工程技术为主体，以技术经济系统为核心，研究工程技术领域的经济问题和经济规律，研究工程技术进步和经济增长相互关系的学科。

直接投资（Direct Investment）。直接投资是指投资者运用筹措的资金直接开设厂房、独立经营，或者收购原有企业或与其他投资者合资经营、合作开发等，从而获得企业经营管理的权力。

间接投资（Indirect Investment）。间接投资是指投资者运用自己的资金购买股票、债券等有价证券以取得一定的股息为目的的投资行为。

期间费用（Period Expense）。期间费用是指与特定的生产经营期密切相关，直接在当期得以补偿的费用。

营业收入（Operating Revenue）。营业收入是指在企业销售产品或提供服务等日常活动中所形成的经济利益总流入，包括主营业务收入、其他业务收入等。

税金（Tax）。税金是指工程项目根据国家税法的规定向国家缴纳的各种税款。

利润（Profit）。利润是企业在一定会计期间内从事生产经营活动所取得的财务成果，能综合反映企业的生产经营的情况。

练习题

1. 简述在工程经济学的历史沿革中，有重要贡献的几位学者或工程师及其主要贡献。

2. 工程经济学的研究对象是什么？
3. 工程经济学的主要特点是什么？
4. 工程经济分析可比性原则的主要内容是什么？
5. 请简述财务分析与国民经济分析相结合的原则。
6. 简述工程经济分析的基本步骤。

案例分析

肯德基的选址秘密

肯德基作为全球快餐连锁企业巨头，对选址是非常重视的。选址决策一般是两级审批制，通过两个委员会的同意，一个是地方公司，另一个是总部。其选址成功率几乎是百分之百，选址成功是肯德基的核心竞争力之一。

通常肯德基选址按以下几个步骤进行：

1. 商圈的划分与选择

（1）划分商圈。肯德基计划进入某城市，就先通过有关部门或专业调查公司收集这个地区的资料。把资料收集齐了，才开始规划商圈。商圈规划采取的是记分的方法，例如，这个地区有一个大型商场，商场营业额在1000万元算1分，商场营业额在5000万元算5分，有一条公交线路加多少分，有一条地铁线路加多少分。这些分值标准是多年经验值平均下来的一个较准确的值。通过打分把商圈分成好几大类，以北京为例，有市级商业型、区级商业型、定点消费型，还有社区型、社区和商务两用型、旅游型等。

（2）选择商圈。即确定目前重点在哪个商圈开店，主要目标是哪些。在商圈选择的标准上，一方面要考虑餐馆自身的市场定位，另一方面要考虑商圈的稳定度和成熟度。餐馆的市场定位不同，吸引的顾客群不一样，商圈的选择也就不同。例如，马兰拉面和肯德基的市场定位不同，顾客群不一样，是两个"相交"的圆，有人吃肯德基也吃马兰拉面。而肯德基与麦当劳市场定位相似，顾客群基本上重合，所以在商圈选择方面也是一样的。可以看到，有些地方同一条街的两边，一边是麦当劳，另一边是肯德基。

2. 聚客点的测算与选择

（1）要确定这个商圈内，最主要的聚客点在哪。例如，北京西单是很成熟的商圈，但不可能西单任何位置都是聚客点。肯德基开店的原则是：努力争取在最聚客的地方和其附近开店。过去古语说"一步差三市"。这跟人流活动的线路有关，可能有人走到这，该拐弯，则这个地方就是客人到不了的地方，生意就差很多。这些因素在选址时都要考虑进去。人流活动的线路是怎么样的，在这个区域里，人从地铁出来后是往哪个方向走等，这些都需要派人去掐表，去测量，有一套完整的数据之后才能据此确定地址。肯德基选址人员将采集来的人流数据输入专用的计算机软件，就可以测算出在此地投资额不能超过多少，超过多少这家店就不能开。

（2）选址时一定要考虑人流的主要活动线路会不会被竞争对手截住。人流是有一个主要活动线路的，如果竞争对手的聚客点比肯德基选址更好，那么在这种情况下就有影响。如果是两个一样，就无所谓。

（3）聚客点的选择影响商圈的选择。一个商圈有没有主要聚客点是这个商圈成熟度的重要标志。为了规划好商圈，肯德基开发部门投入了巨大的精力。就北京肯德基公司而言，其开发部人员常年跑遍北京各个角落，对这个每年建筑和道路变化极大、当地人都易迷路的地方了如指掌。

肯德基与麦当劳市场定位相似，顾客群基本上重合，所以我们经常看到一条街道一边是麦当劳，另一边是肯德基，这就是肯德基采取的跟进策略。因为麦当劳在选择店址前已做过大量细致的市场调查，挨着它开店不仅可省去考察场地的时间和精力，还可以节省许多选址成本。当然，肯德基除了跟进策略外，它自己对店址的选择也有很多优秀之处值得借鉴。

案例来源：中华快餐网，http://www.cffw.net/zhkcw/6349.html.

思考题：

1. 在肯德基的选址策略中，有哪些值得我们借鉴？
2. 如果你要开一家快餐店，在选址问题上，你将如何考虑？

第二章 资金的时间价值与等值计算

学习目标

1. 掌握现金流量、资金的时间价值、资金等值等基本概念。
2. 掌握现金流量图的基本绘制方法。
3. 掌握现值、终值和等值的计算方法。
4. 了解名义利率和实际利率的区别。

章前引例

设有 A 和 B 两种投资方案，寿命期相同，均为 5 年，初始投资相同，均为 10000 元，实现收益的总额相同，但每年数值不同，如表 2-1 所示。

表 2-1 A 和 B 两种投资方案的现金流量

年末方案	0	1	2	3	4	5
A	−10000	5000	4000	3000	2000	1000
B	−10000	1000	2000	3000	4000	5000

如果其他条件相同，那么应该选择哪个方案呢？凭直觉和经验，人们会选择 A 方案。因为方案 A 获取的收益比方案 B 早，先到手的资金可以用来再投资从而产生新的价值。也即，资金的价值不仅与资金量的大小有关，而且与发生的时间有关。这里隐含着资金具有时间价值的概念。

资料来源：http://www.360doc.com/content/06/0911/11/11347_204284.shtml。

工程经济学

第一节 现金流量

现金流量是现代理财学中的一个重要概念,是指企业在一定会计期间按照现金收付实现制,通过一定经济活动(包括经营活动、投资活动、筹资活动和非经常性项目)而产生的现金流入、现金流出及其总量情况的总称。即:企业一定时期的现金和现金等价物的流入和流出的数量。

一、含义

在进行工程经济分析时,可把所考察的对象视为一个系统。这个系统可以是一个建设项目、一个企业,也可以是一个地区、一个国家。而投入的资金、花费的成本、获取的收益,均可看成是以资金形式体现出来的该系统的资金流出或资金流入,这种在考察对象一定时期各时点上实际发生的资金流出或资金流入称为现金流量,其中流出系统的资金称为现金流出(Cash Output),用符号 CO 表示;流入系统的资金称为现金流入(Cash Input),用符号 CI 表示;现金流入与现金流出之差称之为净现金流量(NCF = Net Cash Flow)。

工程项目中常见的现金流入量包括营业收入、回收固定资产余值以及回收流动资金等;常见的现金流出量包括建设投资、流动资金、经营成本以及税金等。而工程经济分析的任务就是要根据所考察系统的预期目标和所拥有的资源条件,分析该系统的现金流量情况,选择合适的技术方案,以获得最佳的经济效果。

二、现金流量图

在解决某一问题时,人们往往可以借助于直观的图形来帮助理解和分析。例如,物理学中分析物体的受力情况,可以借助于受力图来进行分析。对于一个经济系统而言,为了考察其在整个寿命期或计算期内的现金流入和现金流出情况,可以用现金流量图来进行经济效果分析。现金流量图,就是一种能反映某一经济系统现金流量运动状态的图式,它可以直观地、形象地把项目的现金收支情况在一张图上表示出来,如图 2-1 所示。

图 2-1 现金流量图

现以图 2-1 为例说明现金流量图的绘制方法和规则。

（1）横轴为时间轴，自左向右表示时间的延续。根据需要将时间轴等分为若干刻度，轴上每一刻度表示一个时间单位，可以取年、半年、季、月等。时间轴上的点称为时点，时点通常表示的是该期的期末，同时也是下一期的期初。0 表示时间序列的起点。

（2）与横轴相连的垂直线代表流入或流出系统的现金流量。箭头表示现金流动的方向，箭头向上表示现金流入，即表示效益；箭头向下表示现金流出，即表示费用或损失。

（3）在现金流量图中，垂直线的长短应与现金流量的数值大小成正比。实际工作中，由于各时点现金流量常常因数值差额悬殊而无法成比例绘出，因而在现金流量图的绘制中，垂直线的长短只能适当体现各时点现金流量数值的差异，可在其上方标出实际数值。

（4）垂直线与时间轴的交点即为现金流量发生的时间。现金流量的大小（资金数额）、方向（资金流入或流出）和时间点（资金发生的时间点）是现金流量的三要素，也是正确绘制现金流量图的关键。

第二节　资金的时间价值

在工程经济活动中，时间就是经济效益。因为经济效益是在一定时间内创造的，不讲时间，也就谈不上效益。如 100 万元的利润，是一个月创造的，还是一年创造的,其效果是大不一样的。因此,重视时间因素的研究,对工程经济分析有着重要的意义。

在工程项目经济效果评价中,常常会遇到以下几类问题:①投资时间不同的方案评价。例如,是早投资还是晚投资,是集中投资还是分期投资,它们的经济效果是不一样的。②投产时间不同的方案评价。投产时间也有早投产和晚投产,分期投产和一次投产等问题,在这些情况下经济效果也是不一样的。③使用寿命不同的方案评价。④实现技术方案后,各年经营费用不同的方案评价。如有的方案前期经营费用大,后期经营费用小;有的方案前期经营费用小,后期经营费用大等。

上述问题都存在时间因素的不可比现象,要正确评价工程项目技术方案的经济效果,就必须研究资金的时间价值及其计算,从而为消除方案在时间上的不可比性奠定基础。资金的时间价值理论是技术经济分析、财务预决策、项目评估等学科及相关实践中比较重要的理论基础,明确资金时间价值的概念及其实质具有重要的理论意义。

一、含义

资金时间价值是指资金在生产和流通过程中随着时间推移而产生的增值。它也可被看成是资金的使用成本。资金不会自动随时间变化而增值,只有在投资过程中才会有收益,所以这个时间价值一般用无风险的投资收益率来代替,因为理性个体不会将资金闲置不用。资金随时间的变化而变化,是时间的函数,随时间的推移而发生价值的变化,变化的那部分价值就是原有的资金时间价值。资金只有和劳动结合才有意义,不同于通货膨胀。

1. 资金时间价值的概念

一笔资金如果存入银行会获得利息,而投资到工程建设项目中可获得利润。这反映出资金在运动的过程中,随着时间的推移,会产生增值。我们把资金在使用过程中由于时间的因素而产生的差额价值叫做资金的时间价值。这种增值通过储蓄和投资两种方式实现。例如,今天我们将100元钱存入银行,按年利率10%计算,一年后本利和为110元。其中的10元利息就是在不考虑其他因素的情况下,100元资金在一年时间的"时间价值"。如果将资金用于投资,通过资金的运动,就可以得到一定的收益,在这段时间所产生的价值也是资金的时间价值。

资金具有时间价值需要具备两个前提条件:第一,要经历一定的时间;第二,要经过劳动生产的周转。只要资金随着时间的推移在不断地周转和循环,并不断地实现生产过程和流通过程,为社会提供物质财富,那么作为资金的这笔钱才是可以生钱的,即这笔资金是具有时间价值的。

2. 资金时间价值的实质

资金时间价值的实质是资金作为生产要素,在扩大再生产及资金流通过程中,随时间的变化而产生增值。资金的增值过程是与生产和流通过程相结合的,离开了生产过程和流通领域,资金是不可能实现增值的。资金的增值过程可由图2-2表示。

图 2-2 G-W-G′资金增值过程示意图

在产品生产前,首先需用一笔资金(G),这笔资金用来购买厂房和设备作为该企业生产资料的固定资产,同时还需垫支流动资金采购生产所需要的原材料、辅助材料、燃料等劳动对象和支付雇佣工人的工资;然后在生产过程中,资金以物化形式出现(W),劳动者运用生产资料对劳动对象进行加工、生产和劳动,生产制造出新的产品,这里生产出来的新产品(P)比原先投入的资金(G)具有更高的价值(G′);最后这些新产品(P)必须在生产后的流通领域(商品市场)里作为商品出售给用户,才能转化为具有新增价值的资金(G′),使物化的资金(P)转化为货币形式的资金(G′),这里的 G′ = G + ΔG,从而使生产过程中劳动者创造的资金增值部分 ΔG 得以实现。这样就完成了"G→W→G′"形式表示的、完整的资金增值过程。

资金在生产过程和流通领域之间如此不断地周转循环,这种循环过程不仅在时间上是连续的,而且在价值上是不断增值的。因此整个社会生产就是价值创造过程,也是资金增值过程。

由于资金时间价值的存在,使不同时点上发生的现金流量无法直接加以比较,因而,要通过一系列的换算,在同一时点上进行对比,才能符合客观的实际情况。这种考虑了资金时间价值的经济分析方法,使方案的评价和选择变得更现实可靠。它构成了工程经济学要讨论的重要内容之一。

3. 资金产生时间价值的原因

资金之所以会产生时间价值，是基于以下几方面的原因：

（1）货币增值因素。只要资金随着时间的推移不断在"流通领域——生产领域——流通领域"这个过程循环往复地运动，并为社会提供物质财富，那么每经历一个周期资金就会实现一次增值。这也是生产的本质和投资的目的。资金增值的来源是劳动力所创造的剩余价值。

（2）通货膨胀因素。人们手持货币总是用于购买所需的商品与服务，而社会平均物价水平从总体上看是不断上涨的。同样数量的货币因通货膨胀引起货币的贬值，意味着其价值随时间的增加而减少。因此，要通过资金的时间价值对其损失作补偿。

（3）时间风险因素。一般来说，未来的预期收入具有不确定性，时间越长，不确定性也越大，意味着风险也随着时间的增加而增加。因此，对于同样数量的货币，人们更愿意现在拥有而不是将来拥有。这就隐含着人们对未来不确定性需要用一定量的货币作为补偿。

二、计算

衡量资金时间价值的大小有两个尺度，一是绝对尺度，二是相对尺度。利息是资金时间价值的一种重要表现形式，通常我们用利息额的多少作为衡量资金时间价值的绝对尺度，用利率作为衡量资金时间价值的相对尺度。

1. 利息

利息是在借贷过程中，债务人支付给债权人的超过原借贷本金的部分。利息的计算公式如下：

$$I = F - P \tag{2-1}$$

式中：I 表示利息；

F 表示还本付息总额；

P 表示本金。

在工程经济学中，利息是指占用资金所付出的代价或放弃使用资金所得到的补偿。它常常被看成是资金的一种机会成本。这是因为，如果债权人放弃了现有资金的使用权利，也就放弃了现期消费的权利，但其目的是为了在将来获得更多的资金使用权利，以便在将来享受更多的消费。为此，债务人就要为占用资金而付出一定的代价。利息的计算有单利和复利之分。当计息周期在一个以上时，就需要考虑"单利"与"复利"的区别。复利是对单利而言，是以单利为基础进行计算的。所以要了解复利的计算，必须先了解单利的计算。

（1）单利。所谓单利是指在计算利息时，仅计算本金的利息，而对本金产生的利息不再计算利息。即不论年限多长，每年均按最初本金计息，而已取得的利息不再计息，即通常所说的"利不生利"。其计算公式如下：

$$I_t = P \times i_d \tag{2-2}$$

式中：I_t 表示第 t 个计息周期的利息额；

P 表示本金；

i_d 表示计息周期单利利率。

设 I_n 代表 n 个计息期所付或所收的单利总利息，则有下式：

$$I_n = \sum_{t=1}^{n} I_t = \sum_{t=1}^{n} P \times i_d = n \times P \times i_d \tag{2-3}$$

由式（2-3）可知，在以单利计息的情况下，总利息与本金、利率及计息周期数成正比关系。而第 n 个期末本利和 F 等于本金加上 n 个计息周期的总利息，即：

$$F = P + I_n = P(1 + n \times i_d) \tag{2-4}$$

【例 2-1】 王某以单利方式借入 10000 元，年利率 7%，4 年末偿还，计算各年利息和本利和。

按公式（2-2）、（2-3）、（2-4）计算，将结果列于表 2-2。

表 2-2　单利方式利息计算表

年末	借款本金（元）	利息（元）	本利和（元）	偿还额
0	10000			
1		10000×7%=700	10700	0
2		700	11400	0
3		700	12100	0
4		700	12800	2800

由上例可见，单利的年利息额都仅由本金所产生，其新生利息不再加入本金产生利息，此即"利不生利"。这不符合客观的经济发展规律，没有反映资金随时都在"增值"的概念，即没有完全反映资金的时间价值。因此，在工程经济分析中单利使用较少，通常只适用于短期投资及不超过一年的短期贷款。

（2）复利。所谓复利，是指将上期利息结转为本金来一并计算本期利息的计算方式。也就是借款人在每期末不支付利息，而将利息结转为下期的本金，一并计算利息，即通常所说的"利滚利"。其计算公式如下：

$$I_t = i \times F_{t-1} \tag{2-5}$$

式中：i 表示计息周期复利利率；

F_{t-1} 表示第 (t-1) 期期末本利和。

用 F 表示 n 个计息周期末的本利和，则推导过程如下：

$I_1 = Pi \quad F_1 = P + I_1 = P(1+i)$

$I_2 = F_1 i \quad F_2 = F_1 + I_2 = F_1(1+i) = P(1+i)^2$

…

$I_n = F_{n-1} i \quad F_n = P(1+i)^n$

即：

$$F_n = P(1+i)^n \tag{2-6}$$

【例 2-2】数据同例 2-1，如果按复利计算时则结果列于表 2-3。

表 2-3 复利方式利息计算表

年末	借款本金（元）	利息（元）	本利和（元）	偿还额（元）
0	10000			
1		10000×7% = 700	10700	0
2		10700×7% = 749	11449	0
3		11449×7% = 801.43	12250.43	0
4		12250.4×7% = 857.53	13107.96	3107.96

从表 2-2 和表 2-3 可以看出，同一笔借款，在利率和计息期均相同的情况下，用复利计算出的利息金额比用单利计算出的利息金额大。如本例，两者相差 307.96（3107.96-2800）。如果本金越大，利息就越高；年数越多时，两者差距就越大。复利计息比较符合资金在社会再生产过程中运动的实际状况，因此，在实际中得到了广泛的应用。如我国现行财税制度规定：投资贷款实行差别利率并按复利计息。在工程经济分析中，一般也采用复利计息。

复利计息有间断复利和连续复利之分。按期（年、半年、季、月、周、日）计算复利的方法称为间断复利（即普通复利）；按瞬时计算复利的方法称为连续复利。

2. 利率

在经济学中，利率的定义是从利息的定义中衍生出来的。也就是说，在理论上先承认了利息，再以利息来解释利率。而在实际计算中则正好相反，常根据利率来计算利息，利息的大小用利率表示。

利率是指一个借贷周期内所得到的利息额与期初借贷款金额（即本金）之

比，一般用百分数表示。即：

$$i = \frac{I_t}{P} \times 100\% \tag{2-7}$$

式中：i 表示利率；

   I_t 表示单位时间内的利息；

   P 表示本金。

用于表示计算利息的时间单位称为计息周期，计息周期通常为年、半年、季、月、周或天，通常用的是一年。每个计息周期所对应的利率称为周期利率，如一年的利息额与原借贷金额之比称为年利率，一个月的利息额与原借贷金额之比称为月利率。

在复利计算中，利率周期通常以年为单位，它可以与计息周期相同，也可以不同。当利率周期与计息周期不一致时，就出现了名义利率和实际利率的概念。

前述已知，单利和复利的区别在于复利法包括了利息的利息。实质上名义利率和实际利率的关系与单利和复利的关系一样，所不同的是，名义利率和实际利率是用在计息周期小于利率周期的时候。

(1) 名义利率。所谓名义利率 r 是指计息周期利率 i 乘以一个利率周期内的计息周期数 m 所得的利率周期利率，即：

$$r = i \times m \tag{2-8}$$

若月利率为 0.5%，则年名义利率为 6% (0.5% × 12 = 6%)。很显然，计算名义利率时忽略了前面各期利息再生的因素，这与单利的计算相同。通常所说的利率周期利率都是名义利率。

(2) 实际利率。若用计息周期利率来计算利率周期利率，并将利率周期内的利息再生因素考虑进去，这时所得到的利率周期利率称为利率周期实际利率（又称有效利率）。

名义利率与实际利率之间的关系如下推导过程：

已知某人年初有资金 P，名义利率为 r，一年内计息 m 次，则计息周期利率为 r/m，一年后产生的本利和为 F，用复利计息的公式计算得到：

$$F = P\left(1 + \frac{r}{m}\right)^m \tag{2-9}$$

根据利息的定义可得到该年的利息 I 为：

$$I = F - P = P\left(1 + \frac{r}{m}\right)^m - P = P\left[\left(1 + \frac{r}{m}\right)^m - 1\right] \tag{2-10}$$

再根据利率的定义可得到该年的实际利率 i 为：

$$i = \frac{I}{P}\left(1 + \frac{r}{m}\right)^m - 1 \qquad (2-11)$$

式中：i 表示实际利率；

r 表示名义利率；

r/m 表示周期利率；

m 表示一年内的复利周期数。

对式（2-11）进行讨论：

1）当 m = 1 时，i = r，即实际利率等于名义利率。

2）当 m > 1 时，i > r，且 m 越大，即一年中计算复利的有限次数越多，则年实际利率相对于名义利率就越高。

不同名义利率、不同计息周期的年实际利率值的比较，如表 2-4 所示。

表 2-4 不同名义利率、不同计息周期的年实际利率值

单位：%

计息周期	一年内计息周期（m）	年名义利率（r）	各期利率（r/m）	年实际利率（i）	年名义利率（r）	各期利率（r/m）	年实际利率
年	1	12	12.00	12.000	6	6.000	6.00
半年	2		6.00	12.360		3.000	6.090
季	4		3.00	12.551		1.500	6.1364
月	12		1.00	12.683		0.500	6.178
周	52		0.2308	12.734		0.1154	6.180
日	365		0.0329	12.748		0.164	6.1831

通过分析可知，在工程经济分析中，如果各方案的计息期不同，就不能简单地使用名义利率来评价，而必须换算成实际利率进行评价，否则，会得出不正确的结论。

第三节 资金等值计算

由于资金具有时间价值，因而不同时间的资金不能直接对比。资金的时间价值就是资金随着时间的推移而产生的增值部分。原因有：一是投资收益的存在；二是通货膨胀因素的存在；三是风险因素的存在。所以，研究资金等值计算是工

程经济分析的必要环节。

一、含义

资金等值是指资金的经济价值相等。由于资金具有时间价值，因而一定量的资金在不同时点上具有不同的价值。由于资金具有时间价值，因而不同时点上发生的绝对额不同的资金，有可能具有相等的经济价值。例如，现在的 10000 元钱在收益率 5% 的条件下，与一年后的 10500 元钱，虽然资金数额不相等，但其经济价值是相等的，是等值的。

1. 资金等值的概念

资金的时间价值使得发生在不同时点上的同等金额的资金其价值不相同。相应地，发生在不同时点上的资金，即使金额不同却有可能有相等的经济价值。因此，我们将特定利率下，资金在不同时点上发生的绝对数额不相等但经济价值相等的现象称为资金等值。而资金的等值计算是指将一个或多个时点上发生的资金额换算成另一个时点上等值的资金额。例如，在年利率为 8% 的条件下，现在的 1000 元资金在一年后将增值为

$$1000 \times (1 + 8\%) = 1080 \text{（元）}$$

即现在的 1000 元与一年后的 1080 元是等值的。可见，在年利率 8% 的情况下，现在的 1000 元与一年后的 1080 元发生的时间和金额均不相同，但其价值相等。而现在的 1000 元与一年后的 1000 元，在年利率为 8% 时，虽然数额一样，但发生的时间不同，其价值不相等。造成这种情况的原因就是资金的时间价值。即资金的等值是考虑了资金时间价值后的等值。资金的数额相等，发生的时间不同，其价值不一定相等；而资金的数额不等，由于发生的时间也不同，其价值却可能相等。

在工程经济分析中，等值是一个十分重要的概念，它为我们提供了计算某一经济活动有效性或者进行方案比较、优选的可能性，因为在考虑资金时间价值的情况下，其不同时间发生的收入或支出是不能直接相加减。而利用资金等值的概念，就可以把不同时点上发生的现金流量换算成同一时点上的等值资金，然后再进行比较。所以，在工程经济分析中，方案评选都是采用等值的概念来进行分析、评价和选定。

2. 资金等值的影响因素

资金等值的影响因素包括以下三个方面：① 资金数额的大小；② 资金发生的时点；③ 利率的大小。

在这三个因素中,利率是关键因素,在处理资金等值问题时必须以相同利率作为比较计算的依据。

3. 资金等值计算的相关参数

在进行资金等值计算之前,先要明确几个计算参数的含义:

(1) 现值 P。现值表示资金发生在某一特定时间序列起始点上的价值。在工程经济分析中,它表示发生在现金流量图中零点的资金或投资项目的现金流量折算到零点时的价值。

(2) 终值 F。终值表示发生在某一特定时间序列终点上资金的价值,指期初或期间发生的资金换算得出的在期末的价值。

(3) 年金 A。年金是指每年(时间段)等额收入和支付的金额,通常以等额序列表示,即在某一特定时间序列期内,每隔相同时间(不一定是年)内收支的等额款项。

(4) 计息次数 n。计息次数指从投资项目开始投入资金到项目的寿命周期终止的整个期限除以计息周期期限所得的值。计息次数通常以"年"为单位。

(5) 折现。将未来某一时点上的资金额换算成现在的等值金额的计算过程称为折现或贴现。

(6) 折现率。将未来某一时点上的资金额换算成现在的等值金额所使用的利率叫做折现率。

二、常用公式

常用的资金等值换算公式可以分为三类,即:

(1) 现值与终值的相互变换(①现值变换为终值(已知 P 求 F),②终值变换为现值(已知 F 求 P),与①现值变换为终值的逆运算)。

(2) 现值与年值的相互变换(①现值变换为年值(已知 P 求 A),②年值变换为现值(已知 A 求 P),与①现值变换为年值互为逆运算)。

(3) 年值与终值的相互变换(①年值变换为终值(已知 A 求 F),②终值变换为年值(已知 F 求 A),与①年值变换为终值互为逆运算)。

1. 一次支付类型

一次支付又称整付,是指所分析系统的现金流量,无论是流入或是流出,均在一个时点上一次发生,如图 2-3 所示。一次支付情形的复利计算式是复利计算的基本公式。

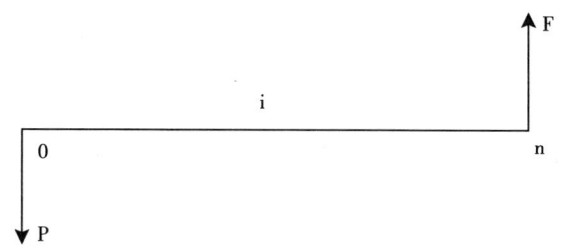

图 2-3　一次支付现金流量

（1）一次支付终值公式（已知 P 求 F）。一次支付终值公式即本利和公式，是指一项资金 P 按年利率 i 进行投资，求 n 年后的本利和。根据复利的定义即可求得本利和 F 的计算公式。其计算过程如表 2-5 所示：

表 2-5　终值计算过程表

计息期	期初金额（1）	本期利息额（2）	期末本利和 F=（1）+（2）
1	P	$P \cdot i$	$F_1 = P + P \cdot i = P(1+i)$
2	$P(1+i)$	$P(1+i) \cdot i$	$F_2 = P(1+i) + P(1+i) \cdot i = P(1+i)^2$
3	$P(1+i)^2$	$P(1+i)^2 \cdot i$	$F_3 = P(1+i)^2 + P(1+i)^2 \cdot i = P(1+i)^3$
⋮	⋮	⋮	⋮
n	$P(1+i)^{n-1}$	$P(1+i)^{n-1} \cdot i$	$F_n = P(1+i)^{n-1} + P(1+i)^{n-1} \cdot i = P(1+i)^n$

表 2-5 可以看出，n 年末的本利和 F 与本金的关系为：

$$F = P(1+i)^n \tag{2-12}$$

其中，$(1+i)^n$ 称之为一次支付终值系数，用（F/P, i, n）表示。故式（2-12）又可写成：

$$F = P(F/P, i, n) \tag{2-13}$$

在（F/P, i, n）这类符号中，括号内斜线上的符号表示所求的未知数，斜线下的符号表示已知数，整个符号表示在已知 i、n 和 P 的情况下求解 F 的值。为了计算方便，通常按照不同的利率 i 和计息期 n 计算出 $(1+i)^n$ 的值，并列于表中。在计算 F 时，只要从复利表中查出相应的复利系数再乘以本金即为所求。

【例 2-3】 某公司向银行贷款 100 万元，年利率为 10%，复利计息，求 3 年后的本利和是多少？

解：

方法一：

$F = P(1+i)^n = 100 \times (1+10\%)^3 = 100 \times 1.3310 = 133.10$（万元）

方法二：

利用复利系数表查得（F/P，10%，3）= 1.3310，则

F = P(F/P, i, n) = 100 × (F/P, 10%, 3) = 100 × 1.3310 = 133.10（万元）

（2）一次支付现值公式（已知 F 求 P）。一次支付现值公式是指想要在 n 年后得到一笔资金 F，在利率为 i 的情况下，求现在应投入的资金数，即已知 F、i、n，求现值 P。很显然，一次支付现值的求解过程是一次支付终值求解的逆运算。由公式（2-12）可知：

$$P = F(1+i)^{k-n} \tag{2-14}$$

其中，$(1+i)^{k-n}$ 称为现值系数，用（P/F，i，n）表示，则一次支付现值公式又可记为：

$$P = F(P/F, i, n) \tag{2-15}$$

【例 2-4】某人希望 5 年末得到 10000 元资金，年利率 i = 10%，复利计息，试问现在他必须一次性存款多少元？

解：由式（2-15）得：

P = F(P/F, i, n) = 10000(P/F, 10%, 5)

查表得（P/F，10%，5）= 0.6209，代入式中得：

P = 10000 × 0.6209 = 6209（元）

从上面的计算可知，现值与终值的概念和计算方法正好相反，因为现值系数与终值系数互为倒数。在 F 一定、n 相同时，i 越高，P 越小；在 F 一定、i 相同时，n 越长，P 越小。如表 2-6、表 2-7 所示。

表 2-6　一元现值与终值的关系

i \ n	1 年	5 年	10 年	15 年	20 年
4%	1.0400	1.2167	1.4802	1.8009	2.1911
8%	1.0800	1.4693	2.1589	3.1722	4.6610
12%	1.1200	1.7623	3.1058	5.4736	9.6463
15%	1.1500	2.0114	4.0456	8.1371	16.3665
20%	1.2000	2.4883	6.1917	15.407	38.3376

表 2-7　一元终值与现值的关系

i \ n	1 年	5 年	10 年	15 年	20 年
4%	0.96154	0.82193	0.67556	0.55526	0.45639
8%	0.92593	0.68058	0.46320	0.31524	0.21455

续表

i \ n	1年	5年	10年	15年	20年
12%	0.89286	0.56743	0.32197	0.18270	0.10367
15%	0.86957	0.49718	0.24718	0.12289	0.06110
20%	0.83333	0.40188	0.16151	0.06491	0.02608

在工程项目多方案比较中，由于现值评价常常是选择现在为同一时点，把方案预计的不同时期的现金流量折算成现值，并按现值代数和的大小做出决策，因而，在工程经济分析时应当注意以下两点：

1）正确选取折现率。折现率是决定现值大小的一个重要因素，必须根据实际情况灵活选用。

2）注意现金流量的分布情况。从收益方面来看，获得收益的时间越早、数额越大，其现值也越大。因此，应使建设项目早日投产，早日达到设计生产能力，早获收益，多获收益，才能达到最佳经济效益。从投资方面来看，投资支出的时间越晚、数额越小，其现值也越小。因此，应合理分配各年投资额，在不影响项目正常实施的前提下，尽量减少建设初期投资额，加大建设后期投资比重。

2. 等额支付类型

一个经济系统分析期内的现金流量，有的是集中发生在一个时点上的，此时可以用一次性支付类型的计算公式进行计算；而大多数现金流量是分布在整个分析期内的，即多次支付。现金流入和流出发生在多个时点上的现金流量，其数额可以是不等的，也可以是相等的。等额系列现金流，是指所分析的系统中现金流入与现金流出可在多个时间点上发生，而不是集中在一个时间点，即形成一个序列现金流量，并且这个序列现金流量额的大小是相等的。等额支付包括四个基本公式：

（1）等额支付终值公式（已知 A，i，n，求 F）。其含义是在一个时间序列中，在利率为 i 的情况下连续在每个计息期的期末支付一笔等额年金 A，计算在 n 个计息周期结束时所有年金的本利和 F，类似于银行储蓄中的零存整取。其现金流量图如图 2-4 所示：

图 2-4　等额年金现金流量图

因此可推导出：

$$F = \sum_{t=1}^{n} A_t (1+i)^{n-t} = A[(1+i)^{n-1} + (1+i)^{n-2} + \cdots + (1+i) + 1]$$

$$F = A\left[\frac{(1+i)^n - 1}{i}\right] \tag{2-16}$$

其中，$\dfrac{(1+i)^n - 1}{i}$ 称为等额年金终值系数，记为（F/A，i，n），则等额年金终值公式又可记为：

$$F = A(F/A,\ i,\ n) \tag{2-17}$$

【例 2-5】某人为养老，每年年末存入银行 10000 元钱，年利率为 8%，问 10 年后此人可从银行取出多少钱？

解：已知 A = 10000，i = 8%，n = 10，根据公式（2-17）有：

F = A(F/A，i，n) = 10000 ×（F/A，8%，10）

查表得（F/A，8%，10）= 14.4866

则有 F = 10000 ×（F/A，8%，10）= 10000 × 14.4866 = 144866（元）

（2）等额支付偿债基金公式（已知 F，i，n，求 A）。其含义是为了筹集未来 n 年后需要的一笔偿债资金 F，在利率为 i 的情况下，求每个计息期的期末应等额存储的资金 A，类似于日常商业中的分期付款业务。其现金流量图如图 2-5 所示：

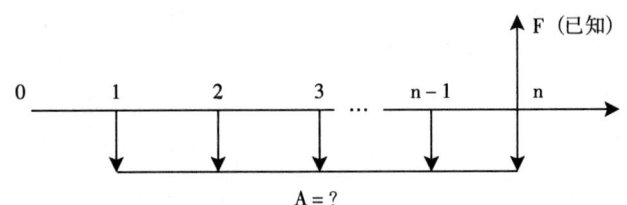

图 2-5 偿债基金公式现金流量图

其计算公式可由等额年金终值公式导出：

$$A = F\left[\frac{i}{(1+i)^n - 1}\right] \tag{2-18}$$

其中，$\dfrac{i}{(1+i)^n - 1}$ 称为偿债基金系数，记为（A/F，i，n），则等额支付偿债基金公式又可记为：

$$A = F(A/F,\ i,\ n) \tag{2-19}$$

【例 2-6】某人希望在 10 年后得到一笔 4000 元的资金，在年利率 5% 的条件下，他每年应均匀地存入多少钱？

解：这是一个已知终值求年金的问题，其现金流量图见图2-6。

图2-6 已知终值求年金现金流量

根据计算公式可求得：

$$A = F\left[\frac{i}{(1+i)^n - 1}\right] = 4000 \times \frac{0.05}{(1+0.05)^{10} - 1} = 4000 \times 0.0795 = 318.02 \text{（元）}$$

即他每年应存入318.02元。

（3）等额支付资金回收公式（已知P，i，n，求A）。其含义是在期初一次性投入资金P，在利率为i的情况下，想要在n年内的每年年末以等额资金A将投资及利息全部回收，求A的值。其现金流量图如图2-7所示：

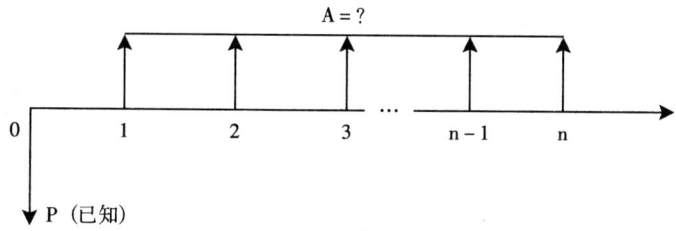

图2-7 等额支付资金回收现金流量图

等额支付资金回收公式可由偿债基金公式 $A = F\left[\frac{i}{(1+i)^n - 1}\right]$ 和一次支付终值公式 $F = P(1+i)^n$ 推导得出：

$$A = P\left[\frac{i(1+i)^n}{(1+i)^n - 1}\right] = P(A/P, i, n) \tag{2-20}$$

其中，$\frac{i(1+i)^n}{(1+i)^n - 1}$ 称为等额支付资金回收系数，记为（A/P，i，n）。

【例2-7】某企业投资3000万元，计划5年收回，现折现率为10%，求每年的回收数额？

解：$A = P\left[\frac{i(1+i)^n}{(1+i)^n - 1}\right] = 3000 \times \frac{0.1 \times 1.1^5}{1.1^5 - 1} = 791.40 \text{（万元）}$

（4）等额支付现值公式（已知 A，i，n，求 P）。其含义是指，在 n 个计息周期内，每年年末等额收支一笔资金，求在利率为 i 的情况下，这些年金的现值。其现金流量图如图 2-8 所示：

图 2-8　年金现值公式流量图

等额年金现值是等额支付资金回收的逆运算。可推导出等额支付现值公式为：

$$P = A\left[\frac{(1+i)^n - 1}{i}\right](1+i)^{-n} = A\left[\frac{(1+i)^n - 1}{i(1+i)^n}\right] \tag{2-21}$$

其中，$\frac{(1+i)^n - 1}{i(1+i)^n}$ 称为年金现值系数，可记为 (P/A，i，n)。则等额支付现值公式又可记为：

$$P = A(P/A, i, n) \tag{2-22}$$

【例 2-8】某人计划在今后四年每年能从银行获取 8000 元，问此人应在初始阶段一次性存入银行多少钱？设银行利率为 5%。

解：$P = A\left[\frac{(1+i)^n - 1}{i(1+i)^n}\right] = 8000 \times \frac{1.05^4 - 1}{0.05 \times 1.05^4} = 28367.6$（元）

需要指出的是，应用等额支付资金回收公式和等额支付现值公式进行的等值计算，也需要满足：①每期支付金额相同（A 值）；②支付间隔相同（如一年）；③每次支付都在对应的期末，而现值则在计算期的期初发生。

3. 特殊变额分付类型

等额分付与变额分付都属于多次分付。变额系列现金流量是指现金流序列是连续的，但其数额大小不等。通常经济系统分析期内的现金流量不会只局限于一种类型，而是多种类型的组合。变额分付较等额分付的计算过程更加复杂。此处介绍两种特殊情况下有规律可循的序列现金流的等值计算公式。

（1）等差现金流量等值变换。现实经济生活中，现金流量通常不是等额的，一些情况下，资金流动呈等差数列。等差现金流量是指，计息周期内各时点的现金流量按某一定值逐年增加，呈等差数列的形式。如设施的维护费用一般都是逐年增加的。等差现金流量图如图 2-9 所示：

图 2-9 等差序列递增现金流量图

如图 2-9 所示的递增现金流量等差序列图，可分为两部分：一是在各年末等额支付的年金；二是以 G 为差额的等差资金序列，可表示为 0，G，2G，…，(n-1)G。将这个等差资金序列视为 n 个一次性支付，可推导出等差序列终值公式（推导过程略）。

1) 等差序列终值公式。

① 递增等差序列。

$$F = F_{A_1} + F_G = A_1(F/A, i, n) + G(F/G, i, n) \tag{2-23}$$

② 递减等差序列。

$$F = F_{A_1} - F_G = A_1(F/A, i, n) - G(F/G, i, n) \tag{2-24}$$

其中，$(F/G, i, n)$ 或 $\dfrac{(1+i)^n - ni - 1}{i^2}$ 称为等差序列终值系数。

2) 等差序列现值公式。

① 递增等差序列。

$$P = P_{A_1} + P_G = A_1(P/A, i, n) + G(P/G, i, n) \tag{2-25}$$

② 递减等差序列。

$$P = P_{A_1} - P_G = A_1(P/A, i, n) - G(P/G, i, n) \tag{2-26}$$

其中，$(P/G, i, n)$ 或 $\dfrac{(1+i)^n - ni - 1}{i^2(1+i)^n}$ 称为等差序列现值系数。

【例 2-9】某项目投资额第一年是 10000 元，以后五年每年递增 1000 元，如图 2-10 所示。问 6 年投资额的终值，现值和年值分别为多少（i = 10%）？

解：$F = 10000 \times \dfrac{(1+0.1)^6 - 1}{0.1} + 1000 \times \dfrac{(1+0.1)^6 - 0.1 \times 6 - 1}{0.1^2} = 94306$（元）

$P = \dfrac{F}{(1+i)^6} = \dfrac{94306}{1.1^6} = 53280.23$（元）

$$A = P\frac{i(1+i)^6}{(1+i)^6-1} = 53280.23 \times \frac{0.1 \times 1.1^6}{1.1^6-1} = 12254.45 \text{（元）}$$

图 2-10 现金流量图

（2）等比现金流量等值变换。等比现金流量序列是指，每一计息周期流入或流出的金额都以某一固定比率 g 递增或递减，各时点的现金流量形成一个等比数列，如图 2-11 所示。将这些等比数列的资金看成是 n 次一次支付的资金，可推导出等比序列资金的终值和现值公式（推导过程略）。

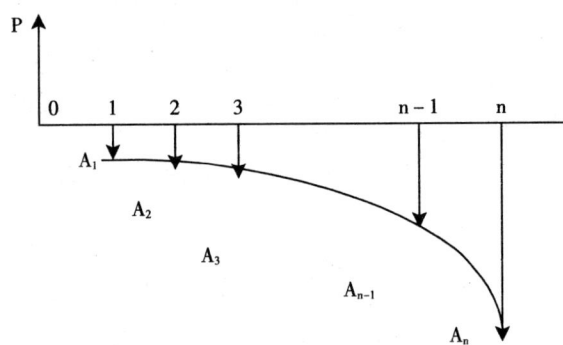

图 2-11 等比序列现金流量图

1）等比序列终值公式。

$$F = A_1(F/A, i, g, n) = A_1\frac{(1+i)^n - (1+g)^n}{i-g} (i \neq g) \tag{2-27}$$

其中，(F/A, i, g, n) 称为等比序列终值系数；g 为等比序列递增（减）率。

2）等比序列现值公式。

$$P = A_1(P/A, i, g, n) = A_1\frac{1-(1+i)^{-n}(1+g)^n}{i-g} (i \neq g) \tag{2-28}$$

其中，(P/A, i, g, n) 或 $\frac{1-(1+i)^{-n}(1+g)^n}{i-g}$ 称为等比序列现值系数；g 为等

比序列递增（减）率。

【例 2-10】 某企业希望利用某专利生产某产品。如果是租赁专利，每年租金为 5000 元，预计租金水平在今后的 20 年内每年上涨 6%。如果直接购买，费用为 70000 元，需一次性支付，预计 20 年后该专利可以以原价两倍出售。若投资收益率设定为 15%，问是租赁合算还是直接购买更划算？

解：根据题意，n = 20，A_1 = 5000，g = 6%，i = 15%，则：

a）租赁，20 年内年租金的现值是：

$$P_1 = A_1 \frac{1 - (1+g)^n(1+i)^{-n}}{i - g} = 5000 \times \frac{1 - (1+6\%)^{20}(1+15\%)^{-20}}{15\% - 6\%} = 44669 \text{（元）}$$

b）直接购买，全部费用的现值是：

$$P_2 = 70000 - 140000 \times (1 + 15\%)^{-20} = 70000 - 140000 \times 0.0611 = 61446 \text{（元）}$$

因为 $P_1 < P_2$，所以租赁更为划算。

本章小结

对每个方案都要估计现金流入（收益）和流出（费用）。当现金从一个企业或个人转移到另一个企业或个人时就会产生现金流，现金流入（收益）和流出（费用）称为现金流量。现金流以现金收支形式体现了方案的经济影响。没有一定时期内的现金流量的估计就不可能进行项目经济特性的研究。本章介绍了现金流量的概念和构成，借助于现金流量图，人们可以方便地表示项目在各个时间点上的现金流量。由于不同时间点上发生的现金流量不具有可比性，因而在项目评价中常需要将现金流量在不同时间点上进行换算，这就需要学生掌握资金等值的相关概念，并熟练应用资金等值的计算公式。

概念回顾

现金流（Cash Flow）：在考察对象一定时期各时点上实际发生的资金流出或资金流入。

资金的时间价值（Time Value of Capital）：资金在使用过程中由于时间的因素而产生的差额价值。

名义利率（Nominal Interest Rate）：指计息周期利率 i 乘以一个利率周期内的

计息周期数 m 所得的利率周期利率。

实际利率（Real Interest Rate）：用计息周期利率来计算利率周期利率，并将利率周期内的利息再生因素考虑进去，这时所得到的利率周期利率。

资金等值（Fund Equivalence）：将特定利率下，资金在不同时点发生的绝对数额不相等但经济价值相等的现象。

练习题

1. 什么是现金流量？财务现金流量与国民经济效益费用流量有何区别？
2. 绘制现金流量图的目的及注意事项是什么？
3. 何谓资金的时间价值？如何理解资金的时间价值？
4. 单利与复利的区别是什么？试举例说明。
5. 什么是终值、现值、等值？
6. 什么是名义利率、实际利率？
7. 简述资金时间价值的 6 个等值公式。
8. 在 2005 年 8 月 1 日借款 10000 元，2009 年 11 月 1 日一次性偿还本息，年利率是 10%，用单利计算利息。那么需要支付的利息总额是多少？
9. 借款 10500 元，6 年后一次性偿还本利，年利率是 12%，用单利计算利息。画出现金流量图，计算 6 年末需要支付的利息总额是多少？
10. 有个房东在 1995 年的时候以 189500 元的价格购买了一套住房，11 年后他把该住房又以 240000 元的价格出售。如果按年复利计算的话，该房东的年收益率是多少？
11. 假设年利率为 9%，每年等额向银行存入 M 元，20 年内累计本利和为 15 万元，M 的值是多少？（最后一次存款发生在第 20 年年末）
12. 学生小张计划每年等额支付 2500 元来偿还助学贷款，现在他还有 4 年就可以全部还清贷款，假设贷款的年利率是 5%，那么小张还有多少贷款需要偿还？
13. 你可以花 100000 元买一台机器，扣除经营费用后你可获得年平均 10000 元的净收益。如果你持有这台机器 4 年，那么 4 年后这台机器的市值为多少才能表明你这笔投资是划算的？假定在这笔投资上你每年必须获得 15% 的回报。
14. 假定现在借款 10000 元，年利率为 15%。4 年后还款 4000 元，剩余要还的数目与下面哪个选项最相近？

　　（a）7000 元　（b）8050　（c）8500　（d）13490　（e）14490

15. 估计一座小桥在其预期 50 年寿命内的维护费用：最初 5 年每年为 1000 元，之后在第 15 年和第 30 年时每次支出 10000 元，如果 i 为每年 10%，则整个 50 年内，等额年成本为多少？

16. 2005 年元旦，某人存款额为 200000 元。此后的每个月此人都将一笔 676 元的现金存入账户。如果希望这笔资金在 2010 年元旦达到 400000 元，年利率须为多少？

17. 某种液化燃烧容器的成本 100000 元，使用寿命 10 年，不考虑残值。材料维护和电费的年成本预计总共 10000 元。在第五年要花费 30000 元重换改容器的涂层，假设年利率是 15%，该项目的费用现值是多少？

18. 60 个月的月度存款名义利率为 6%，按月复利计息。如果这笔存款计划在第五年年末累计至 100000 元，则每次存款额应为多少？
(a) 1930 元   (b) 1478 元   (c) 1667 元   (d) 1430 元   (e) 1695 元

19. 求解下述支付系列的等值现值：每月月末支付 100 元，共 72 个月，名义利率 15%，按月计算复利。

20. 按下列情况分别计算年有效利率：
(a) 10% 的名义利率按半年计算复利
(b) 10% 的名义利率按季度计算复利
(c) 10% 的名义利率按星期计算复利

21. 某人需要现金 18000 元来支付其所购买的一套住房的首付款，假设他可以从公司的公积金里借款，并每隔半年等额偿还借款，如果借款利率是 10% 并按连续复利计算，那么他每半年应该偿还多少钱？

案例分析

滨海公司资金时间价值的计算

滨海公司在建行天津塘沽支行设立一个临时账户，2002 年 6 月 1 日存入 15 万元，银行存款年利率为 3.6%。因资金比较宽松，该笔存款一直未予动用。2004 年 6 月 1 日滨海公司拟撤销该临时账户，与银行办理销户时，银行共付给滨海公司 16.08 万元。

案例来源：http://www.tjbpi.com/jpk/upfiles/20077111119414.HTM。

思考题：

（1）如何理解资金时间价值，写出 16.08 万元的计算过程。

（2）如果滨海公司将 15 万元放在单位保险柜里，存放至 2004 年 6 月 1 日，会取出多少钱？由此分析资金产生时间价值的根本原因。

（3）资金时间价值为什么通常用"无风险无通货膨胀情况下的社会平均利润率"来表示？

第三章 方案的评价指标

☞ 学习目标

1. 理解经济性评价的重要性。
2. 掌握方案经济评价各指标的概念及含义。
3. 学会计算静态评价指标和动态评价指标。
4. 能利用 EXCEL 进行评价指标的计算。
5. 区分不同评价指标运用的环境。

☞ 章前引例

当当网面临的抉择

2009 年,当当网占据了图书零售市场 15% 的份额。而如今单看当当网的首页,似乎已经很难想起它专业网上书城的本来面目。

尽管根据公开数据,当当网 2009 年在百货业务的增速已远超图书交易,达到了 180%,但用户们似乎对于当当网从"卖书郎"向"沃尔玛"的战略转变并不买账,十年积累,"买书到当当"已经成为很多老顾客的习惯模式。为了逐步扭转消费者在消费心理和消费习惯上的这种思维定式,当当网开展了"图百混搭"战略:让新客户买图书、老客户买百货,让新客户买百货、老客户买图书。当当网首席运营官黄若说,"在未来的拓展上,我们还有 3/4 的可能"。

竞争惨烈的市场环境中,上市成为电子商务企业的突围捷径。11 月 18 日中国电子商务网站当当网正式向美国证监会提交纽交所上市申请,计划融资最多 2 亿美元。此次当当网将把募集的资金用于扩张和促进运营,此外,当当网还计划扩大产品门类,同时拓展物流配送能力,改进底层技术、提高技术基础设施。

如果申请通过,当当网将成为国内第二个上市的大型电子商务网站。在不到一个月之前(10 月 26 日),麦考林成功登陆纳斯达克,成为中国 B2C 第一股。

工程经济学

中国电子商务企业赴美上市潮已经来临。

据悉,当当网目前主营业务为在线图书销售,主要竞争对手是卓越亚马逊和近日杀入图书网购的京东商城。值得一提的是,电子商务龙头阿里巴巴近期把淘宝商城分拆出来,重视B2C业务的意图明显。而包括中国邮政、沃尔玛在内的传统豪强也纷纷进入B2C领域。分析人士说:"上市或许是吸引资本注意力和谋求长足发展的良方。"

对于当当网的上市,易观国际分析师陈寿送说,现在当当上市已经基本确定了,应该没有什么大问题了,而在这些B2C的企业中,当当虽然不稳定,但整体的数据还是很看好的。而为何电子商务企业纷纷上市,都选择在美国纽交所正式提交上市申请,是因为美国的资本市场比较成熟,一些大的电子商务公司也都是来自美国,选择美国资本市场也是有一定道理的。记者问道:"为何各大电子商务网站选择纷纷扎堆上市,形成上市潮?"陈寿送回答记者说:"包括麦考林和当当网对上市都是规划了很久,而这次赶上也是巧合,是正好赶上。从2010年以来,也形成了一个上市的高峰期,都是经过多年的努力,也是很正常的一个现象。"

国内主要B2C网站比麦考林规模大的有多家,如京东、卓越、当当以及新蛋、凡客等,还有正在朝B2C转型的淘宝商城等;当当网如果能够顺利上市,不仅仅代表其阶段性的胜利,更可以为B2C市场注入强心剂,促进这个领域进入到新的竞争阶段。

当当网应该如何进行科学抉择,如何对上市所带来的利益和风险做出综合评价,这正是这一章我们将重点讨论的问题。

资料来源:http://xwcb.100xuexi.com/HP/20110708/OTD308641.shtml。

第一节 评价指标体系

在工程经济研究中,经济评价是在工程项目方案计算期内对各种与方案投入与产出有关的技术经济因素、财务和经济资料数据进行调查、分析及预测,对工程项目方案的经济效果进行计算和评价。

一、经济评价的意义

对工程项目方案进行经济评价，主要有以下几方面的意义：

（1）为决策者提供单方案是否实施的依据。通过对方案中各指标的计算，可以在项目开始之前，从经济效益、费用等方面判定方案的可行性，从而为决策是否实施该方案提供科学依据。

（2）为多方案选优提供重要依据。在面对多种方案时，决策者可以选取多种经济评价指标对各方案进行评价，根据自定的评价目标和所得的评价结果决定选取最优方案。

（3）可以及时避免在建项目带来的损失。在对项目进行经济评价时，计算其实施的效果，当发现其实际实施结果与预算相差太大时，可以及时调整整个实施计划甚至终止计划，避免造成更大的损失。

投资项目经济评价起源于20世纪30年代的美国，第二次世界大战后，这种方法得到了迅速的发展和扩大，到目前已经形成了一系列系统性和科学性的评价指标。

项目的经济可行性评价，通常是通过这一系列的评价指标来进行的。方案经济评价可以根据不同评价目标、评价深度、方案的特点和可获得的数据资料等情况，选用不同的评价指标。

二、评价指标的分类

经济评价指标从不同角度可以有不同的分类，一般有三类。

（1）按是否考虑资金时间价值，分为静态评价指标和动态评价指标，具体如图3-1所示。

静态评价指标是指不考虑资金时间价值，按照收入、支出、利润和资金占用、周转等方面的传统观念，来反映项目投资的经济效益的指标。这类指标的优点是比较简单、直观，使用起来也很方便，容易被企业经营者理解和运用，缺点是往往不能准确地反映投资经济效益。

动态评价指标是指在考虑资金时间价值的情况下，把不同时间点的效益流入和费用流出折算为同一时间点的等值价值，进而来进行评价和分析项目投资的经济效益的指标。这类指标的优点是在很大程度上弥补了静态评价指标的不足，缺点是计算时需要更大的数据量且计算过程复杂。

（2）按照评价指标所反映的经济性质，分为比率性评价指标、时间性评价指

图 3-1 项目经济评价指标体系（按是否考虑资金时间价值分类）

标和价值性评价指标，具体如图 3-2 所示。

图 3-2 项目经济评价指标体系（按评价指标所反映的经济性质分类）

其中，比率性评价指标是指按项目单位投资获利能力或项目对贷款的最大承受能力衡量投资效益的指标；价值性评价指标是指用投资净收益的绝对值衡量投资效益的指标；时间性评价指标是指用时间长短来衡量投资的回收能力的指标。

（3）按项目经济评价的性质分为盈利能力分析指标、清偿能力分析指标和财务生存能力分析指标，具体如图3-3所示。

图3-3 项目经济评价指标体系（按项目经济评价的性质分类）

工程经济评价包括单个方案和多个方案的经济评价，对某一技术上可行的单个方案进行经济评价的目的在于论证该方案在经济上的可行性。对单个方案的评价选用的评价指标比较少，一般选取一个。而对多个技术上可行的方案进行经济评价的目的在于选择经济上最优的方案。由于多个方案的经济效益可以从多方面进行评价，一个评价指标仅能反映某一个方面，因而，为达到系统而全面地评价技术方案的经济效益，需要采用多个评价指标，从多个方面进行分析考察。本章系统地介绍了在技术方案评价和选择中常用的经济评价指标。主要从以下两个方面的指标进行介绍，即静态评价指标和动态评价指标。

第二节　静态评价指标

静态评价指标计算简便，主要用于技术经济数据不完备和不精确的项目初选阶段，或对计算期比较短的项目以及逐年收益大致相等的项目进行评价。其主要包括盈利能力指标、静态投资回收期和偿债能力指标。

一、盈利能力指标

盈利能力指标中的静态指标主要有总投资收益率和资本金净利率。

1. 总投资收益率

总投资收益率，又称投资报酬率（记作 ROI），是反映投资效果的一个指标。

（1）总投资收益率的含义。总投资收益率（Return On Investment，ROI）表示总投资的收益水平，是指项目达到设计生产能力正常年份的年息税前利润或运营期内税前利润（EBIT）与项目总投资（TI）的比率。

（2）计算公式。总投资收益率的计算公式如下：

$$ROI = \frac{EBIT}{TI} \times 100\% \tag{3-1}$$

其中：EBIT 表示项目达到设计生产能力正常年份的年息税前利润或运营期内税前利润，即年息税前利润 = 年销售收入 - 年销售税金及附加 - 年总成本费用 + 利息支出 = 年利润总额 + 利息支出；

TI 表示项目总投资，即项目总投资 = 固定资产投资 + 流动资金投资。

（3）评价标准。用总投资收益率指标评价投资方案的经济效果，需要与行业的总投资收益率参考值进行比较，如果高于行业参考水平则表明此项目可行，否则表示不可行。若总投资收益率高于同期银行贷款利率，则表明借款是有利的。反之，则有损企业的利益。因此，总投资收益率不仅可以衡量企业的获利能力，也可以作为企业举债的标准。

（4）适用范围。总投资收益率计算简便，意义明确，但是没有考虑投资收益的时间因素。因此，此指标只适用于计算短期，不适用需详细资料的项目的盈利能力分析。此指标尤其适用于工程项目方案制定的早期阶段或工艺简单而生产变化不大的建设方案的投资经济效果评价。

【例 3-1】 某新建项目总投资 3000 万元,用两年时间建设,投产后运行 15 年,年销售收入 2000 万元,年经营成本 800 万元,年销售税金为销售收入的 6%,计算总投资收益率。

解:$\text{ROI} = \left(\dfrac{2000 - 800 - 2000 \times 6\%}{3000} \right) \times 100\% = 36\%$

如果再知道此项目的行业基准利率,那么我们就可以确定此项目的可行性。

2. 资本金净利率

(1) 资本金净利率的经济含义。资本金净利率 (Return On Equity,ROE) 表示项目资本金的盈利能力。是指项目达到正常生产能力后正常年份的年净利润总额或运营期内年平均净利润 (NP) 总额占项目资本金 (EC) 总额的百分比。

(2) 资本金净利率的计算方法。资本金净利率 (Return On Equity) 的计算公式如下:

$$\text{ROE} = \dfrac{\text{NP}}{\text{EC}} \times 100\% \tag{3-2}$$

其中:ROE 表示项目资本金净利率;

NP 表示项目正常年份的年净利润或运营期内年平均净利润,即年净利润=年销售收入-年销售税金及附加-年经营成本-年折旧摊销费-利息支出-所得税=年息税前利润-利息支出-所得税;

EC 表示项目资本金 (项目公司股东投入的资金)。

(3) 评价标准。若 ROE 高于同行业的参考值,表示用项目资本金净利率表示的盈利能力满足要求,这样,项目可以接受;反之,盈利能力不能满足要求,应予以拒绝。

(4) 使用范围。资本金净利率作为政府和银行特别关注的一个指标,也被财政部和许多银行视为重要指标,同时在项目静态能力评价中此指标也是一个重要指标。但是此指标是一个静态指标,当要使用时应该和动态指标结合使用,这样才能保证决策的准确性。

二、静态投资回收期

投资回收期也称返本期,是反映投资方案盈利能力的静态指标。静态投资回收期是在不考虑资金时间价值的条件下,以方案的净收益抵偿全部投资所需要的时间。静态投资回收期可以自项目建设开始年算起,也可以自项目投产年开始算起,但应予以注明。自建设开始年算起,静态投资回收期 P_t 的计算公式如下:

$$\sum_{t=0}^{P_t}(CI-CO)_t = 0 \qquad (3-3)$$

其中：P_t 为静态投资回收期；

CI 为现金流入量；

CO 为现金流出量；

$(CI-CO)_t$ 为第 t 年的净现金流量。

静态投资回收期可根据项目现存流量表计算。其具体计算又分以下两种情况：

（1）直接计算法。项目建成投产后各年的净现金流量均相同，则静态投资回收期 P_t 的计算公式如下：

$$P_t = \frac{I}{A} \qquad (3-4)$$

其中：I 为项目投入的全部资金；

A 为每年的净现金流量，即 $A = (CI-CO)_t$。

（2）累计算法。项目建成投产后各年的净收益不相同，则静态投资回收期可根据累计净现金流量求得，也就是在现金流量表中累计净现金流量由负值转向正值之间的年份。其计算公式为：

$P_t =$（累计净现金流量出现正值的年份 -1）$+$（上一年累计净现金流量的绝对值）/（出现正值年份的净现金流量） (3-5)

计算出静态投资回收期 P_t 后，需要与所确定的基准投资回收期 P_b 进行比较。若 $P_t \leq P_b$，表明项目投入的总资金能在规定的时间内回收，则可以考虑接受方案；否则，拒绝方案。

三、偿债能力指标

偿债能力指标主要包括资产负债率、利息备付率、偿债备付率。

1. 资产负债率

（1）资产负债率的含义。资产负债率（Liability On Asset Ratio，LOAR）是指各期末负债总额（TL）与资产总额（TA）的比率，表示总资产中有多少是通过负债得来的。它是反映项目所面临的财务风险程度的指标。

（2）资产负债率的计算公式。资产负债率的公式如下：

$$LOAR = \frac{TL}{TA} \times 100\% \qquad (3-6)$$

（3）评价标准。对于资产负债率应根据国家宏观经济状况、行业发展趋势、企业所处竞争条件决定,目前,通常认为资产负债率在 40% 到 60% 之间为适宜。一般来说,经营风险较高的企业应选择较低的资产负债率;反之,则选择较高的资产负债率。我国交通、运输、电力行业的资产负债率一般为 50%,加工业为 65%,商业为 80% 左右。

(4) 适用范围。资产负债率指标比较简单、明确,为企业进行借债提供了一定参考。一般在资产负债表中要计算此指标,但在长期债务还清后就不需要计算此指标了。

2. 利息备付率

利息备付率也称已获利息倍数,指项目在借款偿还期内,各年用于支付利息的息税前利润与当期应付利息费用的比值。其表达式为:

$$利息备付率 = \frac{息税前利润}{当期应付利息} \tag{3-7}$$

式中:息税前利润 = 利润总额 + 计入总成本费用的利息费用;

当期应付利息是指计入总成本费用的全部利息;

利息备付率可以按年计算,也可以按整个借款期计算。

利息备付率表示使用项目利润偿付利息的保证倍率,利息备付率越高,表明利息偿付的保障程度越高。对于正常经营的企业,利息备付率应当大于 2。否则,表示项目的付息能力保障程度不足。利息备付率指标还需要将该项目的指标与其他企业项目进行比较,来分析决定本项目的指标水平。

3. 偿债备付率

偿债备付率指项目在借款偿还期内,各年可用于还本付息的资金与当期应还本付息金额的比值。其表达式为:

$$偿债备付率 = \frac{可用于还本付息金额}{当期应还本付息金额} \tag{3-8}$$

其中:可用于还本付息的资金包括可用于还款的折旧和摊销、成本中列支的利息费用、可用于还款的税后利润等。

当期应还本付息金额包括当期应还贷款本金额及计入成本的利息。

偿债备付率可以按年计算,也可以按项目的整个借款期计算。

偿债备付率表示可用于还本付息的资金偿还借款本息的保证倍率。正常情况应当大于 1,且越高越好。当指标小于 1 时,表示当年资金来源不足以偿付当期债务,需要通过短期借款偿付已到期债务。

第三节　动态评价指标

动态评价指标能较全面地反映投资方案整个计算期的经济效果，主要用于项目最后决策前的可行性研究阶段，或对计算期较长的项目以及逐年收益不相等的项目进行评价。主要包括净现值、净现值率、内部收益率、动态投资回收期、费用现值与费用年值和净年值。

一、不同方案的现值分析

现值分析理论（Present Value Analysis Theory）是基于货币的时间价值原理，对企业未来的投资活动、筹资活动产生的现金流量进行贴现分析，以便正确地衡量投资收益、计算筹资成本、评价企业价值。

1. 净现值的含义与计算公式

净现值（Net Present Value，NPV）指标是对投资项目进行动态评价的最重要指标之一。该指标要求考察项目寿命期内每年发生的现金流量。净现值法就是把在工程项目的整个寿命周期内发生的全部收入和支出的差额，用基准贴现率逐年分别折算为工程开始时的价值（即现值）。

净现值法的计算公式为：

$$\mathrm{NPV} = \sum_{t=0}^{n} \frac{C_i}{(1+i)^t} \tag{3-9}$$

式中：C_i 表示工程项目每年净现金流量，它等于第 i 年的现金流入量减去该年的现金流出量；

　　　n 表示工程经济项目计算期（年）；

　　　i 表示折现率。

【例 3-2】已知某投资方案的各年现金流量如图 3-4 所示，设贴现率为 10%，试求净现值。

解：由公式（3-9）可得：

$$\mathrm{NPV} = -60 + \frac{15}{(1+10\%)} + \frac{30}{(1+10\%)^2} + \frac{15}{(1+10\%)^3} + \frac{20}{(1+10\%)^4} = 3.36$$

（万元）

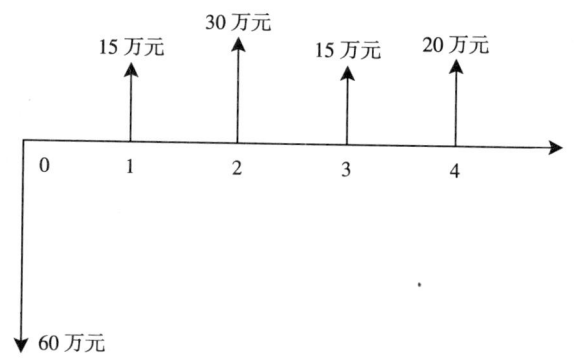

图 3-4　某投资方案现金流量图

2. 净现值的评价标准

对于单个方案我们选择净现值大于等于 0 的方案，即 NPV ≥ 0。因为这种情况下方案实施后投资收益水平不仅可以达到设定折现率的水平，而且还有盈余（等于 0 时没有盈余），项目的盈利能力超过了投资收益期望水平。

净现值小于 0 的方案为不可接受方案，因为这种情况下方案实施后投资收益水平没有达到设定折现率的水平，同时，该方案还有可能亏损。对于多个方案的选择我们一般选择净现值最大的方案，但是前提是净现值大于等于 0。如果所有方案都小于 0，那么这些方案都是不可接受的方案。

对于上例中净现值大于 0，方案可以接受。

3. 净现值的含义和优缺点

由资金的时间价值可得：当净现值等于 0 时表明此方案的收益和费用按照预先设定的折现率正好相等，方案的内部收益率刚好达到折现率。而当净现值大于 0 时表明此方案的内部收益率大于给定的折现率，净现值小于 0 时内部收益率小于给定的折现率。由上面的经济含义可知，我们要选择净现值大于等于 0 的方案。

（1）净现值法的优点是：①计算比较简单，考虑了资金的时间价值，考虑了资金的流入和流出量。②能直接说明项目投资额与资金成本之间的关系。③计算结果稳定，不会因为现金流量换算方法不同而带来差异。

（2）净现值法的缺点是：①需要预先给定贴现率，这给项目决策带来了困难。因为若贴现率定得太高，可行项目就可能被否定。反之，贴现率定得过低，不合理的项目就可能被选中。②不能真正说明项目运营期间各年的经营成果。③不能真正反映项目投资单位的使用效率。④净现值指标用于多方案比较时，没有考虑各方案投资额的大小，因而不能直接反映资金的利用效率，当方案间的初始投资额相差较大时，可能出现失误。因为一个勉强合格的大型项目的正净现值可以比一个很好的小型项目的正净现值大得多，这样，决策时就有可能选择大型项目，造成失误。

4. 净现值函数与基准收益率

净现值函数曲线是理解项目投资评价理论的工具，尤其是对差额内部收益率与各方案的内部收益率及净现值之间复杂的关系，可以借助净现值函数曲线加深理解。所谓净现值函数是指净现值与折现率之间的一种变化关系。

基准收益率（Benchmark Yield），是企业或行业或投资者以动态的观点所确定的、可接受的投资项目方案最低标准的收益水平。它的确定既受到客观条件的限制，又有投资者的主观愿望。基准收益率表明投资决策者对项目资金时间价值的估价，是投资资金应当获得的最低盈利率水平，是评价和判断投资方案在经济上是否可行的依据，是一个重要的经济参数。

（1）净现值函数。由公式（3-9）我们可得，如果以收益率 i 为未知数，我们可以得到 NPV 与 i 的函数关系表达式即为：

$$NPV = \sum_{t=0}^{n} C_i \times (1+i)^{-t} \tag{3-10}$$

将 NPV 和 i 的关系绘制在坐标图上可以直观地看出两者之间的关系。我们把 NPV 作为纵坐标，i 作为横坐标得到两者的关系曲线——净现值函数曲线，如图 3-5。

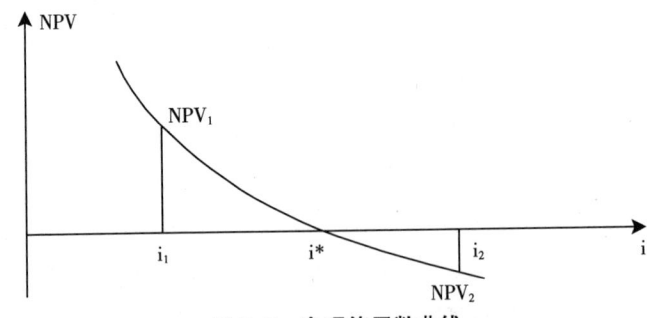

图 3-5　净现值函数曲线

从图 3-5 中我们可以知道，对于具有常规现金流量（即在项目计算期内，方案的净现金流量的符号只改变一次）的投资方案，其净现值的大小和折现率之间呈现负相关关系，即随着折现率的逐渐增大，净现值将由大变小，由正变负。且当 $i = i^*$ 时，净现值为 0。

NPV 是 i 的递减函数，故基准收益率定得越高，方案被接受的可能性越小，反之亦然。很明显，当 NPV = 0 时曲线与横轴相交达到了临界值 i^*，我们将其称为内部收益率。

通过分析我们可知，当一个投资方案各年的净现金流量已知时，方案的净现值就和折现率 i 唯一相关。由此可见，基准收益率确定得合理与否，对投资方案经济效果的评价结论有直接的影响，定得过高或过低都会导致投资决策的失误。

（2）基准收益率。基准投资收益率又称基准收益率、标准折现率，国外一些文献称之为最低有吸引力的收益率（Minimum Attractive Rate of Return，MARR），即对企业或者投资者来说是一个最低、可以接受的贴现率。

1）基准收益率的确定应考虑的因素。

a. 资金成本和机会成本。资金成本是用资金进行投资活动的代价，主要包括筹资费和资金的使用费。比如，向银行贷款所支付的手续费是筹资费，而向股东支付的红利，向债权人支付的利息等是资金的使用费。

投资的机会成本（Opportunity Cost）是指投资者将有限的资金投资到一个项目中而放弃其他投资机会所能得的最大收益。机会成本不是实际支付的成本，它的确定需要技术人员的不断分析比较。

因此，基准收益率不应低于单位资金成本和单位资金的机会成本之和，只有这样才能保证投资者的收益达到最大。

b. 投资风险。投资者在决定是否对一个项目投资时必须承担各种风险。而一个较高的投资收益水平能够弥补这种风险，我们称这种风险为投资风险（Investment Risk）。一般用风险贴现率来提高基准收益率的值，风险越大，风险贴现率就越大。

c. 通货膨胀。通货膨胀是指由于货币的发行量超过商品流通所需要的货币量而引起的货币贬值和物价上涨的现象。常用通货膨胀率来表示通货膨胀程度。由于通货膨胀导致原材料成本、人工成本、土地的价值、机器设备等成本的增加，因而，在考虑投资收益率时就要考虑通货膨胀因素的影响。

2）基准收益率的确定方法。从上述分析中我们可知，基准收益率的选取非常重要，如何选取基准收益率对净现值的计算有很大影响。究竟如何确定基准收益率，目前众说纷纭，下面主要论述两种观点。

a. 根据资金的来源和构成确定。本观点认为，基准收益率的确定应按照以下原则：

• 以贷款筹措资金时，基准贴现率一般应高于贷款利率。这两种利率的差额决定着投资者期望的收益和投资项目所承担的风险。

- 若为自有资金时，基准贴现率应等于或大于使用贷款资金的计算利率。
- 若以自有资金和贷款两种资金来源筹措资金时，应按照两者所占的比例及其各自的计算利率求取加权平均值作为基准贴现率。即：

$$i = \frac{C_1 \times i_1 + C_2 \times i_2}{C_1 + C_2} \tag{3-11}$$

式中：C_1，C_2 分别表示自有资金和他人资金的数额；

i_1，i_2 分别表示自有资金的计算利率和他人资金的计算利率。

- 若能评价出因承担风险而使投资方案未来收益减少的程度，则在确定基准贴现率时可不考虑风险问题。否则，为了保险起见，投资者常常将基准贴现率调高至某一程度。当然，这种调整完全是一种主观判断，并非客观统一的标准。

b. 根据资金供给曲线和需求曲线确定。这一观点是建立在以下假定条件的基础上的：

a）假定企业以获得最高利润为目的。

b）假定企业内部提出的全部投资计划都是清楚的，并且能正确地算出各投资计划的 IRR（内部收益率）。

c）假定企业能在金融市场上经常而方便地借到资金，同时又能估算出该借贷资金的资金成本。

以 IRR 为纵坐标，以累计资金需求量为横坐标可以画出"资金需求曲线"。将资金供给曲线和需求曲线绘制在同一个坐标上，两个曲线的交点就可以作为基准贴现率。

5. 净现值计算基准时点的选择与确定和计算期的选择

（1）净现值计算基准时点的选择。在计算净现值基准时点时选择主要有以下三种：

1）以建设期初为基准时点进行贴现计算。即把项目计算期内各个不同时点的净现金流量全部贴现为建设期初的净现值，这是《建设项目经济评价方法与参数》所规定的贴现基准时点，也是常用的基准时点。

2）以投产期初为基准时点进行贴现计算。这是工程经济评价计算式中常采用的贴现基准时点。

3）以计算期内任意时点为贴现时点进行贴现计算。这是在计算净现值时由于计算过程的需要而临时选定的贴现时点，但最终还是要贴现为建设期初或投产期初。

（2）计算期的选择和确定。在净现值的计算中关于计算期的选择和确定，我们主要讨论以下两个问题。

1）项目计算期数 n 值的确定。计算期 n 值不宜定得太长，除建设期应根据实际需要确定外，一般来说，生产期的取值不宜超过 20 年。有些项目的折旧年限很长甚至是永久性的项目，比如，一些水利、交通方面的项目其经营年限可以适当地延长到 25 年或者 30 年。具体计算期可以根据行业的特点和实际情况确定。

2）寿命不同方案计算期的确定。在对两个或多个方案的优劣性进行比较时，如果每个方案的寿命相同我们可以选择这个共同的寿命作为计算期。但是如果方案的寿命不相同时我们就不能直接进行比较，这时需要对其进行处理。具体的处理方法有以下几种：

a. 以各方案使用寿命的最小公倍数为计算期。这种处理方法也叫原方案重复法，它是把诸方案计算期内各年的净现金流量或费用流量进行重复，直到与最小公倍数计算期相等，然后再进行计算。这是处理不同方案计算期不同的常用方法。具体的定义与计算将在第五章中详细叙述。

b. 如果方案的使用寿命无限长，或者在不断维护下使用寿命不断延长，此时可以认为项目的寿命为无限长，如公路、铁路、桥梁、管道等。另外，如果各方案的使用寿命最小公倍数很大时我们也可以认为其使用寿命为无限大，比如两个方案的使用寿命分别为 10 年和 11 年，两者的最小公倍数为 110 年，此时 110 年足够大，我们可以认为其计算期为无限大。对于计算期为无限大的方案我们可以认为 n 值无穷大，此时我们就可以利用极限原理进行计算。

3）以各方案的最短计算期为计算期进行计算。首先将计算期长于最短计算期方案的多余计算期的各年净现金流量进行均摊，将其均摊到前面的计算期上，然后去掉多余的计算期，再进行计算和比较。

6. 净现值率的计算

净现值率是一种动态投资收益指标，用于衡量不同投资方案的获利能力大小，说明某项目单位投资现值所能实现的净现值大小。净现值率小，单位投资的收益就低，净现值率大，单位投资的收益就高。净现值率的经济含义是单位投资现值所能带来的净现值，是一个考察项目单位投资盈利能力的指标，常作为净现值的辅助评价指标。

（1）净现值率的含义与计算公式。由于投资额往往是有限的，如果投资者很重视项目的投资效果，就要依据每单位投资的盈利性来衡量投资方案。而净现值率指标正好能够满足以上要求。净现值率（Net Present Value Ratio，NPVR）是在净现值（NPV）的基础上发展起来的，可作为净现值（NPV）的一种补充。净现值率是项目净现值与项目全部投资现值之比。其经济含义是单位投资现值的净现值，是一个考察项目单位投资盈利能力的指标。由于净现值不直接考察项目投资额的大小，因而为考察投资的利用效率，常用净现值率作为净现值的辅助评价指标。净现值率计算式如下：

$$\text{NPVR} = \frac{\text{NPV}}{I_p} \tag{3-12}$$

$$I_p = \sum_{t=0}^{m} I_t \times (P/F, i_0, t) \tag{3-13}$$

其中：I_p 表示投入资金现值；

I_t 表示第 t 年投资额；

m 表示建设期年数。

（2）净现值率的评价标准与注意事项。净现值率克服了 NPV 对于投资额大的方案的偏差。对单个方案来说，与 NPV 相同。即当 NPVR ≥ 0 时，方案可行，可以考虑接受。当 NPVR＜0 时，方案不可行，应予拒绝。对于多个方案比较，对应用 NPVR 指标评价，一般适用于寿命期相等、现金流量和利率已知，投资额相差悬殊的方案的比较和排序。采用净现值率法排序，NPVR 最大的方案为最优。如果各方案的 NPVR 值皆为负值，投资者最佳的决策应是不投资。

注意事项：

1）投资现值与净现值的研究期应一致，净现值的研究期为 n，则投资现值的研究期也应为 n。

2）计算投资现值和净现值的折现率应一致。

二、终值分析

净终值是指项目寿命期内各年净现金流量以设定的折现率折算到项目寿命期末的金额代数和，用符号 NFV 表示将来值。

$$\text{NFV} = \sum_{t=0}^{n} C_i \times (1+i)^{n-t} \tag{3-14}$$

式中的符号和上节公式（3-9）介绍的符号意思一致。

另一种计算方法是，先把有关的现金流量折算为现值，然后再把现值换算成 n 年后的将来值，即：

$$\text{NFV} = \text{NPV} \times (F/P, i, n) \tag{3-15}$$

从上式可知，将来值等于净现值乘上一个常数。由此可见，方案用将来值评价的结论和用净现值评价的结论相同。

【例 3-3】 资料同【例 3-2】，折现率为 10%，求净将来值。

解：由公式 3-14 可得：

$$NFV = \sum_{t=0}^{n} C_i \times (1+i)^{n-t} = -60 \times (1+10\%)^4 + 15 \times (1+10\%)^3 + 30 \times (1+10\%)^2 +$$

$$15 \times (1+10\%) + 20 = 4.92 \text{（万元）}$$

$$NFV = NPV \times (F/P, i, n) = 3.36 \times 1.4641 = 4.92 \text{（万元）}$$

由此可见，两种计算结果相同。因此，NFV 是 NPV 的替代。NFV 立足于未来的时间基准点，在某种程度上有些夸大事实的作用。因此，当投资方案可能会遇到高通货膨胀率时，NFV 比较容易显示出通货膨胀的影响效果，应用它较佳。此外，有些策划人员为了说服决策者投资于某个特定的方案，常应用 NFV 指标来夸大此方案较其他方案的优越程度。

三、内部收益率

内部收益率，是资金流入现值总额与资金流出现值总额为相等、净现值等于零时的折现率。它是一项投资期望达到的报酬率，该指标越大越好。一般情况下，内部收益率大于等于基准收益率时，该项目是可行的。投资项目各年现金流量的折现值之和为项目的净现值，净现值为零时的折现率就是项目的内部收益率。在项目经济评价中，根据分析层次的不同，内部收益率有财务内部收益率（FIRR）和经济内部收益率（EIRR）之分。

1. 内部收益率的定义与公式

内部收益率 IRR 被定义为净现值等于 0 时的折现率，即 $NPV = \sum_{t=0}^{n} \frac{C_i}{(1+i)^t} = 0$ 时的 IRR。从这个定义可以看出，内部收益率是指项目在整个计算期内各年净现金流量的现值累计等于零时的折现率，它所依赖的计算基础仅仅是项目的净现金流量 C_i 和项目的计算期 n。"净现值指标"是在给定基准贴现率的情况下，所计算出的方案能够负担资本成本以后的盈利；"内部收益率"则是反过来，用来计算投资方案对所使用的资金所能支付的最高成本，即反映项目对初始投资短的偿还能力或项目对贷款利率的最大承受能力。内部收益率的基准值是基准贴现率 i_0，方案可取的评价判据是 $IRR \geq i_0$。

若 $IRR > i_0$ 则 $NPV(i_0) > 0$，说明企业的投资不仅能够回收，还能够获得盈利，因此应考虑接受该方案；

若 $IRR = i_0$ 则 $NPV(i_0) = 0$，说明企业的原始投资能够回收费用；

若 $IRR < i_0$ 则 $NPV(i_0) < 0$，说明企业的原始投资可能无法收回，无法支付资本成本费用，该投资方案应被拒绝。

内部收益率的计算求解较为困难，直接按定义求解时，要解 n 次的高次方程，一般无法解出，通常都是采用反复试算的方法（内插法）。

【例 3-4】某项目的原始投资 $F = -20000$ 元，以后每年净现金流量如下：第 1 年为 3000 元，第 2~10 年为 5000 元。项目计算期为 10 年，折现率为 10%。试求该方案的内部收益率。

解：按照定义可得：

$$NPV = -20000 + \frac{3000}{(1+i)} + 5000 \times \sum_{t=2}^{10}(1+i)^{-t} = 0$$

解这个方程就要解 i，直接解比较复杂，我们采用内插法进行求解。一般将折现率 i 从小到大逐个设值计算净现值，直至出现相邻两个净现值的符号相反，即 $NPV(i_1) > 0$ 和 $NPV(i_2) < 0$ 时，则内部收益率 IRR 必在 (i_1, i_2) 之间；当区间 (i_1, i_2) 不大时（一般小于 3%），可以用直线内插法求得内部收益率的近似值：

$$IRR = i_1 + (i_2 - i_1) \times \frac{|NPV_1|}{|NPV_1| + |NPV_2|} \tag{3-16}$$

当 $i_1 = 18\%$ 时，$NPV_1 = 775.52$；当 $i_2 = 20\%$ 时，$NPV_2 = -704.31$。按照上面的公式我们可求得 $IRR = 18\% + (20\% - 18\%) \times \frac{775.52}{775.52 + 704.31} = 19.05\%$。

2. 内部收益率的特点

采用内部收益率计算时，不需事先给定折现率，它是由项目本身的净现金流量所决定的。另外，这个指标直接给出项目盈利水平的相对值，便于投资者理解和做出判断，因此，这个指标在长期投资决策中得到广泛应用。内部收益率被普遍认为是项目投资的盈利率，但由于求解内部收益率的方程是 n 次方程，故其正数根的个数可能不止一个。对于非常规投资方案，其项目计算期内各年的净现金流量，有时为正，有时为负，正、负号的改变可能超过一次，这时因其有多个解就不能采用内部收益率作为评价指标。由于内部收益率不能在所有情况下给出唯一的确定值，使其应用受到一定程度的限制。

3. 内部收益率的经济含义

一般地讲，内部收益率就是投资（资金）的收益率，它表明了项目对所占用资金的一种恢复（收回）能力，项目的内部收益率越高，其经济性也就越好。

通过以上分析，内部收益率的经济含义可表述为：项目在计算期内对占用资金所能偿付的最大的资本成本，或者说，项目所占用资金在总体上的资金盈利率。在项目的整个寿命期内，如果按利率 $i = IRR$ 计算各年的净现金流量时，会始终存在着未能收回的投资，只有到了寿命期末时投资才能被全部收回，此时的净现金流量刚好等于 0。内部收益率实际上是投资方案占用的尚未收回资金的获利能力，是项目到计算期末正好将未收回的资金全部收回的折现率。换句话说，在寿命期内各个时点，项目始终处于"偿还"未被收回的投资的状态，只有到了寿命期结束的时点，才偿清全部投资。将项目内部收益率的这种投资"偿还"过程和结果按某一贴现率贴现为净现值时，则项目的净现值必然等于零。

由于项目的这种"偿付"能力完全取决于项目内部，故有"内部收益率"之称谓。

4. 内部收益率指标的优、缺点

（1）内部收益率的优点。

①考虑了资金的时间价值，对项目进行动态评价。②考察项目在整个寿命周期内的经济状况。③能够直观地反映项目的最大可能盈利能力。④是内生决定的，即由项目的现金流量系数等特征决定的，不需要事先给定折现率，而只需知道基准收益率的大致范围即可。

（2）内部收益率的缺点。

①计算烦琐，试算通常一次很难成功，并且需要大量的相关数据。②对具有非常规现金流量项目来说，其内部收益率可能有多解现象，还有可能不存在。③虽然能明确表示出项目投资的盈利能力，但内部收益率过高或过低时，往往失去实际意义。④适用于独立方案的经济评价和可行性判断，但在进行多方案分析时一般不能直接用于比较和选优。⑤不适用于只有现金流入或现金流出的项目。

5. 内部收益率的几种特殊情况

我们以上讨论的内部收益率的计算及经济意义都是针对常规的现金流量而言的，这类现金流量是期初一年或几年进行投资，以后年份才出现收益，直到寿命期末现金流量始终为正，而且所有现金流量的代数和为正，同时净现金流量的符号只改变一次。这类现金流量是常规的现金流量。以下将介绍几种特殊的现金流量的内部收益率。

（1）内部收益率不存在的情况。内部收益率不存在的情况主要有三种：①净现金流量都是正数。②净现金流量全部为负数。③净现金流量的代数和小于 0。在这三种情况下现金流量的净现值曲线与横轴都没有交点。

(2)非投资的情况。这种情况是投资者先从项目取得资金，然后偿付项目的有关费用，例如，融资租入设备、现有项目的转让等。这种情况的净现值函数与常规现金流量正好相反，其内部收益率的经济含义也与常规现金流量不同。

(3)有多个内部收益率的情况。IRR 的个数与现金流量正负的变化次数有关。当投资项目的净现金流量趋势出现一次以上反号，则可能有多个 IRR。当项目现金流量正负号变化次数多于两次时，可能存在更多的内部收益率，这就给项目评价带来很大的不便。

四、外部收益率

对投资方案内部收益率 IRR 的计算，隐含着一个基本假定，即项目寿命期内所获得的净收益全部可用于再投资，且再投资的收益率等于项目的内部收益率。这种隐含假定是由于现金流计算中采用复利计算方法导致的。

由于投资机会的限制，这使项目每年净收益按 IRR 再投资的假定往往难以与实际情况相符。这种假定也正是造成非常规投资项目 IRR 方程可能出现多解的原因。

外部收益率 ERR（External Rate of Return）实际上是对内部收益率的一种修正，计算外部收益率时也假定项目寿命期内所获得的净收益全部可用于再投资，所不同的是，假定净收益按基准贴现率再投资。外部收益率的计算公式如下：

$$\sum_{t=0}^{n} NB_t (1+i_0)^{n-t} = \sum_{t=0}^{n} K_t (1+ERR)^{n-t} \tag{3-17}$$

式中：NB_t 表示第 t 年的净收益；

i_0 表示基准贴现率；

K_t 表示第 t 年的净投资；

ERR 表示外部收益率。

由公式（3-17）我们可以看出计算外部收益率时不会出现多个解的情况。ERR 指标用于评价投资方案经济效果时，也需要与基准贴现率相比较，判别准则是：若 ERR ≥ i_0 时项目可以被接受；若 ERR < i_0 项目不可接受。

【例 3-5】 某设备方案，初始投资为 12 万元，寿命期为 6 年，期末残值为 3 万元。寿命期内平均每年的收入为 9 万元，每年的费用为 6 万元。试用外部收益率指标评价该项目是否可行？

解：由计算公式（3-17）可知：$(9-6)(F/A, i_0, 6) + 3 = 12 \times (1+ERR)^6$

由上式可知，ERR 与 i_0 有关系，将不同的 i_0 所对应的 ERR 列入表 3-1。

表 3-1　i_0 与 ERR 对应表

单位：%

i_0	10	15	17	20	25	30	40	50
ERR	14	16	17	18	21	23	28	32

由 ERR 指标判别准则可知：当基准贴现率 i_0 在 0~17% 范围内时，ERR > i_0，项目可以被接受；当基准贴现率 i_0 = 17% 时，ERR = i_0，ERR = IRR；当基准贴现率略 i_0 > 17% 时，ERR < i_0，项目不能接受。

五、投资回收期与静态投资效果系数分析

投资回收期以是否考虑资金的时间价值为基础可以分为静态投资回收期和动态投资回收期。上节已介绍了静态投资回收期，下面会详细说明动态投资回收期。

1. 动态投资回收期

动态投资回收期是指在考虑货币时间价值的条件下，以投资项目净现金流量的现值抵偿原始投资现值所需要的全部时间。即：动态投资回收期是项目从投资开始起，到累计折现现金流量等于 0 时所需的时间。

（1）动态投资回收期的含义与计算公式。动态投资回收期是在计算回收期时考虑了资金的时间价值。计算公式如下：

$$\sum_{t=0}^{P'_t}(CI-CO)_t \times (1+i_0)^{-t}=0 \qquad (3-18)$$

其中：P'_t 为动态投资回收期；

i_0 为基准收益率。

判别标准和静态投资回收期的判别标准类似，即当 $P'_t \leqslant P'_b$（P'_b 为动态基准投资回收期）时方案可行。否则不可行。

在实际应用中，动态投资回收期还可以采取以下公式计算：

P'_t =（累计折现值出现正值的年份 – 1）+（上一年累计折现值的绝对值）/（出现正值年份的折现值）
$\qquad (3-19)$

【例 3-6】对于表 3-2 中的净现金流量系列求静态和动态投资回收期，i_0 = 0%，P_b = 12 年。

解：将各年累计净现金流量和累计折现值列于表 3-2 中，再根据公式可以进一步计算出静态和动态投资回收期。

$$P_t = (8-1) + \frac{84}{150} = 7.56 \text{（年）}$$

表 3-2　净现金流量表

年份	净现金流量（万元）	累计净现金流量（万元）	折现系数	折现值（万元）	累计折现值（万元）
1	-180	-180	0.9091	-163.64	-163.64
2	-250	-430	0.8264	-206.60	-370.24
3	-150	-580	0.7513	-112.70	-482.94
4	84	-496	0.6830	57.37	-425.57
5	112	-384	0.6209	69.54	-356.03
6	150	-234	0.5645	84.68	-271.35
7	150	-84	0.5132	76.98	-194.37
8	150	66	0.4665	69.98	-124.39
9	150	216	0.4241	63.62	-60.77
10	150	366	0.3855	57.83	-2.94
11	150	516	0.3505	52.57	49.63
12~20	150	1866	2.018	302.78	352.91

$$P'_t = (11-1) + \frac{2.94}{52.57} = 10.06 \text{（年）}$$

由于 P_t 和 P'_t 都小于 P_b，因而方案可行。

一般而言，动态投资回收期都大于静态投资回收期。

（2）利用投资回收期进行判别的优缺点。使用投资回收期方法的优点主要有：

1）含义明确、直观，分析简便。投资回收期法计算简便，易于为投资决策者所理解和接受。在此时间内，投资者可以收回全部投资，在此以后的净现金流量都是投资方案的盈利。

2）反映投资回收的快慢，降低项目的风险。由于未来净现金流量的不确定性使项目存在风险，因而，回收期越短，表明资金周转率越快，因而该项投资的风险越小；回收期越长，项目的风险也就越大。

3）减少投资对企业流动性问题的影响。若企业资金回收较快，则资金流动速率较快，企业就能较快补足其营运资金。这样就避免了企业因为长期投资带来的资金流动性困难问题。

4）避免"过时"带来的损失。投资回收期短的方案，使得投资资金能够较快回收，从而减少因技术进步、市场变化等原因，带来的技术、设备、产品"过时"问题。

由于有以上优点，投资回收期法成为投资决策的一种主要方法，特别是在实际工作中有广泛应用。

使用投资回收期方法的缺点主要表现在以下方面：它不能全面反映投资回收之后的情况，也无法准确衡量方案在整个计算期内的经济效果。投资回收期法只适应早期效益高的项目，使具有战略意义的长期投资项目可能被拒绝，单一使用投资回收期法，容易使投资决策者产生短视行为。

（3）动态投资回收期与NPV、IRR之间的关系。上述三者之间有一定的关系，我们以NPV为纽带可以将三者之间的关系归纳如下：

$i_0 = \text{IRR} \Leftrightarrow \text{NPV} = 0 \Leftrightarrow P_t' = n$；

$i_0 < \text{IRR} \Leftrightarrow \text{NPV} > 0 \Leftrightarrow P_t' < n$；

$i_0 > \text{IRR} \Leftrightarrow \text{NPV} < 0 \Leftrightarrow P_t' > n$。

我们可以看出，上述三个指标的评价结果是一致的，是等价的。但是三者之间并不可以互相代替，它们分别从不同的角度对项目的盈力能力进行了描述，三者可以配合使用来为决策者提供更准确的决策。

动态投资回收期是一个时间指标，它表示投资回收速度的快慢，它与NPV有着相似的经济含义，一般很少用它来作为项目好坏的评价指标，如果在对项目后期现金流量的准确性把握不大的情况下，用该指标还是有参考价值的。

内部收益率是一个相对效果指标，它反映了项目未收回投资的获利能力，利于理解和接受，不需要事先确定基准收益率。同时，它还体现了项目所能承受的最大资金成本。这个指标主要是用来判断方案的可行性，不能用于多方案的比较。

净现值是一个绝对效果指标，它是方案所能取得的超过基准收益率部分的超额收益的现值，反映了方案超过投资者最低期望盈利水平的超额绝对数额。这是一个应用方便和广泛的指标，它不仅可以判断方案的可行性，还可以用于多方案的比较和选择。

2. 静态投资效果系数

静态投资效果系数未考虑资金的时间价值，而且舍弃了项目建设期、寿命期等众多经济数据，故一般仅用于技术经济数据尚不完整的项目初步研究阶段。静态投资效果系数具有简单明了、综合性强的特点，它表明了单位投资每年的正常净收益。

（1）静态投资效果系数的含义与计算公式。静态投资效果系数即简单投资收益率，是项目在正常生产年份的净收益与投资总额的比值。其一般表达式为：

$$E = \frac{NB}{K} \tag{3-20}$$

其中：K表示投资总额，全部投资额或投资者的权益投资额。

NB 表示正常年份的净收益（或平均年收益）。根据不同的分析目的，NB 可以是纯利润，可以是利润税金总额，也可以是年净现金流入。

E 表示静态投资效果系数，根据 K 和 NB 含义可以表现为各种不同的具体形态。

静态投资效果系数常见的具体形态如下：

$$全部投资收益率 = \frac{年利润 + 折旧与摊销 + 利息支出}{全部投资额} \tag{3-21}$$

$$投资利税率 = \frac{年利润 + 税金}{全部投资额} \tag{3-22}$$

$$投资利润率 = \frac{年利润}{权益投资额} \tag{3-23}$$

由静态投资回收期和静态投资效果系数的计算公式我们可以看出二者之间存在着近似倒数的关系。

（2）静态投资效果系数的判别标准。静态投资效果系数与静态投资回收期一样，并没有考虑资金的时间价值，而且舍弃了项目建设期、寿命期等众多经济数据，故一般仅用于工程经济数据尚不完整的项目初步研究阶段。

用静态投资效果系数评价投资方案的经济效果，需要与基准投资收益率做比较。设基准投资收益率为 E_0，评价标准为：

$E \geq E_0$，项目可以考虑接受；

$E < E_0$，项目应予以拒绝。

静态投资效果系数具有简单明了、综合性强的特点，它表明了单位投资每年的正常净收益。

六、年值的概念与计算

建设项目或方案的年值是指项目或方案计算期（包括建设期和生产经营期）内各年的净现金流量。按照要求达到的收益率，折算为与该净现金流量序列等值的、分布在各年末的等额年金序列。年值的正、负或等于零，以及其数值的大小可用于决定项目或方案的取舍。

1. 净年值的含义

净年值（the Net Annual Value，NAV），或称平均年盈利（the Average Annual Benefit，AAB）指标。其定义为：方案寿命期内的净现值用复利方法平均分摊到各个年度而得到的等额年盈利额。

2. 净年值的计算公式

它与净现值（NPV）的相同之处是：两者都要在给出的基准收益率的基础上进行计算；不同之处是：净现值把投资过程的现金流量折算为基准期的现值，而净年值则是把该现金流量折算为等额年值。净年值的计算其表达式为：

$$NAV = \left[\sum_{t=0}^{n} \frac{C_i}{(1+i)^t} \right] \times (A/P, i, n) \qquad (3-24)$$

或 $NAV = NPV \times (A/P, i, n) \qquad (3-25)$

其中：$(A/P, i, n)$ 是资本回收系数。

七、年值分析的应用

由于净现值是项目在计算期内获得的超过基准收益率水平的收益现值，而净年值则是项目在计算期内每期的等额超额收益，净年值与净现值仅差一个资本回收系数，而且 $(A/P, i, n) > 0$，因此，NAV 与 NPV 总是同为正或负，故 NPV 与 NAV 在评价同一个项目时的结论总是一致的。其评价规则是：若 $NAV \geq 0$，则项目在经济上可以接受；否则，项目在经济上应予拒绝。

【例 3-7】 资料同例 3-2，折现率为 10%，求净年值。

解：由公式 3-25 可知：

$NAV = NPV \times (A/P, i, n) = 3.36 \times 0.3155 = 1.06$（万元）。由于 NAV > 0，故此方案可行。

由计算结果可知，净现值、净将来值和净年值三者的评价结果一致。净现值、净终值和净年值三者代表相同的评价尺度，只是所代表的时间不同而已。

八、费用年值

在对多个方案比较选优时，如果诸方案产出价值相同，或者诸方案能够满足同样需要但其产出效益难以用价值形态（货币）计量（如环保、教育、保健、国防类项目）时，可以通过对各方案费用年值 AC 比较进行选择。费用年值 AC 的计算式如下：

$$AC = \sum_{t=0}^{n} CO_t (1+i_0)^{-t} \times (A/P, i_0, n) \qquad (3-26)$$

式中：CO_t 表示第 t 年的费用；

AC 表示费用年值。

费用年值只能用于多方案的比较，不能用于单个方案的评价。其判别标准是选择费用年值最小的方案。

【例3-8】某项目有3个采暖方案A、B、C，均能满足同样的取暖需要。其费用数据如表3-3所示。在基准贴现率$i_0 = 10\%$的情况下，试用费用年值确定最优方案。

表3-3 三个取暖方案的费用表

单位：万元

方案	总投资（0时点）	年运营费用（1~10年）
A	200	60
B	240	50
C	300	35

解：各方案的费用年值计算如下：

A方案的费用年值 AC = 200(A/P，10%，10) + 60 = 92.55（万元）
B方案的费用年值 AC = 240(A/P，10%，10) + 50 = 89.06（万元）
C方案的费用年值 AC = 300(A/P，10%，10) + 35 = 83.82（万元）

由以上计算可知，方案C的费用年值最低，根据判别标准可知，选择方案C。

第四节 EXCEL运用实例

通过前面介绍可以看出，项目评价指标的计算涉及的数据较多，比较烦琐。其实，以上两节介绍的主要评价指标可以用EXCEL中的公式编辑进行运算。本节主要通过利用EXCEL介绍净现值、内部收益率的计算。

【例3-9】某项目的原始投资F = -20000元，以后每年净现金流量如下：第1年为3000元，第2~10年为5000元。项目计算期为10年，折现率为10%。利用EXCEL计算此项目的净现值、内部收益率。

解：计算过程如图3-6所示。

创建一个新的EXCEL工作簿，将原始数据输入表中。通过计算可以求出净现值和内部收益率。其中B13的f_x = NPV（10%，B3：B12）-20000，B14的函数为IRR（B2：B12）。

利用Excel进行计算比较简洁、易懂。计算结果比人工计算更准确、方便。这样更利于记忆。

图 3-6 利用 Excel 计算某项目净现值与内部收益率

第五节　经济评价指标选择

在进行实际的方案评价时，常用的经济评价指标有投资回收期、净现值、内部收益率、净年值、投资利润率和投资利税率等，这几种指标各有优劣。所以，在进行项目方案经济评价时，应根据方案的具体情况、评价的主要指标和决策者的偏好等因素来考虑选用经济评价指标，综合考虑各种情况，全面去衡量，这样得出的经济评价才合理、客观，才有利于项目的继续开展。表 3-4 给出了几个常用的经济评价指标的选择、评定内容等。

在对经济项目进行评价时，首先要考虑项目本身的特点、工作阶段等具体情况；其次要从不同角度出发，选择有针对性、科学的、合理的评价指标。

表 3-4 NPV，B/C，N/K，IRR，NPVR 比较

比较内容 \ 指标	净现值（NPV）	内部收益率（IRR）	费用效益率（B/C）	投资净收益率（N/K）或净现值率（NPVR）
选择标准	按资金的机会成本贴现，NPV≥0 的项目均可接受	IRR≥资金的机会成本的项目均可接受	按资金的机会成本贴现，B/C≥1 的独立项目均可接受	按资金的机会成本贴现，N/K≥1 或 NPVR≥0 的独立项目均可接受
优劣评价	不能评定项目实施的先后顺序	对独立项目的优劣评定可能有错误	对独立项目的优劣评定可能有错误	可用于评定独立项目的优劣顺序
互斥项目	按资金的机会成本贴现接受 NPV 最大的备选项目	不可直接使用，需转化为差额投资内部收益率	不能直接使用	不能直接使用
折现率	必须确定一个适用的折现率，一般采用资金的机会成本	自己能确定，但须确定资金的机会成本，并作为基准收益率	必须确定一个适用的折现率，一般采用资金的机会成本	必须确定一个适用的折现率，一般采用资金的机会成本

本章小结

本章主要介绍了项目方案的经济评价指标和方法。为了实现单方案的决策和多方案的择优，运用不同的评价指标对方案进行评价，为决策者提供更科学的依据。经济评价指标主要从不同角度有三种分类，按是否考虑资金时间价值，分为静态评价指标和动态评价指标；按评价指标所反映的经济性质，分为时间性评价指标、价值性评价指标和比率性评价指标；按项目经济评价的性质分为盈利能力分析指标、清偿能力分析指标和财务生存能力指标。

在方案经济评价中，选用不同的经济指标对同一方案进行评价，可能会得出不同的结果，任一具体指标，都只能从某个方面反映项目的经济性，为了使评价工作系统、全面，就需要使用一系列的指标，这就要求我们在对项目进行评价时，要综合考虑各种因素，从多方面考虑和分析项目，这样才能合理地利用各经济评价指标得到结果。

概念回顾

总投资收益率（Return On Investment，ROI）：是指项目达到设计生产能力正常年份的年息税前利润或运营期内税前利润与项目总投资的比率。

资本金净利率（Return On Equity，ROE）：是指项目达到正常生产能力后正常年份的年净利润或运营期内年平均净利润与项目资本金的比率。

净现值（Net Present Value，NPV）：指将投资项目在计算期内各年的净现金流量，根据基准收益率或标准折现率，折现到建设期初的现值的代数和。

基准投资收益率：又称基准收益率、标准折现率，即对企业或者投资者来说是一个最低、可以接受的贴现率。

净现值率（Net Present Value Rate，NPVR）：指按一定的折现率求得的方案计算期内的净现值与其全部投资现值之比。

净终值（Net Final Value，NFV）：以项目计算期末为基准，把不同时间发生的净现金流量按一定的折现率计算到项目计算期末值的代数和。

内部收益率（Inner Return Ratio，IRR）：指项目在整个计算期内年净现金流量现值累计等于 0 时的折现率。

外部收益率（External Return Ratio，ERR）：假定项目寿命期内所有投资按某个折现率折算的终值恰好可用项目每年的净收益按基准折现率折算的终值来抵偿时得到的折现率。

静态投资回收期（Stable Investment Recovery Period）：在不考虑资金时间价值的条件下，以方案的净收益回收项目全部投入资金所需要的时间。

动态投资回收期（Dynamic Investment Recovery Period）：是指在考虑资金时间价值的条件下，以方案的净收益回收项目全部投入资金所需要的时间。

利息备付率（Interest Reserve Ratio）：项目在借款偿还期内各年可用于支付利息的税息前利润与当期应付利息费用的比值。

偿债备付率（Debt Coverage Ratio）：项目在借款偿还期内，各年可用于还本付息的资金与当期应还本付息金额的比值。

净年值（Net Annal Value，NAV）：方案寿命期内的净现值用复利方法平均分摊到各个年度而得到的等额年盈利额。

练习题

1. 什么是投资项目的净现值？
2. 试述用于评价投资项目的投资回收期、净现值、内部收益率等方法的优缺点。
3. 什么是投资回收期？静态投资回收期和动态投资回收期有什么区别？

4. 试述内部收益率的经济含义。

5. 外部收益率和内部收益率相比有什么区别？

6. 试分析净现值、投资回收期和内部收益率这三个主要财务指标之间的关系。

7. 根据表3-5所列的现金流量，假定基准贴现率为10%。计算这两个现金流量的净现值、将来值、年值等。

表3-5　两企业现金流量

单位：万元

年末		0	1	2	3	4
方案	A	−100	50	50	50	50
	B	−100	40	40	60	60

8. 某投资方案初始投资为120万元，年销售收入为100万元，寿命为6年，残值为10万元，年经营费用为50万元。试求该投资方案的内部收益率。

9. 某工程方案的净现金流量如表3-6所示，假如基准贴现率为10%，求其净现值、静态投资回收期、动态投资回收期。

表3-6　某工程方案的净现金流量

单位：万元

年数	0	1	2	3~6	7	8	9	10	11	12
现金流量	−15000	−2500	2500	4000	5000	6000	7000	8000	9000	10000

10. 新建某厂，固定资产投资4000万元，流动资金300万元，其中自有资金占总投资的30%，预计到设计生产正常年份的年销售收入为3000万元，年销售税金及附加为销售收入的8%，年经营成本和折旧摊销成本总计为1000万元，当年利息支出为20万元，所得税为利润总额的33%。试计算总投资收益率。

11. 建一个临时仓库需8000元，一旦拆除即毫无价值，假定仓库每年净收益为1300元。

(1) 使用8年时，其内部收益率为多少？

(2) 若希望得到10%的收益率，则该仓库至少使用多少年才值得投资？

案例分析

某物流园区的方案评价

某项目是某港区后方填海造陆形成的区域，规划为港口后方的物流园区。共形成陆域场地总面积 3.1km²，扣除园区内绿地、道路等辅助面积，可用有效面积为 2.4km²。本物流园区主要是配合港口发展的需要，开发用于港口货物的仓储、配送等综合服务，为货主及其他使用者提供充足的用地。由于园区紧邻港口，发展前景乐观，因而根据预测，场地绝对不会出现闲置状况。

项目的工程总投资估算为 19488 万元，含建设期贷款利息 1148 万元，调整为进行财务盈利能力分析的总投资为 18340 万元。根据施工进度安排，项目建设期 3 年，年投资的比例分别为 60%、30%、10%。

项目开发后的经营方案有两种：第一种方案为开发商项目建成后，园区内基础设施配备齐全，向使用者出卖土地，将土地所有权转让给使用者，开发商靠卖地取得收入并负责基础设施的维护保养。第二种方案为开发商项目建成后，园区内基础设施配备齐全，向使用者出卖土地，将土地所有权转让给使用者，开发商靠卖地取得收入并负责基础设施的维护保养。由于所有权未变，出租时限长，计算期取 23 年，皆含建设期 3 年。

在方案一中，由于市场未来发展的情况很难预测，为简化测算，假定开发商转让场地分 10 年完成，平均每年等量转让。根据当地的土地转让价标准，一般在 1000 元/m² 以上，保守一点计算，本园区的转让土地价格取 800 元/m²，以转让土地的有效面积计算，开发商的年收入为 19200 万元。开发商所需项目启动资金估算为 150 万元，于期初一次性投入。

开发商企业的营业税及附加税率为 5.5%，企业所得税税率为 33%。盈余公积金、公益金提留按税后利润的 10% 计算。

开发商企业总成本包括土地权出让金、营运费用、折旧、摊销及利息支出等。应上缴国家的土地权出让金单价为 260 元/m²，3.1km² 面积总计应缴纳 80600 万元，根据转让比例分 10 年等额上缴，则每年应上缴出让金 8060 万元。开发商企业对园区内公用设施等的维护营运费用每年为 80 万元。年折旧为 597 万元，年摊销费为 95 万元。

在方案二中，参照物流园区前方的码头堆场堆存费标准每天 0.2 元/m²，则达到 100% 出租后园区有效面积内年租金收入为 17520 万元。开发商企业由于自己管理园区，因此营运费用增加，其他成本基本不变，此时营运费用估算 536 万元/年。（基准折现率为 15%）

案例来源：陈占涛，郑天立. 关于物流园项目财务评价案例分析的探讨 [J]. 水运工程，2011，334 (11)：8~11.

思考题：

1. 计算方案一中的内部收益率、净现值、投资回收期。
2. 计算方案二中的内部收益率、净现值、投资回收期。
3. 试用不同的方法比较分析方案一和方案二。

第四章　建设项目方案的多方案比较选优

☞ 学习目标

1. 了解项目方案的类型。
2. 掌握互斥型方案的选优方法。
3. 掌握独立型方案的选优方法。
4. 理解混合型方案的选优方法。

☞ 章前引例

奥迪在国内建厂方案的抉择

据路透社 12 月 2 日报道,德国大众汽车下属的豪华车品牌奥迪(Audi)计划扩大在中国的生产,拟自 2013 年起在中国南方的佛山建立一家新厂来生产 A3 汽车,从而使该款车的年产量增至 70 万辆。

在整个世界格局下,德系三大豪华车品牌的销量一直保持着 BBA 的排序(即宝马、奔驰、奥迪),而在中国内地的销售量却一直保持着 ABB(奥迪、宝马、奔驰)的排序。奥迪之所以现在能在中国市场上扮演着领导者角色,应该归功于其母公司大众汽车公司早期进入中国市场的战略选择。中国已然成为了奥迪最为重要的市场之一,但是从 2008 年到 2010 年,在短短的两年内其销售额下降了 22 个百分点。

在竞争日益白热化的今天,宝马和奔驰加紧在中国的市场开发,销售增幅已逐渐超过奥迪,奥迪如今面临着巨大的挑战。2011 年奥迪在豪华车市场将如何抢占市场份额,重新拾回昔日的风采?为何在众多建设方案中选择在佛山建厂来扩大产能以应对这场愈演愈烈的豪华车市场之争?佛山有何得天独厚的优势吗?为何会在众多建设方案中脱颖而出?这是本章将要探讨的问题,从学习当中我们可以找到该问题的答案。

资料来源：http：//auto.hexun.com/2012-05-16/141450116.html。

第一节 建设项目方案概况

企业在进行项目（方案）群选优时，首先必须分析各项目（方案）之间的相互关系，同时选择正确的评价指标，才能以正确的方法做出科学决策。

一、建设项目的性质

许多工程项目的投资方案之间，在政治、技术、经济甚至生态平衡等方面都存在着一定的联系和影响。而资金限制作为一个强约束，成为建设项目比较、选优的重要依据。

在投资方案的评价、选择过程中，按方案之间的经济关系，可分为相关方案与非相关方案。如果采纳或放弃某一方案并不显著地改变另一方案的现金系列，或者不影响另一方案，则可以说这两个方案在经济上不是相关的；如果采纳或者放弃某一方案显著地改变了任何其他方案的现金系列，或者影响了其他方案，则可以说这两个方案在经济上是相关的。

在工程经济研究中进行多方案的比较和优选时，不仅要考虑每个方案本身的可行性，还要考虑从可行的方案群中选出最优方案，以便充分而合理地分配和利用有限的资源，取得最佳的经济效益。项目之间的相关性包括正相关性、负相关性、不相关性和互不相容性。在方案选择前搞清这些方案属于何种类型是至关重要的，因为方案类型不同，其选择判断的尺度不同，进而选择的结果也就不同。

项目之间的正相关性是指一个项目的采纳将提高另一个项目的经济利益或价值。例如，建设住宅小区项目和改善该住宅小区的安保项目之间就存在正相关性。项目之间的负相关性是指一个项目的采纳将降低另一个项目的经济利益或价值。例如，在成都和重庆之间修建高速公路与修建高铁项目，在经济上是负相关的。项目之间的不相关性是指一个项目的采纳或放弃对另一个项目的经济收益或价值没有影响。例如，一个企业在两个不相关的领域上分别投资的项目就是两个不相关项目。项目之间的互不相容性是指如果采纳某一项目就自动（在技术上或经济上）排斥其他项目，那么这两个项目就存在互不相容性。例如，某块地产是投资建设购物中心还是商品写字楼就是互不相容性项目，因为两个项目之间只能有一个项目被采纳，因此是互不相容性的项目。

二、建设项目方案的类型

方案类型就是指备选方案之间的相互关系。备选方案是由各级组织的操作人员、管理人员和研究开发人员制定的，只有在建立了一些备选方案的条件下，才能进行经济决策，也只有了解备选方案之间的相互关系，才能掌握正确的评价方法，达到正确决策的目的。备选方案之间的关系可分为独立型、互斥型、混合型、互补型、现金流量相关型、组合互斥型和混合相关型等方案类型，下面介绍其中的几种方案类型。

1. 独立型方案

在没有资源约束的条件下，在一组方案中选择其中的一个方案并不排斥接受其他的方案，即一个方案是否采用与其他方案是否采用无关，则称这一组方案为独立型方案，简称独立多方案或独立方案。独立型方案在经济上是互不相关的方案。例如，一家大型企业为扩大市场，要在几个不同的城市建立工厂，如果这些方案不存在资本、资源的限制，它们就是相互独立的，其中每一个方案都称为独立方案。

独立型方案的选择可能出现两种情况：一种是企业可利用的资金足够多，即通常所说的无资金限制条件，如果方案评价时选用的评价指标是 NPV 或 IRR，只要通过了 NPV 或 IRR 的评价标准即可入选；另一种是企业可利用的资金是有限制的，在不超过资金限额的条件下，选择出最佳的方案组合。在这种条件下，独立关系转化为一定程度上的互斥关系，这样就可以参照互斥型方案的比选方法选择最佳方案。

2. 互斥型方案

这类方案，在实际工作中是最常见到的。指在没有资源约束的条件下，在一组方案中，选择其中的一个方案则排除了接受其他任何一个方案的可能性，则这一组方案称为互斥型多方案，简称互斥多方案或互斥方案。例如，一家大型企业为了扩大市场，但以目前的经济水平只能在一个城市建设一座工厂，厂址的选择究竟选在沿海城市还是内陆城市？从这个例子中我们可以看到，这些方案之间彼此充满了排斥性。

3. 混合型方案

在一组方案中，方案之间有些具有互斥关系，有些具有独立关系，则称这一

组方案为混合型方案。混合型方案有两种形式:

(1) 在一组独立方案中,每一个独立方案下又有若干个互斥方案的形式。例如,某大型零售业公司现欲投资在两个相距较远的 A 城和 B 城各建一个大型物流配送中心,显然 A、B 是独立的。A 有 A_1、A_2、A_3 三个可行地点,同理 B 有 B_1、B_2 两个可行地点,A_1、A_2、A_3 是互斥关系,B_1、B_2 也是互斥关系。

(2) 在一组互斥方案中,每一个互斥方案下又有若干个独立方案的类型。例如,某房地产开发商在某市以出让方式取得一块地的使用权,按当地城市规划的规定,该块地只能用来建设居民楼(C 方案)或商业用途建筑中(D 方案)的一种,不能建商居混合物业。如建豪华套型(C_1)、高档套型(C_2)、普通套型(C_3),或者可以建餐饮酒店(D_1)、大型购物广场(D_2)、写字楼(D_3)。C_1、C_2、C_3 是一组独立方案,D_1、D_2、D_3 也是一组独立方案,但 C、D 却是互斥方案。

4. 互补型方案

互补型方案是指方案之间存在技术互补关系的一组方案。一方案的接受有助于另一组方案的接受,方案之间存在着相互补充的关系。根据互补方案之间相互依存的关系,互补方案可能是对称的。例如,建设一个大型物流基地,必须同时建设便利的交通系统,它们在建成时间、建设规模上都要彼此适应,缺少其中任何一个项目,其他项目就不能正常运行。

5. 其他类型方案

(1) 现金流量相关型方案。现金流量相关型方案是指在一组方案中,方案之间既不完全互斥,也不完全依存,但是任一方案的取舍都会导致其他方案现金流量的变化。

(2) 条件性多方案。条件性多方案是指在一组方案中,接受某一方案的同时,就要求接受另一个或几个方案,接受后者的一个或多个方案,则首先要接受前者的一个方案。

第二节 独立型方案的比选

由于独立方案的特点,在一组独立方案比较选择中,可选择其中一个或多个方案,同时也可以一个方案都不选择。

当各投资项目相互独立时,若资金对所有项目不构成约束,只要分别计算各项目的 NPV 和 IRR，选择所有 NPV ≥ 0 或者 IRR ≥ i_c 的项目即可；若资金不足以分配到全部 NPV > 0 的项目时，即形成资金约束条件下的定量分配问题。

独立方案作为评价对象的各个方案的现金流是独立的，不具有相关性，且任一方案的采用与否都不影响其他方案的决策。如果决策的对象是单一方案，则可以认为是独立方案的特例。

独立方案的评价特点：独立方案的采用与否只取决于方案自身的经济性，即只需检验它们是否能够通过净现值、净年值或内部收益率指标的评价标准。因此，多个独立方案与单一方案的评价方法是相同的。

在一组独立方案比较选择的过程中，可决定选择其中任意一个或多个方案，甚至全部方案，也可能一个方案也不选。独立方案这一特点决定了独立方案的现金流量及其效果具有可加性。一般独立方案选择处于下面两种情况。

1. 无资源限制的情况

如果独立方案之间共享的资源（通常为资金）足够多（没有限制），则任何一个方案只要是可行的（经济上可接受的），就可采纳并实施。

2. 有资源限制的情况

如果独立方案之间共享的资源是有限的，不能满足所有方案的需要，则在这种不超出资源限额的条件下，独立方案的选择有两种方法：组合互斥化法和内部收益率或净现值率排序法。

（1）组合互斥化法。独立方案的组合互斥化法是先穷举出所有可能的独立方案组合群，将其看做是互斥多方案，再用互斥的方法进行比较。首先，列出独立方案的所有可能的组合（均为可行方案），形成若干个新的组合方案（其中包括方案 0，即什么也不采纳方案），则所有可能组合方案形成互斥的 2^n 个组合方案。然后将所有的方案按初始投资额从大到小排序，其组合方案对应的初始投资简单相加，并排除初始投资额超过投资资金限额的组合方案。最后对剩余的组合方案按互斥方案的比较方法确定最优的组合方案（为简化计算，一般以净现值作为比选指标，NPV 最大的方案为优）。

【例 4-1】某企业现有三个独立的投资方案 A、B、C，期初投资及年净收益见表 4-1，其基准收益率为 8%，各方案的净现值及净现值率也列于该表中。企业可用于投资的金额为 8000 万元，应怎样选取最优方案？

解：

首先，建立所有互斥的方案组合。本例中共有 $2^3 = 8$ 个互斥的方案组合，各组合的投资、年净收益及净现值见表 4-2。

表4-1 独立方案 A、B、C 的投资、年净收益

单位：万元

方案	初始投资	年净收益	寿命（年）
A	3000	600	10
B	5000	850	10
C	7000	1200	10

表4-2 方案组合的投资、年净收益及净现值

单位：万元

组合号	方案组合	投资总额	年净收益	净现值
1	0	0	0	0
2	A	3000	600	1026
3	B	5000	850	704
4	C	7000	1200	1052
5	AB	8000	1450	1730
6	AC	10000	1800	2078
7	BC	12000	2050	1756
8	ABC	15000	—	—

其次，对满足资金限额条件的前5个方案组合，由于第5个方案组合AB的净现值最大，因而AB为最优方案组合。

(2) 内部收益率或净现值率排序法。内部收益率排序法又称之为右下右上法。现在还以上例说明这种方法的选择过程。

1) A、B、C 3个方案的内部收益率分别为：

IRRA = 15.10%

IRRB = 11.23%

IRRC = 11.03%

2) 这组独立方案按内部收益率从大到小的顺序排列，将它们以直方图的形式绘制在以投资为横轴、内部收益率为纵轴的坐标轴上（如图4-1所示），并标明基准收益率和投资的限额。

3) 排除 I_c 线以下和投资限额线右边的方案，因此选择的最优方案应为A和B。

图 4-1　IRR 排序法选择独立方案

第三节　互斥型方案的比选

在投资方案的比较和选择中，经常使用的是互斥型方案的比较和选优。在方案互斥条件下，只要方案的投资额在规定的投资额之内，各个方案均可以参加评选。对于评选的方案，经济效果的评价通常包含两个方面：一是首先评价各个方案自身的经济效果；二是在参选的各个方案经济上都可行的条件下，对各个备选方案选优，即进行相对效果检验。

一、互斥型方案的类型与选优的比较原则

针对方案的寿命是否相等，互斥方案可分为两类：一是各方案寿命相等的互斥型方案的选择。二是各方案寿命不全相等的互斥型方案选择。前者可直接进行比较，后者则要借助某些方法进行时间上的变换之后再进行比较。

互斥方案的选优的比较原则主要有以下四条原则：

1. 基准收益率比较原则

即在基准收益率不变的情况下，若增加投资所得的收益率大于或等于基准收益率，则选择增加投资的方案。否则，则选择不增加投资的方案。

2. 现金差额评价原则

即通过计算两个方案的现金流量之差来考虑增加方案投资在经济上是否合算。

3. 时间可比原则

即针对寿命不相等的方案,必须利用如最小公倍数等其他方案来进行寿命的变换使得时间相等,以此保证方案可比较。

4. 环比原则

即不能简单地只将各方案与两份最小的投资方案比较,而必须将各方案按投资从小到大排序,依次比较。

二、互斥型方案的选优方案

互斥型方案的静态指标优选方法通常包括增量投资分析法和综合费用法等评价法。

1. 增量投资分析法

增量投资分析法就是通过计算互斥型方案的增量投资收益率和增量投资回收期来判断互斥方案的相对经济效果,通过比较增量投资收益率和增量投资回收期来进行方案选优。

(1) 增量投资收益率。增量投资收益率是指增量投资所带来的经营成本上的节约与增量投资之比。

现设 I_A、I_B 分别为 A、B 方案的投资额,为 A、B 方案的经营成本。如果 $I_B > I_A$,则增量投资收益率 $R_{(A-B)}$ 为:

$$R_{(A-B)} = \frac{C_B - C_A}{I_A - I_B} \times 100\% \qquad (4-1)$$

若计算出来的增量投资利润率达到基准投资利润率,则投资额大的方案可行,它表明投资的增量完全可以由经营节约的费用补偿($C_B - C_A$)。反之亦然。

(2) 增量投资回收期。增量投资回收期是指用互斥型方案经营成本的节约来补偿其增量投资的年限。

当各年经营成本的节约($C_B - C_A$)基本相同时,其计算公式为:

$$P_{t(A-B)} = \frac{I_A - I_B}{C_B - C_A} \qquad (4-2)$$

若计算出来的增量投资回收期小于基准投资回收期,则增加投资的方案就是可行的。

2. 综合费用法

综合费用法是指方案的投资与基准投资回收期内年净营收成本的总和。方案的综合费用即为基准投资回收期内年折算费用的总和。在互斥方案的评选时，综合总费用最小的方案为最优方案。

三、互斥型方案指标选优方法

以方案寿命周期为划分标准，可将互斥型方案的比选划分为寿命相同方案与寿命不同方案的比较与选择。

1. 寿命相同方案的比较与选择

净现值法即选取方案的净现值进行比较，选取其中最大的为最优方案。运用此方法的前提是将净现值为负数的方案直接去掉，因为那是没有实际意义的。因此首先应计算 NPV，将 NPV 为负数的方案直接删掉。再从剩余方案中选取净现值最大的方案即为最优的方案。

对于寿命期相等的互斥方案，通常将方案的寿命期设定为共同的分析期，这样，在利用资金等值原理进行经济效果评价时，方案间在时间上才具有可比性。在进行寿命相同方案的比较和选择时，若采用价值性指标，则选用价值性指标最大者为最优；若采用比率性指标，则需要考察不同方案之间追加投资的经济效益。

（1）净现值法。

【例 4-2】 设 A、B 两个方案为互斥方案，其寿命期内各年的净现金流量如表 4-3 所示，试用净现值法作出选择（$i_c = 10\%$）。

表 4-3 互斥方案 A、B 的净现金流量表

单位：万元

方案 \ 年末	0	1~10
A	−50	10
B	−60	15

解：

计算各方案的绝对效果并加以检验：

$NPV_A = -50 + 10(P/A, 10\%, 10) = 11.46$（万元）

$NPV_B = -60 + 15 \times (P/A, 10\%, 10) = 32.17$（万元）

由于 $NPV_A > 0$，$NPV_B > 0$，因而两个方案均通过绝对效果检验，它们在经济效果上均是可行的。

计算两个方案的相对效果并确定最优方案。采用净现值法时，两个方案的相对效果为：$NPV_{B-A} = NPV_B - NPV_A = 32.17 - 11.46 = 20.71$（万元）。

由于 $NPV_{B-A} > 0$，表明 B 方案优于 A 方案。因此，应选择 B 方案为最佳方案。

在实际计算中，只要计算出各方案自身现金流量的净现值，再将其直接进行比较即可得出最优可行方案。

上例是对于两个方案的比较而言的，对于三个或三个以上的方案的比较，也可按追加投资价值性指标评选。所谓追加投资，是指两个方案比较时，一个方案比另一个方案多出的那部分投资。按追加投资净现值评选的标准是：当基础方案可行时，保留投资额大且追加投资净现值大于或等于零的方案。按追加投资净现值进行方案比较的方法称为环比法，下面结合例 4-3 对其进行介绍。

【例 4-3】 A、B、C 为三个互斥方案，其寿命均为 10 年，净现金流量如表 4-4 所示。试选择最优方案（i_C = 10%）。

表 4-4 互斥方案 A、B、C 的净现金流量表

单位：万元

方案＼年末	0	1~10
A	-3000	800
B	-5000	1000
C	-8000	1800

解：

第一，把各方案投资额由小到大排列，并增设一个"维持现状"方案 I，作为计算追加投资经济效益的基础方案。"维持现状"方案是不投资方案或简称零方案，这时假设已有的资金用于其他方面的投资可以获得基准收益率，即不管投资额为多大，其 $IRR = i_C$，也即：

$NPV(i_C) = 0$

第二，以"维持现状"方案 I 作为临时基础方案，首先计算 A 方案相对于 I 方案的追加投资和逐年的净现金流量之差，构成一个新的追加投资净现金流量。然后再计算 A 方案较 I 方案追加投资的净现值，以 NPV_{A-I} 表示。其计算如下：

$NPV_{A-I} = -3000 + 800(P/A, 10\%, 10) = 1916$（万元）

由于 $NPV_{A-I} > 0$，说明 A 方案优于 I 方案，应保留 A 方案作为下一步继续比较的基础方案；反之，若 $NPV_{A-I} < 0$，则应保留 I 方案作为下一步继续比较的基础方案。

第三，以 A 方案为基础方案，计算 B 方案较 A 方案追加投资净现值，其计算如下：

$NPV_{B-A} = -(5000 - 3000) + (1000 - 800)(P/A, 10\%, 10) = -771$（万元）

由于 $NPV_{B-A} < 0$，说明 B 方案的追加投资是不合算的，应保留 A 方案作为基础方案，舍去 B 方案。

第四，仍以 A 方案作为基础方案，计算 C 方案较 A 方案追加投资净现值，其计算如下：

$NPV_{C-A} = -(8000 - 3000) + (1800 - 800)(P/A, 10\%, 10) = 1145$（万元）

由于 $NPV_{C-A} > 0$，说明 C 方案的追加投资是合算的，应保留 C 方案舍弃 A 方案，故 C 方案为最优方案。

以上方法同样适用于追加投资净终值和净年值指标，其结论是一致的。

在多个互斥方案中，只有通过绝对效果检验和相对效果检验的最优方案才是唯一可被接受的方案。对于净现值法而言，可表述为净现值大于或等于零且净现值最大的方案为最优可行方案。

（2）内部收益率法。所谓内部收益率法，就是以内部收益率为比较基准，来进行项目评价的方法。内部收益率是反映投资使用效率的指标，是测定资金利用情况好坏的指示器。采用内部收益率法评价互斥方案，同样应当进行绝对效果检验和相对效果检验。通过各方案内部收益率的计算和比较，内部收益率最高的方案，应是诸方案中经济效果最优的方案；内部收益率大于或等于贴现率的方案，就是可以被采纳的方案。内部收益率法是与净现值法本质上不同的另一种项目评价方法，它着眼于资金利用的好坏，而非所得绝对效果的大小。

内部收益率法有其明显的局限性，因为它只适用于有限寿命的收益费用型项目，而且是初期投资较大且无较大的中后期投资的情况。在作方案比较时，还要求各方案的初期投资相等或相近，否则，就不能采用内部收益率法。

在各方案投资额相同、寿命期相等的情况下，采用内部收益率法可以得出、确定正确的投资决策。但在各方案投资额不相同，寿命期不同的情况下，采用内部收益率法与净现值法可能得出不同的结论。此时采用内部收益率法可能得出错误的结论，我们应该考虑方案间增量投资的内部收益率。下面对此举例说明。

【例 4-4】方案 A、B 是互斥方案，其净现金流量如表 4-5 所示。试选择最优方案（$i_C = 10\%$）。

解：首先计算两个方案的绝对效果指标 IRR_A、IRR_B，根据方程式：

$-1000 + 180(P/A, IRR_A, 10) = 0$

表 4–5 互斥方案 A、B 的净现金流量表

单位：万元

方案 \ 年末	0	1~10
A	−1000	180
B	−800	145
增量（A−B）	−200	35

求得：$IRR_A = 12.41\%$

$-800 + 145 \times (P/A, IRR_B, 10) = 0$

求得：$IRR_B = 12.59\%$

由于两者均大于基准折现率 $i_c = 10\%$，故方案 A、方案 B 均是可行方案。

哪个方案更优？如果认为内部收益率越大越好，那么由于 $IRR_B > IRR_A$，就会认为 B 方案优于 A 方案，但是此结论与净现值法评价结论相矛盾。

$NPV_A = -1000 + 180(P/A, 10\%, 10) = 106$（万元）

$NPV_B = -800 + 145(P/A, 10\%, 10) = 91$（万元）

由于 $NPV_A > NPV_B$，因而按净现值法评价，A 是最优可行方案。

上例表明，按照净现值最大准则和内部收益率最大准则比较选择方案，可能会产生相互矛盾的结论。

无论采用净现值法还是采用内部收益率法，进行方案相对比较时应认清比较的实质，即判断投资额大的方案和投资额小的方案相比的追加投资能否被其增量收益抵消，即对增量现金流量的经济性作出判断。因此，用内部收益率法进行互斥方案比较时应计算增量现金流的内部收益率，称为"差额内部收益率"或"追加投资内部收益率"（记作 ΔIRR）。在方案寿命期相等的情况下，计算差额内部收益率的方程为：

$$\sum_{t}^{m} (\Delta CI - \Delta CO)_t (1 + \Delta IRR)^{-t} = 0 \tag{4-3}$$

式中，ΔCI 为互斥方案（A、B）的差额（增量），现金流入为：$CI_A - CI_B$；

ΔCO 为互斥方案（A、B）的差额（增量），现金流出为：$CO_A - CO_B$。

按追加投资内部收益率与按追加投资净现值评选方案的做法基本相同，只是取舍方案的标准不一样。按追加投资内部收益率评选方案的标准是在投资由小到大进行方案比较时，应保留投资额大且追加投资内部收益率大于基准贴现率的方案。仍以【例 4-4】为例，具体步骤如下：

a. 增设一零方案 I，计算投资额较小的方案，即 B 方案较 I 方案的追加投资

内部收益率大。由 $-800 + 145(P/A, \Delta IRR_{B-I}, 10) = 0$，得：

$\Delta IRR_{B-I} = 12.59\% > 10\%$

说明 B 方案较 I 方案的追加投资是合理的，故应保留 B 方案作为下一步比较的基础方案，并舍弃 I 方案。

b. 计算 A 方案较 B 方案的追加投资内部收益率。由 $-200 + 35(P/A, \Delta IRR_{A-B}, 10) = 0$，得：

$\Delta IRR_{A-B} = 11.73\% > 10\%$

说明 A 方案较 B 方案的追加投资合算，应保留 A 方案，舍弃 B 方案。

按内部收益率评选可能与用价值性指标评选的结论不一致，而用追加投资内部收益率与用价值性评价指标的结论比较一致，这说明用追加投资内部收益率的标准确定的方案是最优方案。

（3）用差额法进行互斥型方案选优。这种方法是指计算追加投资的净现值或净年值或净将来值，并根据它们的正负来进行互斥型方案的选优。在实践中，推测各投资方案的收益与费用的绝对值往往是很不容易的。但是，在很多情况下研究各方案不同的经济要素，找出方案之间现金流量的差额却比较容易。研究比较两方案现金流量的差额，用差额的净现值、净年值或净将来值来判定方案的优劣是有效的方法。

【例 4-5】 某建筑承包商拟投资购买设备用于租赁，现有三个互斥型方案，各方案的期初投资额和每年净收益如表 4-6 所示。各投资方案的寿命期均为 10 年，10 年末的残值为 0，基准收益率 i_C 为 15%。试选择在经济上最有利的方案。

表 4-6　投资方案的现金流量

单位：万元

项目方案	初始投资	每年净收益
A_0	NPV(15%) = 0	
A_1	5000	1400
A_2	8000	1900
A_3	10000	2500

解：

A_0 称为基准方案，有时所有互斥型方案均不符合条件，应把资金投在其他可以获得基准收益的方案上，其 $NPV(i_C) = 0$ 或者说 $IRR = i_C$。

a. 将投资方案按投资额由小到大排序，其中 A_0 为基准方案。若投资 5000 万元，每年获得 15% 的基准收益率，则每年净收益为：

$R_0 = P(A/P, 15\%, 10) = 5000 \times 0.19925 = 996.25$（万元）

对 A_1 方案与基准方案 A_0 进行比较，计算这两个方案追加投资的现金流量，如图 4-2 所示，并按基准收益率 $i_C = 15\%$ 计算追加投资的净现值 $\Delta NPV_{A_1-A_0}$，则：

图 4-2　差额现金流量图

$\Delta NPV_{A_1-A_0} = (1400 - 996.25)(P/A, 15\%, 10) - (5000 - 5000)$
$= 403.75 \times 5.019 = 2026.42$（万元）

因为 $\Delta NPV_{A_1-A_0} > 0$，说明方案较差，应该把基准方案淘汰，保留方案 A_1 为临时最优方案。

b. 对方案 A_2 方案与 A_1 方案进行比较，计算这两个方案追加投资的现金流量，如图 4-2 所示，并按基准收益率 $i_C = 15\%$ 计算追加投资的净现值，则：

$$\Delta NPV_{A_2-A_1} = (1900 - 1400)(P/A, 15\%, 10) - (8000 - 5000)$$

$$= 500 \times 5.019 - 3000 = -490.50 \text{ (万元)} < 0$$

因为 $\Delta NPV_{A_2-A_1} < 0$，说明方案 2 较差，应将其淘汰，保留方案 1 为临时最优方案。

c. 对方案 1 与方案 3 进行比较，计算这两个方案追加投资的现金流量，如图 4-2 所示，并按照基准收益率 $i_C = 15\%$ 计算追加投资的净现值 $\Delta NPV_{A_3-A_1}$，则：

$$\Delta NPV_{A_3-A_1} = (2500 - 1400)(P/A, 15\%, 10) - (10000 - 5000)$$

$$= 1100 \times 5.019 - 5000 = 520.90 \text{ (万元)} > 0$$

因为 $\Delta NPV_{A_3-A_1} > 0$，说明方案 3 优于方案 1，因此方案 3 是最终的最优方案。

由此可见，当互斥型方案寿命相等时，直接比较各方案的 NPV 并取 NPV 最大的方案与上述差额法的选择结果是一致的。

(4) 用追加投资的回收期 (ΔP_t、$\Delta P_t'$) 进行互斥型方案选优。这种方法是指首先计算追加投资的动态或静态投资回收期，然后和基准投资回收期比较来判定方案的优劣。这种方案尤其适用于只有年经营成本和期初投资额的互斥型方案的比选。

【例 4-6】依然以【例 4-5】为例，试比较哪个方案在经济上最为有利？

解：首先可以方案 1 为临时最优方案，然后计算方案 2 相对于方案 1 的追加投资动态回收期 $\Delta P_{t(A_2-A_1)}$。

$$\Delta P_{t(A_2-A_1)} = -\frac{\ln\left[1 - \frac{(8000-5000) \times 0.15}{1900-1400}\right]}{\ln(1+0.15)} = 16.5 \text{ (年)} > n = 10 \text{ (年)}$$

方案 A_2 差于方案 A_1，因此应该淘汰 A_2，再取 A_3 与 A_1 比较。

$$\Delta P_{t(A_3-A_1)}' = -\frac{\ln\left[1 - \frac{(10000-5000) \times 0.15}{2500-1400}\right]}{\ln(1+0.15)} = 8.2 \text{ (年)} < 10 \text{ (年)}$$

即方案 A_3 优于方案 A_1，因此，方案 A_3 为最优方案。

(5) 收益相同的互斥型方案选优的最小费用法。这种方法是指当各方案的效益相同时，只要考虑或者只能考虑比较各个方案的费用大小（费用现值或费用年值），费用最小的方案就是最好的方案。在实际中常会遇到类似问题。这类问题的特点是无论你选用哪一种方案，其效益是相同的，或者是无法用货币衡量的。这时，就可以采用最小费用法。

【例 4-7】 某公司拟购买设备，现有 4 种具有同样功能的设备，使用寿命均为 10 年，残值均为 0，初始投资和年经营费用见表 4-7（$i_c = 10\%$）。试问该公司选择哪种设备在经济上更为有利？

表 4-7 设备投资费用

单位：元

项目方案	A	B	C	D
初始投资	3000	3800	4500	5000
年经营费	1800	1770	1470	1320

解：

a. 费用现值选优法。由于 4 种设备功能相同，又因各方案寿命相等保证了时间可比性，因而可以利用费用现值（PC）法进行选优。费用现值是投资项目全部开支的现值之和，其计算如下：

$P(10\%) = 3000 + 1800(P/A, 10\%, 10) = 14060$（元）

$P(10\%) = 3800 + 1770(P/A, 10\%, 10) = 14676$（元）

$P(10\%) = 4500 + 1470(P/A, 10\%, 10) = 13533$（元）

$P(10\%) = 5000 + 1320(P/A, 10\%, 10) = 13111$（元）

由于设备 D 的费用现值最小，因而选择设备 D 较为有利。

b. 费用年值选优法。将费用现值变换为费用年值（AC），根据年费用最小来选择最优方案，其计算如下：

$A(10\%) = 3000(A/P, 10\%, 10) + 1800 = 2288$（元）

$A(10\%) = 3800(A/P, 10\%, 10) + 1770 = 2388$（元）

$A(10\%) = 4500(A/P, 10\%, 10) + 1470 = 2202$（元）

$A(10\%) = 5000(A/P, 10\%, 10) + 1320 = 2134$（元）

由于设备 D 的费用年值最小，因而选择设备 D 较为有利。

2. 寿命不同方案的比较与选择

前面讲过的多方案评价指标都为方案的寿命期相同的情况，而当两个方案的寿命期不同时，就不能直接进行比较，必须加以处理。为使方案具有可比性而进行处理的方法很多，常用的有最小公倍数法、净年值法和研究期法等。

（1）最小公倍数法。最小公倍数法是以各备选方案寿命期的最小公倍数作为进行方案比选的共同计算期，并假设各个方案在这样一个共同的计算期内投资、收入支出重复进行，对各方案计算期内各年的净现金流量进行重复计算，直至最小公倍数的寿命期末为止。例如，有 A、B 两个互斥方案，A 方案计算期为 6 年，B 方案计算期为 4 年，则其共同的计算期即为 12 年（6 和 4 的最小公倍数）。然后假设 A 方案将重复实施 2 次，B 方案将重复实施 3 次，分别对其净现金流量进行重复计算，计算出在共同的计算期内各个方案的净现值，以净现值较大的方案为最佳方案。这种方法在最小公倍数很小的时候是合理的，而当最小公倍数很大时，这种假设就不符合实际了。

【例 4-8】某建设项目有 A、B 两个方案，方案 A 的原始投资为 300 万元，年收益为 130 万元，计算期为 3 年；方案 B 的原始投资为 100 万元，年收益为 50 万元，计算期为 6 年，基准贴现率为 10%，试比较两方案。

解：方案 A 寿命期为 3 年，方案 B 寿命期为 6 年，最小公倍数为 6 年，所以 A 方案重复 2 次，B 方案重复 1 次。其现金流量图如图 4-3、图 4-4 所示。

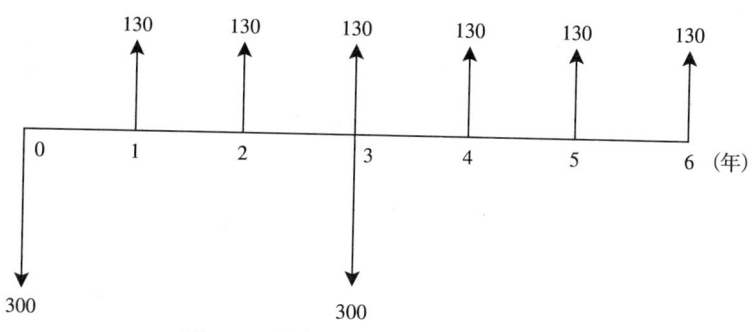

图 4-3　方案 A 的现金流量图（万元）

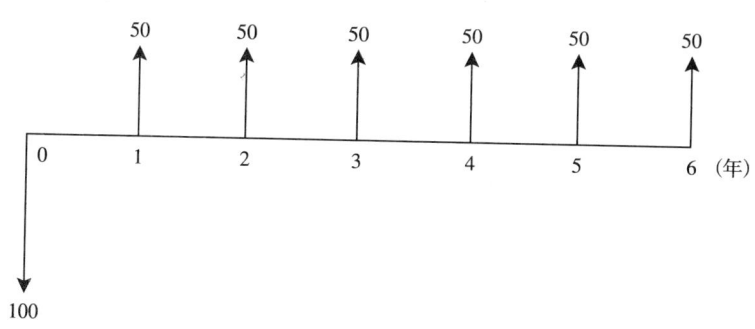

图 4-4　方案 B 的现金流量图（万元）

计算其净现值：

$NPV_A = -300 - 300 \times (P/F, 10\%, 3) + 130 \times (P/A, 10\%, 6) = 40.8$（万元）

$NPV_B = -100 + 50 \times (P/A, 10\%, 6) = 117.8$（万元）

$NPV_B > NPV_A$,所以 B 方案优于 A 方案。

（2）净年值法。净年值法是对寿命期不相等的互斥方案进行比较时用到的一种简明的方法。它是通过分别计算各备选方案净现金流量的等额年值并进行比较，若 NAV>0，则 NAV 最大者为最优方案。

以【例 4-8】的数据为例，用净年值法比较两方案。

解：

$NAV_A = -300 \times (A/P, 10\%, 3) + 130 = 9.37$（万元）

$NAV_B = -100 \times (A/P, 10\%, 6) + 50 = 179.6$（万元）

$NAV_B > NAV_A$，所以 B 方案优于 A 方案。

（3）研究期法。所谓研究期法，就是对寿命期不相等的互斥方案直接选取一个适当的分析期作为各个方案共同的计算期，通过比较各个方案在该计算期内的净现值来对方案进行比较，以净现值最大的方案为最佳方案。其中，计算期的确定要综合考虑各种因素。在实际应用中，为简便起见，往往直接选取诸方案中最短的计算期为各个方案共同的计算期，所以研究期法又称最小计算期法。

【例 4-9】 有 A、B 两个项目的净现金流量如表 4-8 所示，若已知 $i_c = 10\%$，试用研究期法对方案进行比选。

表 4-8　用研究期法对方案进行比选

单位：万元

年末 方案	0	1	2~6	7	8
A	-550	-350	400	—	—
B	-1200	-850	750	750	900

解：取两方案中较短的计算期为共同的计算期，即为 6 年，分别计算两方案的净现值：

$NPV_A = -550 - 350 \times (P/F, 10\%, 1) + 400 \times (P/A, 10\%, 5) \times$
$\qquad (P/F, 10\%, 1) = 510.3$（万元）

$NPV_B = [-1200 - 850 \times (P/F, 10\%, 1) + 750 \times (P/A, 10\%, 6) \times$
$\qquad (P/F, 10\%, 1) + 900 \times (P/F, 10\%, 8)] \times (A/P, 10\%, 8) \times$
$\qquad (P/A, 10\%, 6) = 1156.2$（万元）

$NPV_B > NPV_A$，所以方案 B 优于方案 A。

3. 收益相同的互斥方案比选

在实际中，经常会遇到收益相同的互斥方案比选这类问题。例如，在水力发电和火力发电之间、在铁路运输和公路运输之间、在水泥结构的桥梁和金属结构的桥梁之间进行选择。这类问题的特点是，无论选择哪一种方案，其效益是相同的，或者是无法用货币衡量的。这时，可采用最小费用法进行处理。这种方法是指当各方案的效益相同时，只要考虑或者只能考虑比较各方案的费用大小（费用现值或费用年值），费用最小的方案就是最好的方案。费用最小法包括费用现值法和费用年值法。下面以一个例题说明这两种方法的应用。

【例 4-10】 某工厂欲采购一台设备，市场上有 A、B 两种设备，两种设备的年产品数量和质量相同（即年收益相同），但购置费和日常运营成本不同（表 4-9）。两种型号的计算寿命均为 10 年，$i_c = 10\%$，试比较并选择最经济的设备。

表 4-9 比选最经济的设备

单位：元

方案	购置费（元）	运营成本（元）
A	3000	1800
B	4500	1470

解：a. 费用现值法。费用现值是投资项目全部开支的现值之和，其计算如下：

$NPV_A = 3000 + 1800 \times (P/A, 10\%, 10) = 14060$（元）

$NPV_B = 4500 + 1470 \times (P/A, 10\%, 10) = 13533$（元）

B 设备的费用现值较小，故选择 B 设备。

b. 费用年值法。

$AV_A = 3000 \times (A/P, 10\%, 10) + 1800 = 2288$（元）

$AV_B = 4500 \times (A/P, 10\%, 10) + 1470 = 2202$（元）

B 设备的费用年值较小，故选择 B 设备。

4. 成本相同的互斥方案比选

成本相同的互斥方案即方案的费用相同。在一般情况下，不同方案的产出可能有所不同，在不同行业和部门之间的工程项目方案的性质也是完全不同的。为使方案之间可比，最常用的办法是用货币统一度量各方案的产出，然后再进行分析比较。

第四节 混合方案的比选

在方案众多的情况下,方案间相关关系可能包括多种类型,称之为混合方案,传统的混合方案选择的程序如下。

一、混合型项目方案的方法

混合方案的结构类型不同,选择方法也不一样,下面分两种情形来讨论。

1. 在一组独立多方案中,每个独立方案下又有若干个互斥方案的情形

【例4-11】A、B两方案是相互独立的,A方案下有2个互斥方案 A_1、A_2,B方案下有3个互斥方案 B_1、B_2、B_3,对于这种方案,如果 m 代表相互独立的方案数目,n_j 代表第 j 个独立方案下互斥方案的数目,则这一组混合方案可以组合成互斥的组合方案数目为:

$$N = \prod_{j=1}^{m}(n_j + 1) = (n_1 + 1)(n_2 + 1)(n_3 + 1)\cdots(n_m + 1) \qquad (4-4)$$

混合方案形成的所有可能组合方案见表4-10。确定最优组合方案,最优组合方案中被组合的方案即为该混合方案的最佳选择。具体方法和过程同独立方案。

表4-10 方案组合表

单位:万元

方案组合序号	方案组合					组合方案
	A		B			
	A_1	A_2	B_1	B_2	B_3	
1	0	0	0	0	0	0
2	1	0	0	0	0	A_1
3	0	1	0	0	0	A_2
4	0	0	1	0	0	B_1
5	0	0	0	1	0	B_2
6	0	0	0	0	1	B_3
7	1	0	1	0	0	$A_1 + B_1$
8	1	0	0	1	0	$A_1 + B_2$
9	1	0	0	0	1	$A_1 + B_3$
10	0	1	1	0	0	$A_2 + B_1$
11	0	1	0	1	0	$A_2 + B_2$
12	0	1	0	0	1	$A_2 + B_3$

2. 在一组互斥多方案中,每个互斥方案下又有若干个独立方案的情形

【例4-12】C、D是互斥方案。C方案下有C_1、C_2、C_3、C_4四个独立方案,D方案下有D_1、D_2、D_3三个独立方案。分析一下方案之间的关系,就可以找到确定最优方案的方法。由于C、D是互斥的,最终的选择将只会是其中之一,因而C_1、C_2、C_3、C_4选择与D_1、D_2、D_3选择互相没有制约,可分别对这两组独立方案按独立方案选择方法确定最优组合方案,然后再按互斥方案的方法确定选择哪一个组合方案。具体过程是:

C_1、C_2、C_3、C_4四个独立方案,按独立方案的选择方法确定最优的组合方案(见表4-11)。

表4-11 方案组合表

单位:万元

方案组合序号	方案组合				组合方案
	C_1	C_2	C_3	C_4	
1	0	0	0	0	0
2	1	0	0	0	C_1
3	0	1	0	0	C_2
4	0	0	1	0	C_3
5	0	0	0	1	C_4
6	1	1	0	0	C_1+C_2
7	1	0	1	0	C_1+C_3
8	1	0	0	1	C_1+C_4
9	0	1	1	0	C_2+C_3
10	0	1	0	1	C_2+C_4
11	0	0	1	1	C_3+C_4
12	1	1	1	0	$C_1+C_2+C_3$
13	1	1	0	1	$C_1+C_2+C_4$
14	1	0	1	1	$C_1+C_3+C_4$
15	0	1	1	1	$C_2+C_3+C_4$
16	1	1	1	1	$C_1+C_2+C_3+C_4$

对D_1、D_2、D_3三个独立方案,也按独立方案选择方法确定最优组合方案(见表4-12)。

表 4-12 方案组合表

单位：万元

方案组合序号	方案组合			组合方案
	D_1	D_2	D_3	
1	0	0	0	0
2	1	0	0	D_1
3	0	1	0	D_2
4	0	0	1	D_3
5	1	1	0	$D_1 + D_2$
6	1	0	1	$D_1 + D_3$
7	0	1	1	$D_2 + D_3$
8	1	1	1	$D_1 + D_2 + D_3$

将由最优组合方案构成的 C、D 两方案用互斥方案的比较方法确定最优的方案。假设最优方案为 D 方案，则该组混合方案的最佳选择应是 D_1、D_2 和 D_3。

二、混合型项目方案投资决策权问题

当我们处理混合型项目方案投资决策时，如果将决策权下放给各个独立项目决策人，利用 NPV（或者 NAV、NFV）指标从各独立项目方案中选择出最优方案，然后利用投资效率指标从独立项目被选中的最优方案中选择最优项目组合，那么往往会造成所选择的最优项目组合不是真正的最优项目组合。

【例 4-13】某公司有 A、B、C 三个子公司，各子公司的投资项目间是相互独立的，各项目又分别由相互替代的方案构成，数据见表 4-13，投资方案均为一年，基准收益率为 10%。该公司资金有限，仅有 400 万元可供投资。试求该公司应该如何进行项目投资决策？

表 4-13 三个子公司的投资项目方案

单位：万元

A 子公司			B 子公司			C 子公司		
方案	投资额	净收益	方案	投资额	净收益	方案	投资额	净收益
A_1	100	130	B_1	100	148	C_1	100	115
A_2	200	245	B_2	200	260	C_2	200	240
A_3	300	354	—	—	—	C_3	300	346

解：

a. 如果总公司决定让各个子公司内部先选择各自的最优方案，然后再由公司对 A、B、C 子公司选择的方案中挑选最优方案，则最优项目组合的选择计算如下。

A 子公司各方案的 NFV 指标计算如下：

$NFV_{A_1} = 130 - 100(1 + 0.1) = 20$（万元）

$NFV_{A_2} = 245 - 200(1 + 0.1) = 25$（万元）

$NFV_{A_3} = 354 - 300(1 + 0.1) = 24$（万元）

因为方案 A_2 的 NFV 最大，A 子公司应该选方案 A_2。

B 子公司各方案的 NFV 指标计算如下：

$NFV_{B_1} = 148 - 100(1 + 0.1) = 38$（万元）

$NFV_{B_2} = 260 - 200(1 + 0.1) = 40$（万元）

因为方案 B_2 的 NFV 最大，B 子公司应该选方案 B_2。

C 子公司各方案的 NFV 指标计算如下：

$NFV_{C_1} = 115 - 100(1 + 0.1) = 5$（万元）

$NFV_{C_2} = 240 - 200(1 + 0.1) = 20$（万元）

$NFV_{C_3} = 346 - 300(1 + 0.1) = 16$（万元）

因为方案 C_2 的 NFV 最大，C 子公司应该选方案 C_2。

这样，总计净终值为 85 万元，投资额为 600 万元。由于公司只有 400 万元预算，因而，从公司作出投资决策来看，必须从这三个方案中放弃一个。由于 $NFV_{C_2} = 20$ 万元，因而总公司决策将放弃方案 C_2，最优项目组合为 A_2、B_2，净终值总计为 65 万元。

b. 如果不是由各子公司先选择子公司的最优方案，而直接由总公司对全部方案加以选择，则最优项目组合选择计算如下所述。

利用混合型方案的追加投资内部收益率指标排序法，先淘汰无资格方案，分别计算各独立项目中互斥型方案的追加投资内部收益率，然后将各方案 ΔIRR 由大到小排序绘制成图 4-5，标出资金成本线和资金约束线。从图 4-5 中可知，最优方案组合应该是 A_1、B_1、C_2，其净终值总计最大为 78 万元，优于原组合 A_2、B_2。

图 4-5 IRR 排序图

本章小结

本章讨论了建设项目方案的相关性,具体讨论了其中的独立型方案、互斥型方案和混合型方案各自的特点并对其方案比较和选优进行了深入的探究。当然,不同的建设项目方案有其各自的特点,因此比较和选优的方法也不尽相同,需要各位学习者因地制宜才好有的放矢。

概念回顾

独立型方案(Independent Alternative):在没有资源约束的条件下,在一组方案中,选择其中的一个方案并不排斥接受其他的方案。即一个方案是否采用与其他方案是否采用无关,则称这一组方案为独立型多方案,简称独立多方案或独立方案。

互斥型方案(Mutexes Type Scheme):指在没有资源约束的条件下,在一组方案中,选择其中的一个方案则排除了接受其他任何一个方案的可能性,则这一组方案称为互斥型多方案,简称互斥多方案或互斥方案。

混合型方案(Hybrid Plan):指项目方案群有两个层次:高层次是若干个相互独立的方案,其中每个独立方案中又存在若干个互斥的方案;或者高层次是若干个互斥的方案,其中每个互斥方案中又存在若干个独立的方案。

净年值法(Net Years Value Method):是对寿命期不相等的互斥方案进行比较时用到的一种简明的方法。

正相关性（Positive Correlation）：指一个项目的采纳将提高另一个项目的经济利益或价值。

不相关性（Irrelevance）：指一个项目的采纳或放弃对另一个项目的经济收益或价值没有影响。

互不相容性（Mutual Exclusive）：指如果采纳某一项目就自动（在技术上或经济上）排斥其他项目，那么这两个项目就存在互不相容性。

方案类型（Solution Type）：指备选方案之间的相互关系。

内部收益率法（Internal Rate of Return Method）：是以内部收益率为比较基准，来进行项目评价的方法。

增量投资分析法（Incremental Investment Analysis Method）：是通过计算互斥型方案的增量投资收益率和增量投资回收期来判断互斥方案的相对经济效果，并据此进行方案选优。

最小公倍数法（Lowest Common Multiple Method）：作为进行方案比选的共同的计算期，并假设各个方案在这样一个共同的计算期内投资、收入支出重复进行，对各方案计算期内各年的净现金流量进行重复计算，直至最小公倍数的寿命期末为止。

练习题

1. 建设项目方案之间的相关性包括哪些种类？
2. 简述建设项目的不可分性概念。
3. 建设项目方案的方案类型包括哪些？其各自的特征如何？
4. 互斥型方案的类型与选优的比较原则各是什么？
5. 各方案寿命期相等的互斥型方案选优方法有哪些？
6. 各方案寿命期不相等的互斥型方案选优方法有哪些？
7. 独立型项目方案的选择方法有哪些？
8. 某厂计划改建车间，现有甲、乙两方案。甲方案用流水线，总投资为40万元，年经营成本为20万元；方案乙采用自动线，总投资为60万元，年经营成本为12万元。两方案年产量相同，计算期为5年。哪个方案的经济效益更好？
9. 为了满足两地交通运输增长的需求，拟在两地之间建一条铁路或新开一条高速公路，也可考虑两个项目同时上，如果两个项目同时上，由于分流的影响，两个项目的现金流量将会受到影响。基准收益率为10%。根据表4-14提供的数据，对方案进行比较选择。注：表中括号里面的数据为两个项目同时上时的现金流。

表4–14 A、B两种方案的经济参数

单位：万元

方案	年末			
	0	1	2	3~32
铁路（A）	-30000	-30000	-30000	15000（12000）
公路（B）	-15000	-15000	-15000	9000（5250）

10. 某造船厂为了使船坞上的装卸能力尽可能地扩大，打算购买装卸系统。有3种不同的系统（每个系统的装卸能力相同）可供选择。每种系统的初始投资和运行费用见表4–15。该船厂最多能筹集140万元，3个系统的寿命均为10年，基准收益率为15%，各种系统可组合投入运行但每种系统最多只需一套。请确定最优的方案组合。

表4–15 A、B、C方案的投资及运行费用

单位：万元

系统类型	初始投资	年运行费用
A	650000	91810
B	600000	105000
C	720000	74945

11. 某冶炼厂欲投资建一个储水设施，有两个方案：A方案是在厂内建一个水塔，造价为102万元，年运营费用为2万元，每隔10年大修1次的费用为10万元；B方案是在厂外不远处的小山上建一储水池，造价为83万元，年运营费用为2万元，每隔8年大修1次的费用为10万元。另外，方案B需购置一套附加设备，购置费为9.5万元，寿命为20年，20年末的残值为0.5万元，年运行费用为1万元。该厂基准收益率为7%。

（1）储水设施计划使用40年，任何一个方案在寿命期末均无残值，哪个方案最优？

（2）若永久性地使用储水设施，哪个方案为优？

12. A和B两种设备具有相同的功能，使用期均为7年。A、B两种设备初期投资额分别为10万元和14万元，A、B两种设备每年的运营费（假定发生在每年年末）分别为2万元和9万元。假定基准收益率为12%。

(1) 分别用净现值法、净年值法、净将来值法判断使用哪种设备有利？

(2) B 设备较 A 设备有利时的使用年限应为多少？

(3) A 设备较 B 设备有利时的基准收益率（不是 12% 时）应为多少？

13. 某施工机械有 A、B 两种不同的型号，其有关经济参数如表 4-16 所示，利率为 10%，试问购买哪种型号的机械在经济上更为有利？

表 4-16 A、B 两种不同型号机械的经济参数

单位：万元

方案	初始投资	年收入	年支出	残值	寿命期/年
A	12	7	0.6	2	10
B	9	7	0.85	1	8

案例分析

某石油化工联合企业的投资决策

某石油化工联合企业下属的三个工厂 A、B、C 分别提出各自的技术改造方案。A、B、C 三个工厂是相互独立的，但各厂投资项目均由若干互斥方案构成（见表 4-17）。假定每个方案的寿命均为 8 年，设，资金限制为：①600 万元；②800 万元；③400 万元。

表 4-17 混合型项目方案的数据

单位：万元

项目	方案组合	初始投资	年末净收益
A	A_1	100	38
	A_2	200	69
	A_3	300	88
B	B_1	100	19
	B_2	200	55
	B_3	300	75
	B_4	400	92
C	C_1	200	86
	C_2	300	109
	C_3	400	154

案例来源：刘玉明. 工程经济学 [M]. 北京：清华大学出版社，2006.

思考题：

试问在上述资金限制下，如何从整个企业角度做出最优投资决策。

第五章　工程项目资金来源

👉 学习目标

1. 解释项目融资及其特征。
2. 了解项目融资资金来源与融资渠道。
3. 知道融资的框架结构。
4. 了解项目融资的参与者。
5. 了解实施项目融资步骤。
6. 了解项目融资方式。
7. 学会对项目融资进行评价。

👉 章前引例

得与失的平衡

腾讯 QQ 正式在香港挂牌上市，上市公司简称腾讯控股，股票代码为 700.HK。在此次上市中，其超额认购的首次公开募股（IPO）将带来总计 14.4 亿港元的净收入。

同时，公司预计当年将赢利 4.44 亿元，据悉，香港零售发行部分获得 67 亿股的认购申请，超额认购达 158 倍。由此，腾讯顺利完成了自己的资本跳跃。

募集资金超 15 亿港元，腾讯以每股 3.70 港元的价格发售了 4.202 亿股，募集资金达 15.5 亿港元。同时，这一定价位于在初始价格区间的顶部。高盛（亚洲）是此次上市的全球协调人及保荐人。

腾讯在 6 月 14 日晚间表示，香港零售发行部分获得 67 亿股的认购申请，超额认购达 158 倍。

因此启动回补机制，散户获分配 2.1 亿股，使零售部分占总发行的比例增大至 50%。南非媒体集团 Naspers Ltd.（NPSN）是腾讯的主要股东，首次公开募股后其持股比例为 37.5%。

截至 2004 年 3 月底,腾讯 QQ 注册用户现已达 2.91 亿,最高同时在线用户达 600 万。

公开资料显示,2004 年第一季赢利 1.073 亿元,比 2003 年同期增长 87%。腾讯预计 2004 年有纯利 4.44 亿元。

资料来源:http://news.ccidnet.com/pub/html/news/zhuanti/tencent/index.htm.

第一节 工程项目融资概述

项目融资是指贷款人向特定的工程项目提供贷款协议融资,对于该项目所产生的现金流量享有偿债请求权,并以该项目资产作为附属担保的融资类型。它是一种以项目的未来收益和资产作为偿还贷款的资金来源和安全保障的融资方式。项目融资的根本特征就是融资不仅仅是依靠项目发起人的信用保障或资产价值,贷款银行主要依靠项目本身的资产和未来的现金流量来考虑贷款偿还保证。因此,项目融资风险分担,以及对项目融资采取周密的金融安排,并将此项目有利益关系的各个方面的承诺和各种形式的保证书结合起来,不使任何一方承担项目的全部风险,是项目融资活动的重要内容。

一、含义

项目融资(Project Financing),指以项目的资产、收益作抵押来融资。项目融资本质上是资金提供方对项目的发起人无追索权或有限追索权(无担保或有限担保)的融资贷款。它的一个重要特点是,贷款方在决定是否发放贷款时,通常不把项目发起方现在的信用能力作为重要因素来考虑。如果项目本身有潜力,即使项目发起方现在的资产少,收益状况不理想,项目融资也完全可以成功;相反,如果项目本身发展前景不好,即使项目发起方现在的规模再大,资产再多,项目融资也不一定成功。

二、适用范围

1. 资源开发类项目

资源开发类项目一般投入资本较高,涉及人员和相关部门面广,其主要特点是资金量大，不能简单地由单独部门来承担，在此情况下应用项目融资能很好地降低资金成本和运营风险。项目融资使得整个项目的资源可以达到较大的利用率，并且对此类大型综合性的项目应用全方位多部门的合作方式也能更好地对项目进行综合评估和风险控制。同时，能更好地保障项目的顺利进行。

资源开发项目包括石油、天然气、煤炭、铁、铜等开采业。项目融资早期便源于资源开发项目。

2. 基础设施

基础设施建设项目一般都是由政府负责，此类项目也同样具有综合性和高资金的特点。由于资金量大和项目的复杂性，政府独自承担的困难比较大，并且政府部门的商业运作水平有限，不能很大地运营项目的前期和后期，因此，项目融资的应用能很好地解决此问题，由政府主导和监督，利用一切可以利用的社会资源来达到项目的顺利进行和后期运营。

基础设施包括：公路、铁路系统、港口和能源等项目，基础建设应用项目融资比较多，究其原因主要是两方面：一是项目资金规模很大，政府独自承担困难大；二是通过商业化运营能创造更多的收益。

3. 制造业

在制造业中，项目融资多用于工程上比较单纯或某个工程阶段中已使用特定技术的制造业项目，此外，也适用于委托加工生产的制造业项目。

综上所述，项目融资一般适用于竞争性不强的行业，一般而言，能收费产生效益的项目比较适合项目融资方式。这类项目尽管建设周期长，投资量大，但收益稳定，受市场变化影响小，对投资者有一定吸引力。

三、限制与约束

1. 程序复杂，参加者众多，合作谈判成本高

项目融资一般要经历融资结构分析、融资谈判和融资执行三个阶段。在融资结构分析阶段，通过对项目深入而广泛的研究，项目融资顾问协助投资者制定出融资方案，签订相关谅解备忘录、保密协议等，并成立项目公司。

项目融资的应用项目一般都是大型综合性项目，为确保项目的顺利进行，整个项目融资的过程和手续以及需要参加的人员众多，与此相伴的就是随之而来的人力和时间成本的增加，在此过程中需要有各方面的协调统一，因此增加了谈判成本。

2. 政府的控制较严格

由于项目融资的应用领域普遍都是大型综合项目，涉及的资金和人员众多，因此政府对其的重视程度也很高，政府会从多个方面严格监督和考核项目的进程和质量，只有这样才能保证项目的顺利进行，但同时这会对项目的进度有一定的影响。

3. 增加项目最终用户的负担

由于项目融资的收益来自于用户，而前期的谈判成本和融资成本都会相应地转嫁到最终用户身上，项目融资的高成本决定了用户的高负担。这也从另一面制约了项目的盈利性。

4. 项目风险增加融资成本

项目融资风险表现类型主要有以下几种，这些风险都增加了项目融资的成本。信用风险，项目融资所面临的信用风险是指项目有关参与方不能履行协定责任和义务而出现的风险；完工风险，完工风险是指项目无法完工、延期完工或者完工后无法达到预期运行标准而带来的风险；生产风险，生产风险是指在项目试生产阶段和生产运营阶段中存在的技术、资源储量、能源和原材料供应、生产经营、劳动力状况等风险因素的总称；市场风险，市场风险是指在一定的成本水平下能否按计划维持产品质量与产量，以及产品市场需求量与市场价格波动所带来的风险；金融风险，项目的金融风险主要表现在项目融资中利率风险和汇率风险两个方面，项目发起人与贷款人必须对自身难以控制的金融市场上可能出现的变化加以认真分析和预测，如汇率波动、利率上涨、通货膨胀、国际贸易政策的趋向等，这些因素会引发项目的金融风险；政治风险，项目的政治风险可以分为两大类：一类是国家风险，如借款人所在国现存政治体制的崩溃，对项目产品实行禁运、联合抵制、终止债务的偿还等；另一类是国家政治、经济政策稳定性风险，如税收制度的变更，关税及非关税贸易壁垒的调整，外汇管理法规的变化等。

第二节 工程项目资金来源与融资渠道

对于任何一个处于生存与发展状态的企业来讲，再筹资是其进行一系列经营活动的先决条件。不能筹集到一定数量的资金，也就无法取得预期的经济效益。筹资作为一个相对独立的行为，其对企业经营理财业绩的影响，主要是借助资本结构的变动而发生作用的。在筹资活动开展以前,必须明确资金来源与融资渠道,相关内容如下。

一、资金来源

融资又称资金筹措(Financing),是以一定的渠道为某种特定活动筹集所需资金的各种活动的总称。在工程项目经济分析中,融资是为项目投资而进行的资金筹措行为或资金来源方式。

在资金筹措阶段,建设项目所需的资金由自有资金、赠款和借入资金组成。如图 5-1 所示。

图 5-1　建设项目所需的资金

1. 自有资金

企业自有资金是指企业有权支配使用、按规定可用于固定资产投资和流动资金的资金。具体指在项目资金总额中投资者缴付的出资额,主要包括资本金和资本溢价。

(1)资本金。也就是项目的注册资金。根据投资主体的不同,国家资本金、法人资本金、个人资本金及外商资本金等是其主要形式;资本公积金是指资本折算差额资本溢价、财产重估差价、企业接受捐赠等形成的公积金;接受捐赠资产是指社会团体、地方政府或个人以及外商赠予企业货币或实物等财产而增加的企业资产;财产重估差价是指按国家规定对企业固定资产重新估价时,固定资产的重估价值与其账面价值之间发生的差额。

(2)资本溢价。指在资金筹集过程中,投资者缴付的出资额超出资本合同的差额。最典型的是发行股票的溢价净收入，即股票溢价收入扣除发行费用后的净额。

2. 借入资金

借入资金亦即企业吸收外部资金，是指企业从金融机构和资金市场借入，需要偿还的用于固定资产投资的资金。包括国际金融机构贷款、国内银行贷款、外国政府贷款、补偿贸易、出口信贷、发行债券等方式筹集的资金。

二、融资渠道

目前，企业的筹资渠道主要有下面几种，即企业自我积累、向金融机构借款、向非金融机构及企业借款、企业内部集资、向社会发行债券和股票、租赁等。不同的筹资渠道，其所承担的税负也不一样。

1. 按融资的地理位置，可分为国内融资和国外融资

（1）国内融资。国内融资指资金筹措主要集中在国内，具体有以下几种方式。

1）政府投资。是指各级地方政府成立的以融资为主要经营目的的公司，包括不同类型的城市建设投资、城建开发、城建资产公司等企（事）业法人机构，主要以经营收入、公共设施收费和财政资金等作为还款来源。

2）股东直接投资。直接投资是指投资者将货币资金直接投入投资项目，形成实物资产或者购买现有企业的投资，通过直接投资，投资者便可以拥有全部或一定数量的企业资产及经营的所有权，直接进行或参与投资的经营管理。直接投资包括对现金、厂房、机械设备、交通工具、通讯、土地或土地使用权等各种有形资产的投资和对专利、商标、咨询服务等无形资产的投资。

3）发行股票。股票在上市发行前，上市公司与股票的代理发行证券商签订代理发行合同，确定股票发行的方式，明确各方面的责任。股票代理发行的方式按发行承担的风险不同，一般分为包销发行方式和代理发行方式两种。

4）发行债券。债券发行是发行人以借贷资金为目的，依照法律规定的程序向投资人要约发行代表一定债权和兑付条件的债券的法律行为，债券发行是证券发行的重要形式之一，是以债券形式筹措资金的行为过程，通过这一过程，发行者以最终债务人的身份将债券转移到它的最初投资者手中。

5）商业贷款。商业贷款是用于补充工业企业和商业企业的流动资金的贷款，一般为短期贷款，通常为9个月，最多不超过一年，但也有少量中长期贷款。这类贷款是商业银行贷款的主要组成部分，一般占贷款总额的1/3以上。

6）融资租赁。融资租赁（Financial Leasing）又称设备租赁（Equipment

Leasing）或现代租赁（Modern Leasing），是指实质上转移与资产所有权有关的全部或绝大部分风险和报酬的租赁。资产的所有权最终可以转移，也可以不转移。

（2）国外融资。国外融资指资金筹措主要集中在国外，具体有以下几种方式。

1）国外政府贷款。国外政府贷款是指一国政府向另一国政府提供的，具有一定赠与性质的优惠贷款。它具有政府间开发援助或部分赠与的性质，在国际统计上又叫双边贷款，与多边贷款共同组成官方信贷。其资金来源一般分两部分：软贷款和出口信贷。软贷款部分多为政府财政预算内资金，出口信贷部分为信贷金融资金。双边政府贷款是政府之间的信贷关系，由两国政府机构或政府代理机构出面谈判，签署贷款协议，确定具有契约性偿还义务的外币债务。

2）国际金融组织贷款。国际金融组织贷款是指国际货币基金组织、世界银行/国际复兴开发银行（IBRD）、国际开发协会（IDA）、国际金融公司（IFC）、亚洲开发银行（ADB）、联合国农业发展基金会和其他国际性、地区性金融组织提供的贷款。其贷款发放对象主要有以下几个方面：对发展中国家提供以发展基础产业为主的中长期贷款，对低收入的贫困国家提供开发项目以及文教建设方面的长期贷款，对发展中国家的私人企业提供小额中长期贷款。

3）出口信贷。出口信贷是一种国际信贷方式，它是一国政府为支持和扩大本国大型设备等产品的出口，增强国际竞争力，对出口产品给予利息补贴、提供出口信用保险及信贷担保，鼓励本国的银行或非银行金融机构对本国的出口商或外国的进口商（或其银行）提供利率较低的贷款，以解决本国出口商资金周转的困难，或满足国外进口商对本国出口商支付货款需要的一种国际信贷方式。出口信贷名称的由来就是因为这种贷款由出口方提供，并且以推动出口为目的。

4）发行股票。公开发行是指发行人通过中介机构向不特定的社会公众广泛地发售证券。在公募发行情况下，所有合法的社会投资者都可以参加认购。公开发行的股票不一定要求上市，但是上市必须要求公开发行股票。

5）发行国际债券。国际债券（International bonds）是一国政府、金融机构、工商企业或国家组织为筹措和融通资金，在国外金融市场上发行的，以外国货币为面值的债券。国际债券的重要特征是，发行者和投资者属于不同的国家，筹集的资金来源于国外金融市场。国际债券的发行和交易，既可用来平衡发行国的国际收支，也可用来为发行国政府或企业引入资金从事开发和生产。依照发行债券所用货币与发行地点的不同，国际债券又可分为外国债券和欧洲债券。

6）中外合资。中华人民共和国为了扩大国际经济合作和技术交流，允许外国公司、企业和其他经济组织或个人（以下简称外国合营者），按照平等互利的原则，经中国政府批准，在中华人民共和国境内，同中国的公司、企业或其他经济组织（以下简称中国合营者）共同举办合营企业。

2. 按照融资主体，可分为既有法人融资和新设法人融资

（1）既有法人融资。既有法人融资（Both corporate finance）是指以既有法人为融资主体的融资方式。建设项目所需的资金主要来源于既有法人内部融资、新增资本金和新增债务资金。新增资本金依靠既有法人整体的盈利能力来偿还，并以既有法人整体的资产信用承担债务担保。既有法人项目总投资构成及资金来源如图5-2所示。

图5-2　既有法人融资结构

1）可用于项目建设的货币资金包括既有法人现有的货币资金和未来经营活动中可能获得的盈余现金。现有的货币资金，是指现有的库存现金和银行存款，这些资金扣除必要的日常经营所需的货币资金额后，可用于拟建项目。未来经营活动中可能获得的盈余现金，是指在拟建项目的建设期内，企业在经营活动中获得的净现金节余，这些资金可抽出一部分用于项目建设。

2）资产变现的资金包括转让长期投资、提高流动资产使用效率、出售固定资产而获得的资金。企业的长期投资包括长期股权投资和长期债权投资，一般都可以通过转让而变现。存货和应收账款对流动资金需要量影响较大，企业可以通过加强财务管理，提高流动资产周转率，减少存货、应收账款等流动资产占用而取得现金，也可以出让有价证券取得现金。企业的固定资产中，有些由于产品方案改变而被闲置，有些由于技术更新而被替换，都可以出售变现。

3）资产经营权变现的资金是指既有法人可以将其所属资产经营权的一部分或全部转让，将取得的现金用于项目建设。例如，某公司将其已建成的一条高速公路的30%的经营权转让给另一家公司，转让价格为未来30年这条高速公路收

益的 30%，将取得的资金用于建设另一条高速公路。

4）非现金资产包括实物、工业产权、非专利技术、土地使用权等，当这些资产适用于拟建项目时，经资产评估可直接用于项目建设。

(2) 新设法人融资。新设法人融资（The new corporate financing）方式的融资主体是新组建的具有独立法人资格的项目公司。在这种融资方式下，项目发起人（企业或政府）会组建新的项目公司，这些项目公司具有独立法人资格，并承担融资责任和风险。

3. 按照融资的性质，可分为权益融资和负债融资

(1) 权益融资。权益融资是指以所有者身份投入非负债性资金的方式进行的融资。权益融资形成企业的"所有者权益"和项目的"资本金"。权益融资在我国项目资金筹措中具有强制性。权益融资具有以下特点：①权益融资筹措的资金具有永久性，无到期日，无须归还。②没有固定的按期还本付息压力。③权益融资是负债融资的基础，是项目法人最基本的资金来源。

(2) 负债融资。负债融资是市场经济条件下企业筹集资金的必然选择。但是这种筹资方式，在给企业带来巨大效用的同时，也会带来一些潜在的风险。一般认为，企业只有在最佳的资本结构下，才会实现其价值的最大化。负债融资具有以下特点：①负债融资筹措的资金的使用具有时间限制，必须按期偿还。②无论项目法人今后效益如何，均需要固定支付债务利息，从而形成项目法人今后固定的财务负担。③负债融资的资金成本一般比权益融资低，而且不会分散对项目未来权益的控制权。

4. 按照不同的融资结构安排，可分为传统融资方式和项目融资方式

传统融资方式（The traditional mode of financing）是指一个公司或企业利用本身的资信能力为项目所安排的融资。在这种融资方式下，投资者将该项目与项目业主作为一个整体看待，以资产负债情况、盈利水平、现金流量状况等作为依据决定是否投资。

项目融资方式（Project financing）是投资项目资金筹措方式的一种，特指某种资金需求量巨大的投资项目的筹资活动，而且以负债作为资金主要来源。项目融资主要不是以项目业主的信用或者项目有形资产的价值作为担保来获得贷款，而是依赖于项目本身良好的经营状况和项目建成、投入使用后的现金流量作为偿还债务的资金来源；同时，将项目的资产，而不是项目业主的其他资产作为借入资产的抵押。

第三节 工程项目融资的框架结构

工程项目融资过程中,从项目的投资决算起到选择项目的融资方式为项目筹集资金,一直到最后完成该项目融资,大致上可分为五个阶段:

(1) 投资决策分析阶段。
(2) 融资决策分析阶段。
(3) 融资结构分析阶段。
(4) 融资谈判阶段。
(5) 项目融资的执行阶段。

以上几个阶段都是在正式签署工程项目融资的法律文件之前,融资的组织安排工作就完成了,工程项目融资就进入了执行阶段。在工程项目融资中,贷款银行会经常性地直接或者间接监督工程项目的进展。

项目融资是指贷款人向特定的工程项目提供贷款协议融资,对于该项目所产生的现金流量享有偿债请求权,并以该项目资产作为附属担保的融资类型。它是一种以项目的未来收益和资产作为偿还贷款的资金来源和安全保障的融资方式。项目融资一般由四个基本模块组成。

一、投资结构

投资结构即项目的资产所有权结构,是指项目的投资者与项目资产者之间的法律合作关系。在一定时期内项目的投资总量中,各要素的构成及其数量比例关系,是项目经济结构中的一个重要的方面。在投资项目的过程中,投资结构的选择也是至关重要的。一个设计合理的投资结构,在一定程度上对于投资的成败以及收益率起着决定性的关键作用。良好的项目投资结构,不仅可以使项目资金得到较高程度的循环和使用,而且能够有效促进项目收益的最大化。下面以迪斯尼乐园项目的投资结构设计来说明投资机构的重要性。

扩展阅读

迪斯尼乐园项目的投资结构设计

按照美国沃尔特·迪斯尼公司组建迪斯尼乐园的惯例，通常是由两家公司出资组建。美国沃尔特·迪斯尼公司与其他投资主体合资时，往往投资比例较小，但权益比例却很大。美国沃尔特·迪斯尼公司对投资结构设计往往会提出三个目标要求：第一，投资结构能够保证其在筹集资金时筹资到项目所需资金；第二，项目的资金成本必须低于"市场平均成本"；第三，项目发起人，即沃尔特·迪斯尼公司，必须获得高于"市场平均水平"的经营自主权。另外，一个国家的税法一般存在关于税务亏损结转的相关规定，如果其投资结构和融资结构设计相当，可在一定程度上为投资各方降低财务成本。

基于对上述各个因素的考虑，迪斯尼乐园一般设计以下的投资结构，这个投资结构包括两部分：沃尔特·迪斯尼开发公司（A投资结构）；沃尔特·迪斯尼经营公司（B投资结构）。

设计成立沃尔特·迪斯尼开发公司的目的是，为了有效地利用项目的税务优势。由于迪斯尼乐园在项目初期巨额投资所带来的高额利息成本，以及由于资产折旧、投资优惠等所形成的税务亏损无法在短期内由项目内部有效消化，更进一步，由于这些高额折旧和利息成本的存在，项目无法在早期形成会计利润，从而无法形成对外部投资者的吸引力。为充分利用税务亏损，降低项目的综合资金成本，在迪斯尼乐园的PPP投资结构中，使用了类似杠杆租赁融资结构的税务租赁模式。沃尔特·迪斯尼开发公司所使用的是一种普通合伙制结构，在这种结构中，投资者能够直接分享其投资比例项目税务亏损（或者利润）与其他来源收入合并纳税的好处。

沃尔特·迪斯尼开发公司将拥有迪斯尼乐园的资产，并以一个10年期杠杆租赁协议，将其资产租赁给沃尔特·迪斯尼经营公司。根据预测，在项目前5年中，由于利息成本和资产折旧等原因，项目将产生高额税务亏损，而这些税务亏损将由各个投资者分担。在10年财务租赁协议终止时，沃尔特·迪斯尼经营公司将以其账面价值（完全折旧后的价值）把项目购买回来，沃尔特·迪斯尼开发公司则被解散。这只是一个企业的投资结构设计，其目的是享受税收的利益。

设计成立沃尔特·迪斯尼经营公司的目的是，为了解决沃尔特·迪斯尼公司对项目的绝对控制权问题。由于各种原因，在迪斯尼乐园的建设中，政府一般要求美国沃尔特·迪斯尼所占项目股权为40%。同时，项目的融资结构又往往对项目的投资者和经营者存在各种限制和制约，因此选择B投资结构。B投资结构是一种有限合伙制结构的投资结构，其投资者被分为两种类型：一类是具有有限合伙制结构中的普通合伙人性质的投资者，这类投资者负责任命项目管理班子，承担项目管理责任，同时在项目中承担无限责任；另一类是具有有限合伙人性质的投资者，这类投资者在项目中只承担与其投资金额相等的有限责任，但是不能直接参与项目管理，即在没有普通合伙人同意的前提下无权罢免项目管理班子。由于沃尔特·迪斯尼公司是B投资结构中的唯一普通合伙人，因而，尽管在沃尔特·迪斯尼经营公司中只占少数股权，但可完全控制项目的管理权。

迪斯尼乐园融资结构通过以上三部分资金的安排和组合，实现了两个主要目的：第一，提高了项目的经济强度，提高了股本资金比例（可达60%），从而降低了项目的债务负担；第二，项目经济强度的增强，实现了资金成本的正循环，股本资金及政策性银行的低成本，增强了项目的债务承受能力，有利于项目获得优惠低成本银团贷款和在资本市场筹集大量股本资金，股本资金的增加又进一步降低项目债务资金的比例。

资料来源：http://www.jcchina-cpda.org/S_news_list.asp?id=345.

二、融资结构

融资结构是项目融资的核心部分。一旦项目的投资者在确定投资结构问题上达成一致意见，接下来的重要工作就是要设计和选择合适的融资结构以实现投资者在融资方面的目标要求。项目融资结构主要是指在筹集项目资金时，由不同渠道取得的资金之间的有机构成及其比重关系。融资结构对工程项目投资实施有着重要的影响已成为共识，它能够使项目的各参与者之间形成有效的激励约束机制，为解决相关参与人的利益冲突提供基础依据，保障工程项目投资的顺利实施。

项目融资结构是由项目采用各种筹资方式筹资而形成的，典型的融资方式分为权益融资和债务融资，采用不同的融资方式就有不同的融资结构，不同的资本来源也导致其风险与成本不同，从而对项目本身产生的影响和约束也不同。通常情况下，项目融资结构采用债务筹资和权益筹资的组合，由此形成的资本结构称为"搭配资本结构"或"杠杆资本结构"。

目前，融资项目多为由几个投资者共同参与，出现这种趋势的原因是：

（1）大型项目的开发有可能超出了一个公司的财务、管理或者运营的承受能力，使用合资结构，项目的风险可以由所有的项目参加者共同承担。

（2）不同背景的投资者之间的结合有可能发挥各自优势，在共同愿景下实现资源有效结合利用，从而为项目带来相补性效益。

（3）投资者不同优势的结合，有可能在安排项目融资时获得较为有利的贷款条件。

三、资金结构

资金结构设计用于决定在项目中股本资金、准股本资金和债务资金的形式、相互之间的比例关系，以及相应的来源。资金结构有广义和狭义之分。狭义的资金结构是指长期资金结构。广义的资金结构是指全部资金（包括长期资金、短期资金）的结构。资金结构是由投资结构和融资结构决定的，但反过来又会影响到整体项目融资结构的设计。在投资过程中，应考虑短期资产与短期负债、长期投资与长期负债等的匹配。如果缺乏统一规划，就会导致资金长短结构配置不合理。在筹资时如果较少考虑资本结构和财务风险等，不仅造成较高的财务费用，同时也会增大偿付风险。

合理的资金机构有利于较大限度地增加投资者财富，提升项目应用实施的价值。其判定标准包括较低的加权平均资金成本以及保持适当的流动性的资产。资金结构进行调整时，主要的方法有：

（1）存量调整。即在不改变现有资产规模的基础上，根据目标资本结构要求调整资本结构。

（2）增量调整。即通过追加筹资量，从增加总资产的方式来调整资本结构。

（3）减量调整。即通过减少资产总额的方式来调整资本结构。

四、信用保证结构

对于银行和其他债权人而言，项目融资的安全性来自两个方面：一方面来自项目本身的经济强度；另一方面来自项目之外的各种直接或间接的担保。信用保证结构的设计在一定程度上可以说是项目融资的生命线。项目融资的根本特征体现在项目风险的分担上，而信用保证结构正是实现这种风险分担的关键。信用保证结构的核心是融资的债权担保，用于支持贷款的信用结构的安排是灵活的和多样化的。一个成功的项目融资可以将贷款的信用支持分配到与项目有关的各个参与方。典型的方法包括：在市场方面，可以要求对项目产品感兴趣的购买者提供一种长期购买合同作为融资的信用支持；在工程建设方面，为了减少风险可以要求工程承包公司提供固定价格、固定工期的合同或"交钥匙"工程合同，可以要求项目设计者提供工程技术保证等；在原材料和能源供应方面，可以要求供应方在保证供应的同时，在定价上根据项目产品的价格变化设计一定的浮动价格公式。这些措施能够成为项目融资强有力的信用支持，提高项目的债务承受能力以及分散项目的风险。

第四节　工程项目融资的参与者

工程项目融资有多方面的参与人，参与人的有关担保对贷款的取得和工程项目的完工起着关键的作用。在工程项目融资中基本的参与人有：工程项目的发起人、项目公司、项目的贷款人、工程项目建设公司、工程项目原材料、能源和设备等的供应人、工程项目产品的购买人或工程项目设施的使用人（承购人）、项目管理公司、工程监理人、保险人、所在地政府等。

1. 工程项目发起人

工程项目发起人又称工程项目主办人，是项目公司的投资者。项目的发起人可以是一个或者多个公司、实体或个人，这些投资者可以是工程项目的承包人、供应人、项目产品的购买人或项目服务使用人，当然，这必须符合当地的法律规定。尽管工程项目融资不是主要根据工程项目主办人的担保而发放，但是，如果发生意外情况，工程项目主办人往往会被要求履行其所承诺担保部分的偿债责任，因此，贷款人发放贷款时，对工程项目主办人的资信情况也十分关注。而工程项目主办人往往负有督导工程项目计划落实的责任。

2. 项目公司

项目公司一般是一个确定的法律实体。工程项目主办人是项目公司的发起人和出资者，项目公司是为了工程项目的建设和满足市场需求而建立的经营实体，它具体负责工程项目的开发、建设和融资。

3. 借款人

在一般情况下，借款人就是项目公司。但在有些时候，借款人也可能是工程项目的参与人，这些借款人独立借款从而参与到工程项目中来。此外，国际上的一些银行等金融机构不得向国有单位贷款和接受国有单位提供担保，为了绕开这一融资障碍，可设立专门的机构，如"受托借款公司"（Trustee Borrowing Vehicle，TBV）来进行工程项目融资。受托借款公司为国有项目公司向银行借入贷款，用于工程项目建设，工程项目建成后，受托借款公司直接保管从项目产品的购买人或使用人处收取的款项，然后归还银行的贷款本息，在贷款债务未清偿前，项目公司不得动用这些款项。这种做法可以帮助项目公司克服在借款方面受到的限制。

4. 贷款人（贷款银行）

指为工程项目提供金融支持的当事人，主要是银行，包括国内和国外银行。根据工程项目的具体情况，也可以是各国政府（机构）、国际金融组织等。

5. 工程项目建设公司

工程项目建设公司负责工程项目的建设，通常其与项目公司签订固定价格的总价承包合同。一般情况下，工程项目建设公司要承担延期误工和工程质量不合格的风险。对于大型工程项目，工程项目建设公司可以另签合同，把自己的工作分包给合格的工程项目建设分包公司。工程项目建设公司是工程技术成败的关键，它们的技术水平和声誉是能否取得贷款的重要因素之一。

6. 供应人

包括原材料、能源和设备的供应人。工程项目的原材料、能源和设备的供应人在保证工程项目按期竣工中起着重要的作用。贷款人关心原材料、能源和设备的供应人的资信与经营作风，这是贷款人考虑是否发放贷款以及发放贷款条件的因素之一。

7. 承购人

为了保证工程项目的成功，使工程项目建成后有足够的现金流入用于还本付息，在项目谈判阶段，都要确定工程项目产品的购买人或工程项目设施的使用人（承购人），并签订协议，以减少或分散工程项目的市场风险。

8. 项目管理公司

目前，在许多工程项目中，项目公司并不负责项目的直接经营与管理，而是委托一家独立的公司负责项目完工后的经营管理工作，该公司应具备相应的项目管理知识与经验，这种公司一般被称为项目管理公司。它代表项目公司负责项目的日常经营管理事务。与对待项目工程公司一样，贷款人也很关心项目管理公司的背景实力，注重项目管理公司的管理经验。因此，项目管理公司对项目的成功也起着十分关键的作用。

9. 工程监理人

工程监理人一般受雇于工程项目发起人或项目公司，为工程项目发起人或项目公司代为管理工程建设，行使工程项目发起人或项目公司赋予他的权力。工程监理工作是一项高难度的技术工作，要求负责这项工作的技术人员掌握相应的工程监理知识，并且还要具有比较丰富的阅历和经验，会处理各种繁杂的事务纠纷，还要有高度的应变能力，熟悉施工规范，掌握设备、材料等方面的知识。工程监理人正确履行职责，是工程项目能够竣工的重要保证。

10. 保险人

工程项目融资涉及巨大资金规模以及未来许多难以预料的不利因素，为了减少或者避免工程项目相关风险产生的负面影响，需要保险的介入。保险是工程项目融资中风险管理的重要内容，也往往是工程项目融资赖以存在的基础。因此，保险人也是工程项目融资的主要参与者，在工程项目融资实务中，保险人包括国内外商业保险公司、国内外政府保险机构等。

11. 所在地政府

在具体的工程项目融资中，所在地政府的作用是各种各样的。它可能承担的作用有：在许多发展中国家，政府会提供支持项目的协议；提供工程项目经营的许可协议；充当项目产品的最大买主；通过政府部门或受政府控制的部门对工程项目注入间接的股本资金等。而且，发展中国家或欠发达国家的政府往往比发达国家政府希望承担更大的作用。并且，在一个国家，地方政府也往往充当上述角色。所在地政府的适当参与，往往有助于吸引外国投资，减少政府债务，增加当地就业岗位。

12. 工程项目其他参与人

在工程项目融资实务中，还有其他参与人，他们同样发挥着独特的作用。如金融顾问、税务顾问、资产评估机构、律师和其他专业人士等。

第五节　主要融资方式

所谓融资方式，即取得资金的具体形式。下面对于负债融资和权益融资这两种不同融资渠道下各种主要的融资方式给予具体介绍。

一、负债融资

负债融资是市场经济条件下企业筹集资金的必然选择。但是这种筹资方式，在给企业带来巨大效用的同时，也会带来一些潜在的风险。一般认为，企业只有在最佳的资本结构下才会实现其价值的最大化。本书从财务的角度出发，对负债融资的正负效应进行分析,以期对企业最佳资本结构的确定有所启示。

1. 商业银行贷款

商业银行制定贷款政策的目的:首先,是为了保证其业务经营活动的协调一致。贷款政策是指导每一项贷款决策的总原则。理想的贷款政策可以支持银行作出正确的贷款决策,对银行的经营作出贡献。其次,是为了保证银行贷款的质量。正确的信贷政策能够使银行的信贷管理保持理想的水平,避免风险过大,并能够恰当地选择业务机会。

(1)国内商业银行贷款。我国有关制度规定,根据承担风险主体的不同,可分为自营贷款、委托贷款和特定贷款;根据贷款期限不同,可分为短期贷款、中期贷款和长期贷款;根据贷款的担保情况,可分为信用贷款、担保贷款、保证贷款、抵押贷款和票据贴现贷款。

(2)国际商业银行贷款。国际商业银行贷款的提供方式有两种:一种是小额贷款,由一家商业银行独自贷款;另一种贷款金额较大,由数家商业银行组成银团联合提供贷款,又称"辛迪加贷款"。为了分散贷款风险,对数额较大的贷款,大多采用后一种做法。

(3)国际出口信贷。出口信贷以出口国政府为后盾,通过银行对出口贸易提供信贷。出口国政府对本国出口信贷给予利息补贴并提供担保,促使本国商业银行对本国出口商或外国进口商(或银行)提供较低利率的贷款,以满足买方支付的需求,鼓励和扩大本国的出口。

2. 政策性贷款

政策性银行贷款由各政策性银行在中国人民银行确定的年度贷款总规模内,根据申请贷款的项目或企业情况按照相关规定自主审核,确定贷与不贷。效益也是政策性银行贷款需要考虑的要素之一。政策性贷款是目前中国政策性银行的主要资产业务。一方面,它具有指导性、非盈利性和优惠性等特殊性,在贷款规模、期限、利率等方面提供优惠;另一方面,它明显有别于可以无偿占用的财政拨款,而是以偿还为条件,与其他银行贷款一样具有相同的金融属性——偿还性。

(1)国家政策性银行贷款。国家政策性银行贷款是指我国政策性银行,如国家开发银行、中国农业发展银行、中国进出口银行提供的贷款。一般这种贷款期限较长、利率较低。

(2)外国政府贷款。外国政府贷款是指外国政府向发展中国家提供的长期优惠性贷款。这种贷款具有政府间开发援助的性质,赠与成分一般达到35%以上。

(3)国际金融组织贷款。国际金融组织贷款主要指国际货币基金组织、世界银行、国际开发协会、亚洲开发银行等组织提供的贷款。这些国际金融组织由多个国家组成,向特定的国家提供优惠性的贷款,是另一种官方资本来源。

3. 发行债券

(1) 发行债券的主要方式。债券是一种在发行公司全部偿付之前,必须逐期向持有者支付定额利息的有价证券。债券有多种发行方式:

1) 国内公司(企业)债券。债券融资是建设项目筹集资金的主要形式之一。我国《公司法》规定,利用公司债券融资的公司必须是股份有限公司、国有独资公司和两个以上的国有企业或者其他两个以上的国有投资主体投资设立的有限责任公司。

2) 可转换债券。可转换债券是债券的一种,它可以转换为债券发行公司的股票,通常具有较低的票面利率。从本质上讲,可转换债券是在发行公司债券的基础上,附加了一份期权,并允许购买人在规定的时间范围内将其购买的债券转换成指定公司的股票。

3) 海外债券融资。海外债券是由一国政府、金融机构、企业或国际组织,为筹措资金而在国外证券市场上发行的、以某种货币为面值的债券。海外债券也称国际债券,包括外国债券和欧洲债券。海外债券的主要形式有一般利率债券、浮动利率债券、固定利率债券、授权债券以及复合利率债券。

4) 海外可转换债券。海外可转换债券是指向国外发行的可转换债券。和国内可转换债券一样,海外可转换债券也是一种允许债券持有人在规定的时间内,按规定的价格把债券转换成企业股票的债券,它同时具有股票和债券的双重性质。

(2) 发行债券的优缺点。

1) 发行债券的优点:①资金成本较低。因为债券利息在税前支付,有一部分利息由政府承担,且债券的发行费用比较低。②可以保证控制权。债券持有人无权干涉企业的管理事务,股东仍有对企业的控制权。③可以发挥财务杠杆作用。债券持有人只收取固定的有限的利息,如果企业盈利增加,则增加的收益可分配给股东,或留归企业以扩大经营。

2) 发行债券的缺点:①融资风险较高。由于在债券到期日必须向债券持有人还本付息,因而,若公司业绩不佳,这会给公司带来较大的财务负担。②限制条件较多。发行债券的契约中往往有一些很严格的限制条款,这些条款可能会影响到公司以后的融资能力。③融资能力比较有限。当公司的负债比率超过一定水平后,债券筹资的成本会迅速增加,有时甚至会发行不出去。

4. 设备租赁

设备租赁是指出租人与承租人签订契约，出租人购买承租人所需的设备，在合同规定的期限内供其使用，并收取租金。租赁行为属于借贷性质，涉及实物而非资金。在租赁期间内，设备的产权属于出租人，承租人只有使用权，且中途不能解约。

(1) 融资租赁。融资租赁又称财务租赁，它是一种以金融、贸易与租赁相结合，以租赁物品的所有权与使用权相分离为特征的新型的信贷方式。这种融资方式既不是直接放贷，也区别于传统的财产租赁，它是集融资和融物于一体，兼有金融与贸易双重职能的融资方式。

1) 融资租赁的优缺点。融资租赁的筹资速度比较快，限制条款少，而且设备淘汰风险和财务风险比较小，税收负担也较轻，但是资金成本比较高。一般说来，其租金要比银行借款或发行债券所负担的利息高得多。

2) 融资租赁的特征一般归纳为五个方面。①租赁物件由承租人决定，出租人出资购买并租赁给承租人使用，并且在租赁期间内只能租给一个企业使用。②承租人负责检查验收制造商所提供的设备，对该设备的质量与技术条件出租人不向承租人做出担保。③出租人保留设备的所有权，承租人在租赁期间支付租金而享有使用权，并负责租赁期间设备的管理、维修和保养。④租赁合同一经签订，在租赁期间任何一方均无权单方面撤销合同。只有设备毁坏或被证明为已丧失使用价值的情况下方能中止执行合同，无故毁约则要支付相当重的罚金。⑤租期结束后，承租人一般对设备有留购、续租和退租三种选择，若要留购，购买价格可由租赁双方协商确定。

(2) 经营租赁。又称为业务租赁，是承租人为了满足经营使用上的临时或季节性需求而发生的资产租赁。经营租赁是一种短期租赁形式，是出租人不仅要向承租人提供设备的使用权，还要向承租人提供设备的保养、保险、维修和其他专门性技术服务的一种租赁形式。经营租赁是一项可撤销的、不完全支付的短期租赁业务（融资租赁不得随意撤销）。其业务特征表现为：①租赁物件的选择由出租人决定；②租赁物件一般是通用设备或技术含量高、更新速度较快的设备；③租赁目的主要是短期使用设备；④出租人既提供租赁物件，又同时提供必要的服务；⑤出租人始终拥有租赁物的所有权并承担有关的一切利益与风险；⑥租赁期限短，中途可解除合同；⑦租赁物件的使用有一定的限制条件。

二、权益融资

权益融资（Equity Finance）是通过扩大企业的所有权益，如吸引新的投资者、发行新股、追加投资等来实现融资，而不是出让所有权益或出卖股票，权益融资的后果是稀释了原有投资者对企业的控制权。权益融资的主要渠道有自有资本、朋友和亲人或风险投资公司。为了改善经营或进行扩张，特许人可以利用多种权益融资方式获得所需的资本。

1. 吸收直接投资

吸收直接投资是指企业按照"共同投资、共同经营、共担风险、共享利润"的原则直接吸收国家、法人、个人投入资金的一种筹资方式。吸收直接投资无须公开发行证券，出资者都是企业的所有者，他们对于企业具有经营管理权，各方按出资的比例分享利润或者承担损失。

（1）吸收投资的种类。

1）吸收国家投资。吸收国家投资是国有企业筹集资金的主要方式，是指有权代表国家投资的政府部门或者机构以国有资产投入企业，这种情况下形成的资本叫做国有资本。吸收国家投资具有以下特点：产权归属国家；资产的运用和配置受国家约束较大；在国有企业中采用比较广泛。

2）吸收法人投资。法人投资下形成的资本叫做法人资本，是指法人单位以其依法可以支配的资产投入企业。其特点是：发生在法人单位之间；以参与企业利润分配为目的；出资方式灵活多样。

3）吸收个人投资。个人投资下形成的资本叫做个人资本，是指社会个人或者企业内部职工以个人合法资产投入企业。其特点是：参加投资的人员较多；每个人投资的数额较少；以参与企业利润分配为目的。

（2）吸收投资过程中的出资方式。

1）以现金出资。以现金出资是吸收投资中最重要的一种筹资方式。投资现金的数额，取决于投入的实物、工业产权之外尚需多少资金来满足建厂的开支和日常周转的需要。至于现金投资占资本总额的多少，需要在投资过程中由双方协商确定。

2）以实物出资。以实物出资就是投资者投入厂房、建筑物、设备等固定资产和原材料、商品等流动资产所进行的投资。这些投入的实物必须确实为企业科研、生产、经营所需，而且技术性能较好、作价公平合理。

3）以工业产权出资。以工业产权出资就是投资者以专利技术、商标权、专利权等无形资产进行的出资。可行性研究在这种投资方式中非常重要，因为在这种投资方式中技术被资本化了，且技术具有时效性，因其不断老化而导致价值不断减少甚至完全丧失，风险较大。

2. 发行普通股票

股票属于股份公司为筹集自有资金而发行的有价证券，是公司签发的证明股东所持股份的凭证，它代表了股东对于股份制公司的所有权。

发行普通股是股份有限公司筹集权益资金最常见的方式。普通股是股份公司依法发行的具有管理权、股利不固定的股票。它具备股票的一般特征，是股份公司资本的基本部分。普通股股票的持有人叫普通股股东，具有公司管理权、分享盈余权、出让股份权、优先认股权和剩余财产要求权。

（1）发行普通股筹资具有以下优点：筹措的资金具有永久性，没有到期日，不需要归还，有利于公司的长期稳定发展；发行普通股筹资没有固定的利息负担，股利支付视公司的盈利状况而定，因此公司的财务负担比较轻；筹资风险小，这种筹资实际上不存在不能偿付的风险；能增加公司的信誉，发行普通股筹集的资本是公司最基本的资金来源，这笔资金反映了一个公司的实力，可以为债权人提供保障，也是其他方式融资的基础；与优先股和债券相比，筹资限制相对较少。

（2）发行普通股具有以下缺点：容易分散控制权，利用普通股筹资，引进了新的股东，容易导致公司控制权的分散；资金成本较高，普通股票的发行费用较高，而且股利要从净利润中支付，而债券资金的利息可在税前支付。

3. 发行优先股

优先股是股份公司依法发行的具有一定优先权的股票。它是一种特别股票，与普通股有许多相似之处，但又具有债券的某些特征。

优先股的"优先"是相对普通股而言的，这些优先权主要表现在优先分配股利、优先分配剩余资产权和部分管理权几个方面。

从法律上讲，优先股属于企业自有资金，不承担法定的还本付息义务。优先股股东所拥有的权利和普通股股东近似。优先股的股利不能像债务利息那样从税前扣除，而必须从净利润中支付。但优先股有固定的股利，而且对于盈余的分配和剩余资产的求偿具有优先权，这两点与债券类似。所以，优先股具有双重性质。

（1）发行优先股具有以下优点：①没有固定到期日，不需要归还本金。②股利支付既固定，又有一定弹性。一般地，优先股都采用固定股利，但是如果财务状况不佳，可暂时不支付优先股股利。③能增加公司的信誉。从法律上讲，优先股属于企业自有资金，因此，可以扩大企业的权益基础。

(2)发行优先股具有以下缺点：①筹资限制多。发行优先股的限制条款比较多，比如，对公司借款的限制等。②筹资成本高。优先股支付的股利要从税后净利润中支付，而债券资金的利息可在税前支付。③财务负担重。优先股需要支付固定股利，又不能在税前扣除，当利润下降时，它会成为财务负担。

第六节　工程项目的融资方式

工程项目的融资模式结构是工程项目融资的核心。在工程项目融资中应该尽量设计和选择合适的融资模式结构，以实现投资者在工程项目融资方面的目标和要求。在通常情况下，需要根据工程项目债务责任的分担要求、贷款资金数量上的要求、期限上的要求、相关融资费用等来决定采取什么样的工程项目融资方式，这可借助于投资银行等工程项目融资顾问来确定工程项目的融资模式结构。一般采用的工程项目的融资模式有：工程项目产品或服务支付融资、杠杆租赁融资、建设营运移交融资（Build Operat Transfer，BOT）、资产证券化融资（Asset-Backed Secaritization，ABS）等多种工程项目融资模式。

一、以"设施使用协议"为基础的项目融资模式

国际上，一些项目融资是围绕着一个服务性设施或工业设施的使用协议作为主体安排的。这种设施使用协议是指在某种服务性设施或工业设施的提供者和这种设施的使用者之间达成的一种具有"无论提货与否均需付款"性质的协议。项目公司以"设施使用协议"为基础安排项目融资，主要应用于一些带有服务性质的项目，例如石油、天然气管道、发电设施、某种专门产品的运输系统以及港口、铁路设施等。20世纪80年代以来，这种融资模式也被引入到工业项目中。

利用"设施使用协议"安排项目融资，其成败的关键是项目设施的使用者能否提供一个强有力的具有"无论提货与否均需付款"性质的承诺。这个承诺要求项目设施的使用者在融资期间无条件地定期向设施的提供者支付一定数量的预先确定下来的项目设施使用费，而无论使用者是否真正利用了项目设施所提供的服务。这种无条件承诺的合法权益将被转让给提供资金方，再加上项目投资者的完全担保，就构成项目信用保证的主要部分。一般来说，项目设施的使用费在融资期间应足以支付项目的生产经营成本和项目的还本付息。

在生产型工业项目中,"设施使用协议"被称为"委托加工协议",项目产品的购买者提供或组织生产所需要的原材料,通过项目的生产设施将其加工成最终产品,然后由购买者在支付加工费后取走产品。

以"设施使用协议"为基础安排的项目融资具有以下特点:

(1)投资结构的选择比较灵活,既可以根据项目的性质、项目投资和设施使用者的类型等采用公司型合资结构,也可以采用非公司型合资结构、合伙制结构或者信托基金结构。

(2)具有"无论提货与否均需付款"性质的设施使用协议是项目融资不可缺少的组成部分。这种项目设施使用协议在使用费的确定上至少需要考虑到项目投资在三方面的回收,即:生产经营成本、融资成本和投资者收益。

二、以"产品支付"为基础的项目融资模式

"产品支付"(Production Payment)是在石油、天然气和矿产品项目中常使用的无追索权或有限追索权的融资方式,是项目融资的早期形式,起源于20世纪50年代美国的石油、天然气项目开发的融资安排。项目公司以收益作为项目融资的主要偿债资金来源,即贷款得到偿还之前,贷款银行拥有项目的部分或全部产品。当然,这并不是说,贷款银行真的要储存几亿桶石油或足以满足一座城市需要的电力,在绝大多数情况下,产品支付只是产权的转移,而非产品本身的转移。通常贷款银行要求项目公司重新购回他们的产品或充当他们的代理人来销售这些产品。

以"产品支付"为基础的融资模式适用于资源贮藏量已经探明并且项目的现金流量能够比较准确地计算出来的项目。这种模式所能安排的资金数量取决于所购买的那一部分产品的预期未来收益按照一定贴现率计算出来的净现值。对于那些资源属于国家所有、项目公司只能获得资源开采权的项目,"产品支付"的信用保证是通过购买项目未来生产的现金流量,加上资源开采权和项目资产的抵押来实现的。

以"产品支付"为基础的项目融资模式,在具体操作上有以下基本特征:

(1)融资模式是建立在由贷款银行购买某一特定资源产品的全部或部分营业收入权益的基础上的,它是通过让贷款银行直接拥有项目产品的所有权来融资,而不是通过抵押或权益转让的方式来实现融资的信用保证。

(2)融资期限一般应小于项目预期的经济寿命期。即如果一个资源性项目具有20年的开采期,那么,产品支付融资的贷款期限应该大大短于20年,以保证

项目在还本付息之外还能实现一定的收益。

（3）贷款银行一般只为项目建设投资提供融资，而不承担项目生产费用的融资。并且，贷款银行还要求项目发起人提供项目最低产量、最低产品质量等的担保。

（4）一般要成立一个"融资中介机构"，即所谓的专设公司，专门负责从项目公司中购买一定比例的产品，在市场上直接销售或委托项目公司作为代理人销售，并负责归集产品的销售收入和偿还贷款。

三、BOT 项目融资方式

BOT 融资方式是从项目本身的收益中回收投资，而无需项目发起人予以额外担保，也是项目融资。承接 BOT 的机构有的是已有机构，有的是由承建商、经营商、用户等专为此项目而新设立的股份公司。BOT 项目通常采取招标方式选择承接机构，有时也采取议标方式。承接机构自行负责设计、建设，建成后在特许的经营期内自负盈亏，自行经营，回收投资，获取收益。特许期满后，将项目无偿交回所在国政府，由政府指定部门经营管理。

1. BOT 项目融资的基本思路

BOT 是 Build Operate Transfer 的缩写，即建设—经营—移交，它是指政府将一个工程项目的特许经营权授予承包商（一般为国际财团），承包商在特许期内负责项目设计、融资、建设和运营，并回收成本、偿还债务、赚取利润，特许经营期结束后将项目所有权再移交给政府的一种项目融资模式。实质上，BOT 融资模式是政府与承包商合作经营项目的一种特殊运作模式，从 20 世纪 80 年代产生以来，越来越受到各国政府的重视，成为各国基础设施建设及资源开发等大型项目融资中较受欢迎的一种融资模式。BOT 融资在我国也称为"特许经营权融资方式"，主要以外资为融资对象，其含义是指国家或者地方政府部门通过特许经营权协议，授予作为签约方的外商投资企业（包括中外合资、中外合作、外商独资）承担公共性基础设施项目的融资、建造、经营和维护；在协议规定的特许期限内，项目公司拥有投资建造设施的所有权，允许向设施使用者收取适当的费用，由此回收项目投资、经营和维护成本并获得合理的回报；特许期满后，项目公司将设施无偿地移交给作为签约方的政府部门。

2. TOT 项目融资方式

TOT 是 Transfer Operate Transfer 三个英文单词的缩写，即移交—经营—移交，它是 BOT 项目融资方式的新发展，指用私人资本或资金购买某项目资产

（一般是公益性资产）的产权和经营权，购买者在一个约定的时间内通过经营收回全部投资和得到合理的回报后，再将项目产权和经营权无偿移交给原产权所有人。这种模式已逐渐应用到我国的项目融资领域中。

TOT 项目融资方式存在着 BOT 项目融资方式所不具备的一些优势：

（1）积极盘活国有资产，推进国有企业转机建制。

（2）为拟建项目引进资金，为建成项目引进新的更有效的管理模式。

（3）只涉及经营权让渡，不存在产权、股权问题，可以避免许多争议。

（4）投资者可以尽快从高速发展的经济中获得利益。

另外，由于 TOT 的风险比 BOT 小很多，因而金融机构、基金组织等都有机会参与投资，这也增加了项目的资金来源。

四、ABS 项目融资模式

ABS 是英文 Asset Backed Securitization 的缩写，即资产支持型资产证券化，简称资产证券化。资产证券化是指将缺乏流动性，但能够产生可预见的、稳定的现金流量的资产归集起来，通过一定的结构安排，对资产中风险与收益要素进行分离与重组，进而转换为在金融市场上可以出售和流通的证券的过程。

ABS 起源于 20 世纪 80 年代，由于具有创新的融资结构和高效的载体，满足了各类资产和项目发起人的需要，因而成为当今国际资本市场中发展最快、最具活力的金融产品。具体而言，ABS 融资有两种方式：

（1）通过项目收益资产证券化来为项目融资。即以项目所拥有的资产为基础，以项目资产可以带来的预期收益为保证，通过在资本市场发行债券来募集资金的一种证券化融资方式。具体来讲，是项目发起人将项目资产出售给特设机构（Special Purpose Vehicle，SPV），SPV 凭借项目未来可预见的稳定的现金流，并通过寻求担保等信用增级（Credit Enhancement）手段，将不可流动的项目收益资产转变为流动性较高、具有投资价值的高等级债券，通过在国际资本市场上发行，一次性地为项目建设融得资金，并依靠项目未来收益还本付息。

（2）通过与项目有关的信贷资产证券化来为项目融资。即项目的贷款银行将项目贷款资产作为基础资产，或是与其他具有共同特征的、流动性较差但能产生可预见的稳定现金流的贷款资产组合成资产池（Asset Pool），通过信用增级等手段使其转变为具有投资价值的高等级证券，通过在国际市场发行债券来进行融资，降低银行的不良贷款比率，从而提高银行为项目提供贷款的积极性，间接地为项目融资服务。

ABS 项目融资方式适用于房地产、水、电、道路、桥梁、铁路等收入安全、持续、稳定的项目。一些出于某些原因不宜采用 BOT 方式的关系国计民生的重大项目也可以考虑采用 ABS 方式进行融资。

五、以"杠杆租赁"为基础的项目融资

以"杠杆租赁"为基础的项目融资结构，从资产出租人的角度来看，税务收益的风险是比较低的，因为这部分收益不依赖于资产承租人的经营情况。

1. 以"杠杆租赁"为基础项目融资的基本思路

以"杠杆租赁"为基础的项目融资模式，是指在项目投资者的要求和安排下，由两个或两个以上的专业租赁公司、银行以及其他金融机构等以合伙制形式组成的合伙制金融租赁公司作为出租人，融资购买项目的资产，然后租赁给作为承租人的项目公司的一种融资模式。合伙制金融租赁公司和贷款银行的收入及信用保证来自税务好处、租赁费用、项目的资产以及对项目现金流量的控制。当租赁公司的成本全部收回并且获得了相应的回报后，项目公司只需交纳很少的租金，在租赁期满后，项目发起人的一个相关公司可以将项目资产以事先商定的价格购买回去，或者由项目公司以代理人的身份代理租赁公司把资产以其可以接受的价格卖掉，售价大部分会当做代销手续费由租赁公司返还给项目公司。

2. 以"杠杆租赁"为基础项目融资的主要特点

（1）融资方式较复杂。由于杠杆租赁融资结构中涉及的参与者数目较多，资产抵押以及其他形式的信用保证在股本参加者与债务参加者之间的分配和优先顺序问题也比一般项目融资模式复杂，再加上税务、资产管理与转让等问题，造成组织这种项目融资所花费的时间要相对长一些，法律结构以及文件也相对复杂一些，因而比较适合大型工程项目的融资安排。

（2）融资成本较低。杠杆租赁由于充分利用了项目的税务好处，因而降低了投资者的融资成本和投资成本，同时也增加了融资结构中税务偿还的灵活性。利用税务扣减一般可以偿还项目全部融资总额的 30%~50%。

（3）可实现百分之百的融资。在这种模式中，由金融租赁公司的部分股本资金加上银行贷款，就可解决项目所需资金或设备方面的问题，项目发起人可以不需要再进行任何股本投资。

（4）应用范围比较广泛。既可以作为一项大型工程项目的项目融资安排，也可以作为项目的一部分建设工程安排融资，例如用于购置项目的某一专项大型设备。

第七节　融资方案分析

在初步确定工程项目的资金筹措方式和资金来源后，应进一步对融资方案进行分析，以降低融资成本和融资风险。

一、资金成本的概念和作用

资金成本是指企业为筹集和使用资金而付出的代价。资金成本包括资金筹资费和资金占用费两部分。资金筹资费是指在资金筹资过程中支付的各项费用，如发行股票、债券支付的印刷费、发行手续费、律师费、资信评估费、公证费、担保费、广告费等；资金占用费是指占用资金支付的费用，如股票的股息、借款和债券的利息，等等。

资金成本是企业财务管理中的重要概念。对于企业筹资来讲，资金成本是选择资金来源、确定筹资方案的重要依据，企业要选择资金成本最低的筹资方式；对于企业投资来讲，资金成本是评价投资项目、决定投资取舍的重要标准，投资项目只有在其投资收益率高于资金成本时才是可接受的，否则将无利可图。资金成本还可作为衡量企业经营成果的尺度，即经营利润率应高于资金成本，否则表明经营不利，业绩欠佳。

资金成本有多种计量形式，主要包括个别资金成本、综合资金成本和边际资金成本。不同计量形式所得出的资金成本有不同的用途。个别资金成本是各种筹资方式的资金成本，包括长期债券成本、长期借款成本、优先股成本、普通股成本和留存收益成本，其中前两种统称为债务资金成本，后三种统称为权益资金成本。个别资金成本主要用于评价各种筹资方式；综合资金成本是对各种个别资金成本进行加权平均所得到的平均资金成本，一般用于企业资本结构决策；边际资金成本是追加筹资部分的成本，也要采用加权平均的方法计算，一般用于追加筹资决策。

1. 资金成本的概念

资金成本是指企业为筹集和使用资金而付出的代价。广义地讲，企业筹集和使用任何资金，不论是短期的还是长期的，都要付出代价；狭义的资金成本仅指筹集和使用长期资金（包括自有资金和借入的长期资金）的成本。由于长期资金也被称为资本,因而,长期资金的成本也可称为资金成本。在这里所说的资金成本主要是指资本成本。资金成本一般包括资金筹集成本和资金使用成本两部分。

(1) 资金筹集成本。资金筹集成本是指在资金筹集过程中所支付的各项费用,如发行股票或债券支付的印刷费、发行手续费、律师费、资信评估费、公证费、担保费、广告费等。资金筹集成本一般属于一次性费用,筹资次数越多,资金筹集成本也就越大。

(2) 资金使用成本。资金使用成本又称为资金占用费,是指占用资金而支付的费用,它主要包括支付给股东的各种股息和红利、向债权人支付的贷款利息以及支付给其他债权人的各种利息费用等。资金使用成本一般与所筹集的资金多少以及使用时间的长短有关,具有经常性、定期性的特征,是资金成本的主要内容。

资金筹集成本与资金使用成本是有区别的,前者是在筹借资金时一次支付的,在使用资金过程中不再发生,因此可作筹资费用的一项扣除,而后者是在资金使用过程中多次、定期发生的。

2. 资金成本的性质

资金成本是一个重要的经济范畴,它是在商品经济社会中由于资金所有权与资金使用权相分离而产生的。

(1) 资金成本是资金使用者向资金所有者和中介机构支付的占用费和筹资费。作为资金的所有者,不会将资金无偿让渡给资金使用者去使用;而作为资金的使用者,也不能无偿地占用他人的资金。因此,企业筹集资金以后,暂时地取得了这些资金的使用价值,就要为资金所有者暂时地丧失其使用价值而付出代价,即承担资金成本。

(2) 资金成本与资金的时间价值既有联系,又有区别。资金的时间价值反映了资金随着其运动时间的不断延续而不断增值,是一种时间函数,而资金成本除可以看做是时间函数外,还表现为资金占用额的函数。

(3) 资金成本具有一般产品成本的基本属性。资金成本是企业的耗费,企业要为占用资金而付出代价、支付费用,而且这些代价或费用最终也要作为收益的扣除额来得到补偿。但是资金成本只有一部分具有产品成本的性质,即这一部分耗费计入产品成本,而另一部分则作为利润的分配,不能列入产品成本。

3. 资金成本的作用

(1) 资金成本是选择资金来源和筹资方式的重要依据。企业筹集资金的方式多种多样,如发行股票、债券、银行借款等,不同的筹资方式,其个别的资金成本也不尽相同。资金成本的高低可以作为比较各种筹资方式优缺点的一项依据。

（2）资金成本是投资者进行资金结构决策的基本依据。如上所述，一个工程项目的资金结构一般是由借入资金与自有资金组合而成，这种组合有多种方案，如何寻求两者间的最佳组合，一般可通过计算综合资金成本来作为项目筹资决策的依据。

（3）资金成本是评价各种工程项目是否可行的一个重要尺度。国际上通常将资金成本视为工程项目的"最低收益率"和是否接受工程项目的"取舍率"，在评价投资方案是否可行的标准上，一般要以项目本身的投资收益率与其资金成本进行比较。如果项目的预期投资收益率小于其资金成本，则项目不可行。

二、资金成本的计算

1. 资金成本计算的一般形式

资金成本是选择资金来源、拟定筹资方案的主要依据，也是评价投资项目可行性的重要经济指标。资金成本可以用绝对数和相对数表示。一般为便于比较和分析用相对数表示，称之为资金成本率，其一般计算公式为：

$$K = \frac{D}{P - F} \text{ 或 } K = \frac{D}{P \times (1 - f)} \tag{5-1}$$

式中：K 表示资金成本（率）；

　　　P 表示筹集资金总额；

　　　D 表示使用费；

　　　F 表示筹资费；

　　　f 表示筹资费费率（即筹资费占筹资资金总额的比率）。

2. 多种资金来源及其资金成本

（1）银行借款的融资成本。

1）不考虑资金筹集成本时的资金成本。

$$K_d = (1 - T)R \tag{5-2}$$

式中：K_d 表示银行借款的资金成本；

　　　T 表示所得税税率；

　　　R 表示银行借款利率。

对项目贷款实行担保时，应将如下担保费率计入贷款成本中：

$$V_d = \frac{V}{P \times n} \tag{5-3}$$

式中：V_d 表示担保费率；

V 表示担保费总额；

P 表示企业借款总额；

n 表示担保年限。

银行借款利率加上担保费率后的借款成本为：

$$K_d = (1-T) \times (r_d + V_d) \quad (5-4)$$

式中：V_d 表示担保费率；

r_d 表示银行借款利率。

2）考虑资金筹集成本时的资金成本。

$$K_d = \frac{(1-T)(R+V_d)}{1-f} \quad (5-5)$$

式中符号意义同前。

【例 5-1】某企业为某建设项目申请银行长期贷款 1000 万元，年利率为 10%，每年付息一次，到期一次还本，贷款管理费及手续费率为 0.5%。企业所得税税率为 25%，试计算该项目长期借款的资金成本。

解：根据公式（5-5），该项目长期借款的资金成本为：

$$K_d = \frac{(1-T) \times R}{1-f} = \frac{(1-25\%) \times 10\%}{1-0.5\%} = 7.54\%$$

（2）债券资金成本。发行债券的成本主要由债券利息与筹资费用构成。债券利息与长期借款利息的处理以税后债务成本为依据。债券资金成本的计算公式为：

$$K_b = \frac{I_b(1-T)}{B(1-f_b)} \quad (5-6)$$

或 $$K_b = \frac{R_b(1-T)}{1-f_b} \quad (5-7)$$

式中：K_b 表示债券资金成本；

B 表示债券资额；

f_b 表示债券筹资费率；

I_b 表示债券年利率；

R_b 表示债券利息。

若债券溢价或折价发行，则以实际发行价格作债券筹资额。

【例 5-2】假定国内某公司发行面值为 500 万元的 10 年期债券，票面的利率为 8%，发行费率为 5%，发行价格为 550 万元，公司所得税税率为 25%，试计算该公司债券的资金成本。如果公司以 350 万元发行面额为 500 万元的债券，则资金成本又为多少?

解:根据公式(5-6),以 550 万元价格发行时的资金成本为:

$$K_b = \frac{I_b(1-T)}{B(1-f_b)} = \frac{500 \times 8\% \times (1-25\%)}{550(1-5\%)} = 5.74\%$$

以 350 万元价格发行时的资金成本为:

$$K_b = I_b \frac{(1-T)}{B(1-f_b)} = \frac{500 \times 8\% \times (1-25\%)}{350(1-5\%)} = 9.02\%$$

(3)优先股资金成本。不同于负债利息的支付,优先股的股利不能在税前扣除,因而在计算有限股成本时无须经过赋税的调整。优先股成本的计算公式为:

$$K_p = \frac{D_p}{P_p(1-f_p)} \tag{5-8}$$

或 $$K_p = \frac{P_p \times i}{P_p(1-f_p)} = \frac{i}{1-f_p} \tag{5-9}$$

式中:K_p 表示优先股资金成本;
$\quad\quad D_p$ 表示优先股每年股息;
$\quad\quad P_p$ 表示优先股票面值;
$\quad\quad f_p$ 表示优先股筹资费率;
$\quad\quad i$ 表示股息率。

【例 5-3】某公司为某项目发行优先股股票,票面按正常市价计算为 200 万元,筹资费率为 4%,股息年利率为 14%,试求其资金成本。

解:根据公式(5-8)得:

$$K_p = \frac{i}{1-f_p} = \frac{14\%}{1-4\%} = 14.58\%$$

(4)普通股资金成本。其是权益融资成本的一种。由于股利是利润扣除所得税后分派的,所以不能抵减所得税。计算普通股资金成本,常用的方法有"评价法"和"资本资产定价模型法"。

1)评价法。

$$K_c = \frac{D_c}{P_c(1-f_c)} + G \tag{5-10}$$

式中:K_c 表示普通股资金成本;
$\quad\quad D_c$ 表示预期年股利额;
$\quad\quad P_c$ 表示普通股筹资额;
$\quad\quad f_c$ 表示普通股筹资费率;

G 表示普通股利年增长率。

【例 5-4】 某公司发行的普通股正常市价为 800 万元，筹资费率为 4%，第一年的股利增长率为 10%，以后每年增长 5%，试求其资金成本。

解：根据公式 (5-10) 有：

$$K_c = \frac{D_c}{P_c(1-f_c)} + G = \frac{800 \times 10\%}{800 \times (1-4\%)} + 5\% = 15.4\%$$

2) 资本资产定价模型法。

$$K_c = R_f + \beta(R_m - R_f) \tag{5-11}$$

式中：R_f 表示无风险报酬率；

R_m 表示平均风险股票必要报酬率；

β 表示股票的风险校正系数。

【例 5-5】 某证券市场无风险报酬率为 10%，平均风险股票必要报酬率为 15%，某一股份公司普通股 β 值为 1.15，试计算该普通股的资金成本。

解：根据公式 (5-11) 有：

$$K_c = R_f + \beta(R_m - R_f) = 10\% + 1.15 \times (15\% - 10\%) = 15.75\%$$

(5) 融资租赁资金成本。

企业租入某项资产，获得其使用权，要定期支付租金，并且租金列入企业成本，可以减少应付所得税。其资金成本为：

$$K_L = \frac{E}{P_L} \times (1-T) \tag{5-12}$$

式中：K_L 表示融资租赁资金成本；

E 表示年租金额；

P_L 表示租赁资产价值。

(6) 留存盈余资金成本。留存盈余是指企业未以股利等形式发放给投资者而保留在企业的那部分盈利，即经营所得净收益的积累，包括盈余公积和未分配利润。留存盈余是所得税后形成的，其所有权属于股东，实质上相当于股东对公司的追加投资。股东将留存盈余留用于公司，是想从中获取投资报酬，所以留存盈余也有资金成本，即股东失去的向外投资的机会成本。它与普通股成本的计算基本相同，只是不考虑筹资费用。如按评价法，计算公式为：

$$K_r = \frac{D_c}{P_c} + G \tag{5-13}$$

式中：K_r 表示留存盈余资金成本。

(7) 加权平均资金成本（综合资金成本）。项目的资金筹措一般采用多种融资方式。不同的资金来源，成本也不相同。在计算个别资金成本的基础上，同时计算融资方案的综合融资成本（总资金成本），以更好地反映整个融资方案的融资成本状况。综合资金成本一般是以各种资金占全部资金的比重为权数，对个别资金成本进行加权平均确定的，故又称之为加权平均资金成本。其计算公式为：

$$K_w = \sum_{j=1}^{n} K_j \times W_j \qquad (5-14)$$

式中：K_w 表示综合资金成本；

　　　K_j 表示第 j 种个别融资成本；

　　　W_j 表示第 j 种个别资金占全部资金的比重（权数）。

在实际计算综合资金成本时，可分为三个步骤进行：

1）先计算个别资金成本。

2）计算各资金来源在全部资金中的比重。

3）利用上述公式计算出综合资金成本。

【例 5-6】 某公司资本结构中债务资本和权益资本的比例为 40%：60%，企业拟从内部筹资 1000 万元，成本占 14%，另向银行借款筹资 600 万元，利率为 6%。试计算该企业加权平均的资金成本。

解：计算加权平均的资金成本为：

$K_w = 14\% \times 0.6 + 6\% \times (1 - 33\%) \times 0.4 = 10.008\%$

本章小结

这一章我们主要讨论了项目融资的种类特点及各种具体方法，其中涉及融资渠道、融资的框架结构、参与者和融资的阶段与步骤，同时还给出了具体的量化评价体系。

其中我们着重介绍了三种融资方式：资产支持型资产证券化（ABS），移交—经营—移交（TOT），项目融资的基本思路（BOT），通过结合具体事例具体介绍了各种融资方式的优缺点以及注意事项。

概念回顾

项目融资（Project Financing）是指以项目的资产、收益作抵押来融资。

融资又称资金筹措（Financing）是指以一定的渠道为某种特定活动筹集所需资金的各种活动的总称。

既有法人融资（Both Corporate Finance）是指以既有法人为融资主体的融资方式。

新设法人融资（The New Corporate Financing）方式的融资主体是新组建的具有独立法人资格的项目公司。

权益融资（Equity Financing）是指以所有者身份投入非负债性资金的方式进行的融资。

负债融资（Debt Financing）是通过负债的方式筹集各种债务资金的融资方式。

传统融资方式（The Traditional Mode of Financing）是指一个公司或企业利用本身的资信能力为项目所安排的融资。

项目融资方式（Project Financing）是投资项目资金筹措方式的一种，特指某种资金需求量巨大的投资项目的筹资活动。

工程项目发起人（Project Sponsor）又称工程项目主办人，是项目公司的投资者。

贷款人（Lender）指为工程项目提供金融支持的当事人，主要是银行，包括国内外银行，根据工程项目的具体情况，也可以是各国政府（机构）、国际金融组织等。

承购人（The Successful Bidder）为了保证工程项目的成功，使工程项目建成后有足够的现金流入用于还本付息，在项目谈判阶段，要确定工程项目产品的购买人或工程项目设施的使用人（承购人），并签订协议，以减少或分散工程项目的市场风险。

吸收直接投资（Absorbing Direct Investment）是指企业按照"共同投资、共同经营、共担风险、共享利润"的原则直接吸收国家、法人、个人投入资金的一种筹资方式。

资金成本（Cost of Capital）是指企业为筹集和使用资金而付出的代价。

公式回顾

资金成本率：$K = \dfrac{D}{P-F}$ 或 $K = \dfrac{D}{P \times (1-f)}$ (5-1)

不考虑资金筹集成本时的资金成本：

$K_d = (1-T)R$ (5-2)

对项目贷款实行担保时，应将如下担保费率计入贷款成本中：

$V_d = \dfrac{V}{P \times n}$ (5-3)

银行借款利率加上担保费率后的借款成本为：

$K_d = (1-T) \times (r_d + V_d)$ (5-4)

考虑资金筹集成本时的资金成本：

$K_d = \dfrac{(1-T)(R+V_d)}{1-f}$ (5-5)

债券资金成本的计算公式为：

$K_b = \dfrac{I_b(1-T)}{B(1-f_b)}$ (5-6)

或 $K_b = \dfrac{R_b(1-T)}{1-f_b}$ (5-7)

优先股成本的计算公式为：

$K_p = \dfrac{D_p}{P_p(1-f_p)}$ (5-8)

或 $K_p = \dfrac{P_p \times i}{P_p(1-f_p)} = \dfrac{i}{1-f_p}$ (5-9)

评价法：

$K_c = \dfrac{D_c}{P_c(1-f_c)} + G$ (5-10)

资本资产定价模型法：

$K_c = R_f + \beta(R_m - R_f)$ (5-11)

融资租赁资金成本：

$K_L = \dfrac{E}{P_L} \times (1-T)$ (5-12)

留存盈余资金成本：

$$K_r = \frac{D_c}{P_c} + G \tag{5-13}$$

加权平均资金成本（综合资金成本）：

$$K_w = \sum_{j=1}^{n} K_j \times W_j \tag{5-14}$$

练习题

1. 融资的主要渠道有哪些，其各自优缺点是什么？
2. 给定一个项目做融资，设计出其 4 个框架结构。
3. 融资的参与者都有哪些，分别指出。
4. 项目融资有几个阶段，分别指出。
5. 融资方式有哪些？
6. 试解释 BOT、ABS、TOT 融资方案的含义。
7. 工程项目融资主体的自有资金来源都有哪些？
8. 工程项目融资主体的债务资金来源都有哪些？
9. 简述工程项目融资的特点。
10. 简述工程项目融资的利弊。
11. 简述工程项目融资的主要当事人。
12. 简述工程项目融资的结构。
13. 简述工程项目融资的资金成本分析的要点。
14. 2009 年甲企业为某建设项目申请银行长期贷款 3600 万元，年利率为 10%，每年付息一次，到期一次还本，贷款管理费及手续费率为 0.4%。企业所得税税率为 25%，试计算该项目长期借款的资金成本。
15. 假定乙公司发行面值为 10 万元的 5 年期债券，票面利率为 8%，筹资费假设为零，公司所得税税率为 25%，如果按下列方式支付利息，试计算借款的资金成本。

（1）一年分 4 次支付利息。
（2）一年分 12 次支付利息。

16. 某公司为购买新设备，发行了一批新债券。每张债券票面值为 10000 元，年利率为 8%，一年分 4 次支付利息，15 年期满，每张债券发行时市价为 9500

元。如果所得税为33%，试计算公司发行债券的资金成本。

案例分析

某自来水公司的融资方案

北京某自来水公司已拥有A、B两个自来水厂，还将增建C厂。现有三种筹资方案：

筹资方案一：项目资金贷自建设银行，年利息率为5.8%，贷款及未来收益计入自来水公司的资产负债表及损益表中。建成后可以用A、B、C三个厂的收益偿还贷款。如果项目失败，该公司将把原来的A、B两个自来水厂的收益作为赔偿的担保。

筹资方案二：项目资金贷自世界银行，年利息率为6.3%，用于偿债的资金仅限于C厂建成后的水费和其他收入。贷款及未来收益不计入自来水公司的资产负债表及损益表中。如果项目失败，贷款方只能从清理新项目C厂的资产中收回贷款的补偿，不能从别的资金来源，包括A、B两个自来水厂的收入索取补偿。

筹资方案三：项目资金贷自世界银行，年利息率为6.3%，用于偿债的资金仅限于C厂建成后的水费和其他收入。贷款及未来收益不计入自来水公司的资产负债表及损益表中。如果项目不能按时建成，由政府指定的担保部门担保。

案例来源：http://zhidao.baidu.com/question/131405404.html.

思考题：

1. 利用本章融资方式分析上述三种筹资方案的特点及其优缺点。
2. 分析各种融资的方式。

第六章　投资方案的财务评价

👉 学习目标

1. 了解财务评价的含义和基本内容。
2. 熟悉财务基本数据和基本财务报表的运用和编制。
3. 掌握各种财务评价指标的计算方法。
4. 了解资金的财务杠杆效应与资金风险。

👉 章前引例

力壳容器制造有限公司的难题

力壳容器制造有限公司是个老牌容器制造企业，2005 年时考虑对其附属加工厂进行改造和扩展，此项目需融资 4200 万元人民币。其中，需追加固定资产 2520 万元、流动资金 1680 万元。该投资项目增加税前利润 1200 万元。该项资金原来准备用留存利润补充，但考虑到营运资本及当时的通货膨胀等问题，认为此方法不妥，故计划从外部寻找来源。

该公司管理政策历来是避免长期债务，至 2005 年底公司资产负债表没有任何长期负债，股本账面价值为 29040 万元。

多年来公司董事们一直为公司发行在外的 1200 万普通股的币价感到失望。他们认为改变公司不采用长期债务的管理，可能会使未来收益更为稳定。过去 5 年中平均每年的每股股利增长率为 8%。

公司创立者的继承人仍保留较大份额的股权，但一半以上的股份已为公众所持有，然而，这毕竟只是一个小市场。董事长李克先生认为发行认股权每股可能以 22.2 元出售，扣除承销商和其他费用后公司每股净收入为 21 元，这样，筹资 4200 万元需再发行 200 万股普通股。

另一种方法是公司向机构投资者发行年息 18%、15 年期的公司债券 4200 万元。平均每年偿还280万元，董事王进认为18%的利率相当于税后利率11.7%（所得税率35%）。相反，他认为发行每股21元，净股利为每股0.90的普通股相当于支付公司毛利润的5.7%。那么考虑了预期的通货膨胀后，发行债券是不是划算（目前通货膨胀率为每年5%~10%）。

董事会讨论融资计划引发了如下争论：

张某计算，15年中偿债基金每年支付债券平均数额的10%。他认为发行股票的成本比发行债券更低，他强调发行债券每年要流出现金，且发行债券带来的额外风险将使普通股更具投机性，并致使未来市价偏差更大。

王某认为普通股跌到每股21元，以这个价格将不能更新资产负债表上的固定资产（账面净值以每股24元计量），出售普通股将会把属于公司现有股东的一部分实际价值让给新的购买者。

钱某与孙某按每股收益对举债与发行普通股进行了比较，在预计的利润水平上（包括扩展后附属加工厂的1200万元利润在内，年息税前利润为6000万元，所得税率为35%），发行认股权认股，每股净收入为21元，现有股每股收益为2.795元，而发行债券每股收益为2.84元，发行债券每年偿还相当于每股0.20元的债务将不成问题。

唐先生通过计算认为，发行普通股，公司能从新股投资中获得年税后净利润780万元，如果200万普通股被出售，按现行每股0.90元支付股利，仅相当于年支出180万元。因此他认为发行普通股不会伤害现有股东。

林先生表示他不愿意改变公司的惯例，他的原则是宁要安全稳健不要冒险而导致遗憾。

资料来源：http: //club.topsage.com/thread-2685090-1-1.html.

（1）请评审每一位董事提出的意见。

（2）作为董事长李克，对于附属加工厂改进和扩建的融资计划准备提出怎样的建议？为什么？

项目投资的财务评价是经济评价的基础，也是核心。通过对盈利能力、偿债能力的分析，考察项目的可行性，为投资决策提供依据。本章的主要目的是运用所学相关理论知识解决实际投资方案的财务评价问题。

第一节　财务评价概述

财务评价是从分析企业的财务风险入手，评价企业面临的资金风险、经营风险、市场风险、投资风险等因素，从而对企业风险进行信号监测、评价，根据其形成原因及过程，制定相应切实可行的长短期风险控制策略，降低甚至解除风险，使企业健康、永恒地发展。

一、财务评价概念

财务评价（Financial Evaluation）是指，在国家现行的财税制度、价格体系前提之下，从项目的财务角度出发，估算项目的财务效益和费用，编制财务报表，计算财务评价指标，依此来分析、考察项目的盈利能力和偿债能力，判别项目在财务上的可行性。

二、财务评价的内容

项目财务评价的基本内容是评价项目未来现金流量的现值和现在投入成本的比较，如果未来现金流量的现值高于现在要投入的成本总额，则项目是可行的。

1. 考察投资项目的盈利能力

一个投资项目是否可行，首先要考察其是否"有利可图"，财务评价的目的是考察投资项目的生存发展能力、自负盈亏的能力和回收投资能力。因此，项目的盈利能力分析是财务评价的关键，是项目投资的前提。

2. 考察投资项目的还贷能力

产出必须大于投入，投资才能收回，这也是贷款的基本要求。项目的债务清偿能力决定了银行的贷款是否能按时收回，以及信贷资金能否正常周转。有效评价项目的贷款偿还能力，可以科学地使用贷款，合理规划资金的使用。

3. 外汇效果评估

利用外资的项目、产品出口创汇等涉及外汇收支的项目，通过计算外汇现值、换汇成本等指标，可以考察项目计算期间的外汇短缺情况、外汇使用效果以及国家外汇状况的影响。

4. 不确定性分析

在投资项目的整个经济周期内存在很多不确定性的因素。财务的基础数据多为预测性、估算性数据，所得出的指标可能与实际情况有较大的差距，不确定分析的目的是减少数据误差，使指标更准确、客观。

三、财务评价的基本步骤

财务评价需要在基础数据的选取和估算的基础上编制财务评价基础报表和辅助报表，通过计算财务评价指标进行盈利能力分析和偿债能力分析，最后编写财务评价报告。下面是一种财务估算方法的基本步骤：

第一步，估算未来各期的收入情况。

第二步，估计未来各种成本，这个成本包括付现成本也包括非付现成本，付现成本包括一些日常的费用，非付现成本包括一些大型设备的折旧。

第三步，根据收入和成本确定出各期的利润。

第四步，用第三步算出的净利润再加上折旧可以得出各期的现金流量。

第五步，估算折现率，这个折现率是要根据宏观经济环境和国家一些政策的影响来确定的，很复杂。

第六步，根据第五步估算出的折现率，查表得出每一期的折现系数。

第七步，再用第六步算出的每一期的折现系数乘以第四步的各期现金流量算出每期现金流量的现值。

第八步，把各期的这些现值相加，再和成本做比较，如果高于成本则项目可行。

四、财务评价的基本原则

1. 动态分析与静态分析相结合，以动态分析为主

项目财务评价的静态分析，对资金的时间因素往往不做定量分析，因而，采用的测算方法和算得的指标难以反映未来时期的变化，会增大投资决策的失误。动态分析可以弥补静态分析的不足，考虑到时间价值因素对投资效益的影响，让投资人和决策人重视资金的周转、利息、投入产出比率。如此一来，投资决策会更加科学、合理。

2. 定量分析与定性分析相结合，以定量分析为主

投资项目的数据、财务评价的指标以及其他的经济因素，需要明确的数值才能进行财务分析与评价。指标的量化处理、定量分析是客观财务评价的基础。对

于复杂的项目中难以量化的经济因素,无法进行定量分析,则可进行定性的分析。定性分析以准确、实事求是为原则。

3. 基础数据确定的稳妥性

财务评价基础数据的准确性决定了财务评价结果的可靠性。财务评价的基础数据大都来自预测和估计,是非确定性数据,因此,在数据的选择和确定时要遵循谨慎性、稳妥性原则,不能高估效益、低估费用,使得财务评价的结果能反映可靠的信息,避免悲观估计收益、乐观估计风险。

4. 阶段性和全局性结合,以全局性为主

财务评价是分析、评价整个经济过程的效益。财务评价的目的是结合建设阶段和生产经营阶段的投资、成本、效益等经济因素,采用能反映项目寿命期内经济效益的动态分析法和评价指标,判断项目在财务上的可行性。

五、财务评价方法

企业财务评价中强调保值增值,但企业在什么情况下能保值增值?目前还没有一个较为科学的财务评价公式。但在众多的评价方法中主要分为静态分析和动态分析两种方法。

1. 静态分析

静态分析(Static Analysis)是指,在财务分析中不考虑资金的时间因素的影响,投资、收益等资金流量按照当年数值计算,无需折现。此种方法计算简便,容易理解,但计算出的指标不能反映未来时期内的变化情况,因此不够准确。

2. 动态分析

动态分析(Dynamic Analysis)是指,在财务分析中考虑资金的时间因素的影响,即随着时间的推移,货币价值因为利息的影响发生变动,计算分析时,将变动的货币价值折算为现值。虽然计算更为复杂,但结果更准确,能反映出未来时期的变化情况,更能如实反映资金运行的实际情况。

第二节 财务基础数据的估算

财务基础数据的估算是指经过项目建设必要性审查、生产建设条件评估和技术可行性评估之后,在市场需求调查、销售规划、技术方案和规模经济分析论证的基础上，从项目（企业）的角度出发，依据现行的经济法规和价格政策，对财务数据进行调查、搜集、整理和测算，并编制有关的财务评价辅助报表的工作。

财务基础数据的估算包括项目计算期内各年经济活动情况及全部财务收支结果。具体应包括五个方面的内容：①项目总投资成本费用。②生产成本费用。③销售收入与税金。④利润的形成与分配。⑤贷款还本付息的估算。

一、项目总投资成本费用估算

项目总投资是指一次性投入项目的固定资产投资和流动资金的总和。

项目的总投资包括：建设投资和流动资金投资。其中，建设投资包括：固定资产投资和建设期贷款利息。固定资产投资又分为工程费用、预备费用和其他费用三部分。项目总投资的具体构成如图 6-1 所示。

图 6-1 项目总投资的构成

1. 建设投资的估算

（1）固定资产投资的估算。固定资产投资是为形成固定资产所花费的全部费用。固定资产投资的估算方法有很多种，总体上可分为三大类。

1）扩大指标估算法。这是一种比较粗略的计算方法，不需要计算设备的各单项费用，可套用已有的、类似企业的实际投资指标进行估算。需要积累大量的投资数据，并经过科学、系统的整理分析后使用。如单位生产能力投资估算法、生产能力指数估算法、比例估算法。

a. 单位生产能力投资估算法。生产能力是指项目建成投产后，以单位时间的产量为标准的一种设计指标。单位生产能力投资估算法是根据生产能力与建设投资之间的数量关系，用类似企业的单位生产能力耗费的固定资产投资额，估算拟建项目的固定资产投资额的方法。

单位生产能力投资可由类似企业的固定资产除以生产能力求出，例如：每公里公路的投资、每千瓦发电能力的电厂投资、每吨钢产量的钢铁厂投资等。

计算公式为：

$$I_2 = X_2 \left(\frac{I_1}{X_1} \right) \tag{6-1}$$

其中：X_1 表示类似企业的生产能力；

X_2 表示拟建项目的生产能力；

I_1 表示类似企业的固定资产投资总额；

I_2 表示拟建项目的固定资产投资额。

此种方法将固定资产投资和生产能力的关系视为简单线性关系，与实际情况差距较大。使用该方法时，应注意拟建项目与类似企业的生产能力有无可比性，尽量减少误差。

b. 生产能力指数估算法。此种方法是根据实际的统计资料，将生产能力不同的两个同类企业的投资额与生产能力之比的指数幂成正比。

计算公式为：

$$I_2 = I_1 \left(\frac{X_2}{X_1} \right)^n \tag{6-2}$$

其中：X_1 表示类似企业的生产能力；

X_2 表示拟建项目的生产能力；

I_1 表示类似企业的固定资产投资总额；

I_2 表示拟建项目的固定资产投资额；

n 表示生产能力指数。

运用这种方法估算投资的重要条件是，要有合理的生产能力指数。

若已建类似项目的规模和拟建项目的规模相差不大，生产规模比值在 0.5~2 之间，则指数 n 的取值近似为 1。

若已建类似项目的规模和拟建项目的规模相差不大于 50 倍，且拟建项目规模的扩大仅靠增大设备规模来达到时，则 n 取值约在 0.6~0.7 之间。

若已建类似项目的规模和拟建项目的规模相差不大于 50 倍，且拟建项目规模的扩大靠增加相同规格设备的数量达到时，则 n 取值为 0.8~0.9 之间。

此种方法并非简单的线性关系，而是根据实际资料求得的指数关系来估算投资,比单位生产能力投资估算更精确。一般适用于成套生产设备的项目投资估算。运用这种方法的条件是要有合理的生产能力指数,类似企业的统计资料可靠,条件基本相同。

c. 比例估算法。这种方法的依据是:一项工程的建设有主次之分,主要部分和次要部分之间有一定的比例关系。根据统计数据,先求出同类企业的主要设备投资占全部固定投资的比例,再估算拟建项目的主要设备投资,最后,可以按照比例求出项目的固定资产投资,此种方法估算的准确度较低,一般可用作初步分析方法。

2) 工程系数估算法。此类方法需要进行工艺计算和材料选型,先确定设备尺寸的大小,再计算设备费用,进而以设备费用乘以一定的系数估算装置投资。如朗格因子法和设备成本百分率法等。

3) 概算指标法。它是以国家或地方编制的概算定额为基础,进行扩大归并来估算工程投资的方法。我国目前的项目评价中的投资估算,多参照概算指标法进行。

固定资产投资由工程费用、其他费用和预备费用三部分组成。

①工程费用。工程费用直接构成固定资产的项目费用,包括建筑工程费、设备购置费、安装工程费。

a. 建筑工程费估算。建筑工程一般包括:地基工程、土建工程、管道工程等。计算步骤如下:

首先,根据项目的规模估算出建筑工程量,将各类工程费用按照概算指标规定的计算单位和当地单位估价表估算出工程直接费用。

其次,以直接费用为基数,根据间接费率估算出间接费用。

再次,再以直接费用和间接费用之和为基数,按照规定的计划利润率计算出计划利润。

最后,根据规定的相关税率和费率,计算出营业税、城市维护建设费和教育附加费。

b. 设备购置费估算。设备包括各类机械,可分为生产设备、辅助设备和服务设备。设备购置费用一般根据设备原价和运杂费进行计算。计算公式为:

$$设备购置费 = 设备原价 \times (1 + 运杂费率) \tag{6-3}$$

其中,设备购置费中的工、器、具以及生产家具购置费可以按照前项设备购置费乘以一定的费率求出,也可以按照预计的金额估算。运杂费可以依据各部门的费率标准确定,具体查阅各相关行业的数据手册和规定。

c. 安装工程费估算。安装工程费是指对购置设备的就位、装配和各种辅助设施的铺设费用。计算公式为：

$$安装工程费 = \sum 设备原价 \times 设备安装费率 \tag{6-4}$$

此项费用由直接费用、间接费用、计划利润和税金等部分组成。直接费用按照设备原价的百分比估算，间接费用按照间接费率进行估算，计划利润以概算成本的百分比进行估算，同时按照规定的税率和费率估算出营业税、城市维护建设费以及教育附加费。

②其他费用。此项费用包括：土地征用费、居民安置费、供水供电费、拆迁费、专利费和职工培训费等，涉及各个方面的内容。其中，有规定收费标准的，按照有关规定估算收费，没有规定收费标准的，可以按照实际发生的费用估算。

③预备费用。预备费用又称不可预见费用，它包括基本预备费和涨价预备费两种。

a. 基本预备费。在投资估算时无法预见随后可能出现的设计变更、自然灾害或工程内容增加等情况而需要增加的投资额。基本预备费以工程费用和其他费用之和为基数，按照一定比例估算。计算公式为：

$$基本预备费 = (工程费用 + 其他费用) \times 基本预备费率 \tag{6-5}$$

一般情况下，基本预备费率在 8%~15% 之间。

b. 涨价预备费。涨价预备费是指一个项目在建设期间内（从总概算编制到项目竣工投产），由于物价上涨而预计增加的投资额。

对于大中型新建项目，从总概算编制到项目竣工投产往往要历时几年。所以，此类项目的涨价预备费用分成建设前期和建设期两部分。建设前期指的是总概算编制年到开工年的年份，建设期指的是从项目开工到竣工投产的年份。涨价预备费可以根据部门和行业的具体规定按照复利计算。

建设前期涨价预备费公式为：

$$R_0 = S[(1 + r_0)_n - 1] \tag{6-6}$$

其中，R_0 表示建设前期涨价预备费；

S 表示总概算编制年的固定资产投资；

r_0 表示年涨价率%（物价上涨指数）；

n 表示开工年与编制年的时间差（年）。

建设期涨价预备费公式为：

$$R = \sum S_t [(1+r)^t - 1] \tag{6-7}$$

其中：R 表示建设期涨价预备费；

S_t 表示第 t 年度的投资计划额；

r 表示年涨价率%（物价上涨指数）；

n 表示建设期（年）。

总结：建设前期的涨价预备费，是将概算编制年的固定资产投资额按照涨价率全部调整到开工年所需要增加的投资。

建设期的涨价预备费，是把不同年份的计划投资额按照物价上涨率从开工年份调整到用款年份来计算涨价预备费，考虑到投资的分年用款计划。

（2）建设期贷款利息。建设期贷款利息包括向国内银行和其他非银行金融机构贷款、出口信贷、外国政府贷款、国际商业银行贷款以及在境外发行的债券等在建设期间内应偿还的贷款利息等。对于在建设期内应该偿还的贷款利息，在考虑资金时间价值的前提下，建设期贷款利息实行复利计息。为了简化计算过程，通常假定当年的贷款按半年计息，之前年度贷款按全年计息。计算公式为：

$$各年应计利息 = \left(年初贷款本息和 + \frac{当年贷款额}{2}\right) \times 年利率 \tag{6-8}$$

$$年初贷款本息和 = 上年年初贷款本息和 + 上年贷款 + 上年应计利息 \tag{6-9}$$

$$本年贷款 = 本年固定资产投资 - 本年自有资金 \tag{6-10}$$

【例 6-1】 某项目建设期 3 年，贷年内的贷款为别为 200 万元、100 万元、80 万元，年利率为 10%，求该项目建设期贷款利息。

解：根据建设期贷款利息的计算公式，得到建设期贷款利息估算表，如表 6-1 所示。

表 6-1 建设期贷款利息估算表

单位：万元

贷款年份	年初贷款额	年末贷款利息	本息合计
1	200	10.0	210.0
2	100	26.0	336.0
3	80	37.6	453.6

2. 流动资金的估算

流动资金（Circulating Fund）是指，项目投产后，为了维持正常的生产经营活动，用于购买原材料、支付工资及其他运营费用所需的周转资金。

按照行业或者研究阶段的不同，流动资金估算可以采用分项详细估算法和扩大指标估算法。

(1) 分项详细估算法。对构成流动资金的各项流动资产和负债分别进行估算，得出本年需要的流动资金，减去去年注入的流动资金，即可得到本年流动资金的增加额。项目达到正常的生产运行水平后，就可不再投入流动资金。

为简化计算，仅对现金、存货、应收账款（流动资产）和应付账款（流动负债）进行估算。公式为：

$$流动资金 = 流动资产 - 流动负债 \tag{6-11}$$

$$流动资产 = 现金 + 存货 + 应收账款 \tag{6-12}$$

$$流动负债 = 应付账款 \tag{6-13}$$

$$流动资金本年增加额 = 本年流动资金 - 上年流动资金 \tag{6-14}$$

估算的具体步骤是：

1) 确定某项流动资产的年成本费用，确定其最低周转天数，计算各类流动资产和流动负债的年周转次数。

2) 分别估算各项流动资金的资金占用额。其中，年周转次数指流动资金的各个项目一年内完成的生产过程的个数。年周转次数 = 360 ÷ 最低周转天数。存货、现金、应收账款、应付账款的最低周转天数可参照同类企业的平均周转天数确定。

$$各项流动资金的资金占用额 = \frac{对应的年成本费用}{年周转次数} \tag{6-15}$$

以下依此计算：

$$现金需要量 = \frac{（年工资及福利 + 年其他费用）}{现金周转次数} \tag{6-16}$$

$$应收账款 = \frac{年销售收入}{应收账款周转次数} \tag{6-17}$$

$$应付账款 = \frac{（外购原材料 + 外购燃料 + 其他材料费）}{应付账款周转次数} \tag{6-18}$$

$$存货 = 外购原材料 + 外购燃料 + 在产品 + 产成品 \tag{6-19}$$

$$外购原材料 = \frac{年外购原材料成本}{原材料周转次数} \tag{6-20}$$

$$外购燃料 = \frac{年外购燃料成本}{燃料周转次数} \tag{6-21}$$

$$在产品 = \frac{（年外购原材料 + 年外购燃料 + 年工资及福利 + 年修理费 + 年其他制造费）}{在产品周转次数}$$

$$\tag{6-22}$$

$$产成品 = \frac{年经营成本}{产成品周转次数} \tag{6-23}$$

（2）扩大指标估算法。是一种粗略的估算方法，它根据流动资金和某项经济指标的比例关系来估算流动资金。

1）按照建设投资的一定比例估算流动资金，即固定资产价值资金率法。

$$流动资金需要量 = 固定资产 \times 固定资产价值资金率 \tag{6-24}$$

例如：化工类企业的流动资金一般按其建设投资的 15%~20% 计算。

2）按经营成本的一定比例估算流动资金，即总成本（经营成本）资金率法。

$$流动资金需要量 = 项目总成本 \times 总成本资金率 \tag{6-25}$$

3）按年销售收入的一定比例估算流动资金，即销售收入资金率估算法。

$$流动资金需要量 = 项目年销售收入 \times 销售收入资金率 \tag{6-26}$$

4）按单位产量所占流动资金的比例估算流动资金，即单位产量资金率法。

$$流动资金需要量 = 年产量 \times 单位产量资金率 \tag{6-27}$$

以各项流动资产和流动负债的估算数据为基础，可以编制"流动资金估算表"，如表 6-2 所示。

表 6-2 流动资金估算表

单位：万元

序号	年份项目	最低天数	周转次数	生产期					
1	流动资产								……
1.1	应收账款								
1.2	存货								
1.2.1	原材料								
1.2.2	燃料								
1.2.3	在产品								
1.2.4	产成品								
1.2.5	其他								
1.3	现金								

二、生产成本费用的估算

生产成本费用的估算通常有两种方法，总成本费用法和单位产品成本估算法。

1. 总成本费用法（要素成本法）

总成本费用可以按照各生产要素成本相加估算出。总成本的构成可见"总成本费用表"（见表 6-3）。

表 6-3　总成本费用表

单位：万元

序号	项目	合计	计算期				……	
1	外购原材料							
	……							
2	外购燃料及动力							
	……							
3	工资及福利费							
4	修理费用							
5	其他费用							
6	经营成本（1+2+3+4+5）							
7	折旧费							
8	摊销费							
9	利息支出							
10	总成本费用（6+7+8+9）							
	固定成本							
	可变成本							

计算公式为：

总成本费用 = 外购原材料 + 外购燃料及动力 + 工资及福利费 + 修理费 + 折旧费 + 摊销费 + 利息支出 + 其他费用 　　　　(6-28)

（1）外购原材料。外购原材料是指，企业在生产产品和提供劳务过程中实际消耗的，直接用于生产、构成产品的原材料、辅助材料、备品原件、半成品等，是构成总成本的主要部分。计算公式为：

外购原材料 = $\sum$ 产品总产量 × 单位原材料消耗 × 原材料单价 　　(6-29)

（2）外购燃料及动力。外购燃料及动力包括：油、煤、电、水、气等。计算公式为：

外购燃料及动力 = $\sum$ 产品总产量 × 单位消耗 × 燃料及动力单价 　　(6-30)

（3）工资及福利费。工资包括：直接从事生产的人员、管理人员、销售人员的工资、奖金、补贴等。按照企业的人数乘以人员的年工资标准计算出。

福利费包括：医药费、医疗保险费、职工困难补助以及国家规定的其他福利性支出，一般按照工资的 14% 计提。

计算公式为：

工资 = $\sum$ 不同工资标准 × 职工人数 　　(6-31)

福利 = $\sum$ 各项福利开支 　　　　　　　　　　　　　　　(6-32)

（4）修理费。生产单位、管理部门、销售部门发生的各项修理费用均计算在内，计算时可以按照折旧费的一定比例估算。计算公式为：

修理费 = 固定资产原值 × 计提比例 　　　　　　　　　(6-33)

修理费 = 折旧额 × 计提比例 　　　　　　　　　　　　(6-34)

（5）折旧费。固定资产折旧是指，一定时期内为弥补固定资产损耗，按照规定的固定资产折旧率提取的固定资产折旧额，或按国民经济核算统一规定的折旧率虚拟计算的固定资产折旧。

它反映了固定资产在当期生产中的转移价值。各类企业和企业化管理的事业单位的固定资产折旧是指，实际计提的折旧费；不计提折旧的政府机关、非企业化管理的事业单位和居民住房的固定资产折旧是按照统一规定的折旧率和固定资产原值计算的虚拟折旧。

计提折旧的固定资产：a. 房屋及建筑物；b. 在用的机器设备、食品仪表、运输车辆、工具器具；c. 季节性停用及修理停用的设备；d. 经营租赁方式租出的固定资产和融资租赁方式租入的固定资产。不计提折旧的固定资产：a. 已提足折旧仍继续使用的固定资产；b. 以前年度已经估价单独入账的土地；c. 提前报废的固定资产；d. 融资租出的固定资产。

对固定资产折旧的估算可以编制"固定资产折旧费估算表"，如表 6-4 所示。

表 6-4　固定资产折旧费估算表

单位：万元

序号	项目	合计	计算期			……
1	房屋及建筑物					
1.1	原值					
1.2	折旧费					
1.3	净值					
2	机器设备					
2.1	原值					
2.2	折旧费					
2.3	净值					
3	运输工具					
3.1	原值					

续表

序号	项目	合计	计算期			……
3.2	折旧费					
3.3	净值					
4	固定资产合计					
4.1	原值					
4.2	折旧费					
4.3	净值					

折旧费的计算方法和折旧年限按财政部制定的分行业财务制度的规定执行。一般可分为三种：

1）平均年限法。计算公式为：

$$年折旧额 = \frac{固定资产原值 \times (1 - 预计净残值)}{折旧年限} \qquad (6-35)$$

其中，固定资产原值 = 固定资产投资额 + 建设期利息；

预计净残值率 = 预计净残值/固定资产原值；

预计净残值率一般为 3%~5%。

折旧年限（最短）：房屋、建筑物 20 年；火车、轮船、机器、机械等 10 年；电子设备、其他运输工具、与生产经营业务有关的工具等 5 年。

2）工作量法。

a. 客货运汽车，按行驶单程计算折旧费。

$$里程折旧额 = \frac{原值(1 - 预计净残值率)}{总行驶里程} \qquad (6-36)$$

$$年折旧额 = 里程折旧额 \times 年行驶里程 \qquad (6-37)$$

b. 大型专用设备，根据工作小时计算折旧费

$$每小时工作折旧额 = \frac{原值 \times (1 - 预计净残值率)}{总工作小时} \qquad (6-38)$$

$$年折旧额 = 每小时工作折旧额 \times 年工作小时 \qquad (6-39)$$

3）加速折旧法。

a. 双倍余额递减法

$$年折旧率 = \frac{2}{折旧年限} \times 100\% \qquad (6-40)$$

$$年折旧额 = 年初固定资产账面余额 \times 年折旧率 \qquad (6-41)$$

b. 年数总和法

$$年折旧率 = \frac{(折旧年限 - 已使用年限)}{[折旧年限 \times (折旧年限 + 1)1/2]} \times 100\% \quad (6-42)$$

$$年折旧额 = (固定资产原值 - 预计净产值) \times 年折旧率 \quad (6-43)$$

(6) 摊销费。摊销费是指无形资产和递延资产等一次性投入的费用，在收益期间内的平均分摊。其性质类似固定资产折旧费。

无形资产是指企业拥有或者控制的没有实物形态的可辨认非货币性资产。无形资产具有广义和狭义之分，广义的无形资产包括货币资金、应收账款、金融资产、长期股权资产、专利权、商标权等，它们没有物质实体，表现为某种法定权利或技术。一般情况下，将无形资产作狭义的理解，即将专利权、商标权等称为无形资产。

无形资产从开始使用之日起，在规定的有效使用期间内，平均计算摊销费用。有效使用期限的设定：若法律、合同或者企业申请书分别规定了有效期限和受益年限，取其中最短的时限为有效使用年限。若法律未规定有效使用年限，则将合同或者企业申请书规定的受益年限定为有效使用年限。若法律、合同或者企业申请书都没有明确规定有效期限或者受益年限，可按不少于 10 年的期限平均摊销。

递延资产包括开办费用、对（经营租赁方式租入的）固定资产改良的支出以及摊销期在一年以上的长期待摊费用等。开办费用从企业开始经营起，按不少于 5 年的期限平均摊销。固定资产改良支出在租赁期限内平均摊销。具体可参考"无形及递延资产摊销表"（见表 6-5）。

表 6-5 无形及递延资产摊销表

单位：万元

序号	项目	合计	计算期			……
1	无形资产					
1.1	土地使用权					
	原值					
	当期摊销					
	净值					
1.2	专有技术和专利权					
	原值					
	当期摊销					
	净值					

续表

序号	项目	合计	计算期		......
1.3	其他无形资产				
	原值				
	当期摊销				
	净值				
2	递延资产（开办费）				
	原值				
	当期摊销				
	净值				
3	合计（1+2）				
	当期摊销				
	净值				

（7）利息支出。包括：投资借款利息和流动资金借款利息。

（8）其他费用。包括：制造费用、管理费用、销售费用、财务费用中的办公费、差旅费、保险费、职工教育费、土地使用费、技术转让费、咨询费、招待费、坏账损失、租赁费、广告费等。

一般按照前7项之和的一定比例估算出，比例按同行业经验数据确定。

2. 单位产品成本估算法（制造成本加期间费用估算法）

（1）分别按照各最终产品的各项相关成本费用计算单位产品制造成本。

（2）最终产品的年产量乘以单位产品的制造成本可得到全年产品的总制造成本。

（3）总制造成本加管理费用、财务费用、销售费用可得到总成本费用。

单位产品的成本构成可参照"单位产品成本估算表"，如表6-6所示。

表6-6 单位产品成本估算表

单位：万元

序号	项目	规格	单位	消费定额	单价	金额
1	原材料					
	......					
2	燃料和动力					
	......					
3	工资和福利费					
4	制造费用					
5	副产品回收费用					
6	生产成本（1+2+3+4+5）					

三、销售收入与税金的估算

销售收入是销售商品产品、自制半成品或提供劳务等而收到的货款、劳务价款或取得索取价款凭证确认的收入。销售收入也称作营业收入。营业收入按比重和业务的主次及经常性情况,一般可分为主营业务收入和其他业务收入。销售税金是根据商品买卖或劳动服务的流转额征收的税金,是属于流转税的范畴。销售税金及附加包括:消费税、营业税、城市维护建设税、教育费附加、资源税等。

1. 销售收入的估算

(1) 销售收入。销售收入是指项目建成投产后,出售各种产品和副产品所获得的收入,一般以年为单位。计算公式为:

$$年销售收入 = \sum 年销售量 \times 销售单价 \qquad (6-44)$$

(2) 销售收入估算应注意的问题:

1) 项目投产后能够达到的生产能力。项目的设计生产能力即为产品年销售量的上限,有的项目刚竣工就可达到设计生产能力,有些项目要逐步达到。因此,在估算销售收入时,要清楚各年能达到的生产能力。

2) 产品的市场需求量。一般情况下,估算产品销售收入时,假定产量等于销量,产品无积压。产量按照达到的生产能力确定。一般正常生产年份的产品销量,按照设计生产能力计算;试生产年份的销量,按照设计生产能力的50%计算;如果市场预测的销量小于假定的销量时,则按照实际销售量计算销售收入。

3) 产品的种类和结构。同时生产多种产品时,要将各种产品的销售收入相加。若有出口产品或是替代进口商品,则应按照国际市场的价格情况估算销售收入。

4) 销售价格的合理性。估算销售收入时,不能高估价格,对于内销的产品,按照预测的市场价格计算,批发销售则按批发价计算,零售按零售价计算。对于外销产品,售价都应参照国际市场价格确定。

2. 增值税和销售税金及附加的估算

销售税金及附加可依据销售收入算得,增值税是价外税。

(1) 增值税。增值税是以商品或劳务在流转过程中产生的增值额作为计税依据征收的一种税。基本特点:以应税产品的销售额为计税依据,同时又准许从税额中扣除(上一个环节)已纳税部分的税额,以余额为应纳税额。

$$应纳增值税额 = 当期销项税额 - 当期进项税额 \qquad (6-45)$$

1）以不含增值税税额的价格为计税依据。

销项税额 = 销售额 × 税率　　　　　　　　　　　　　　　　　　　　(6-46)

进项税额 = 购进商品或应税劳务已交纳的增值税　　　　　　　　　　　(6-47)

2）当销售收入为含税销售额，或购入货物的费用为含税费用时：

$$销项税额 = \frac{销售额}{(1+税率)} \times 税率 \qquad (6-48)$$

$$进项税额 = \frac{外购原材料、燃料、动力等}{(1+税率)} \times 税率 \qquad (6-49)$$

增值税税率：①纳税人出口税率为零；②纳税人销售或进口粮食、自来水、煤气等货物，税率为13%；③纳税人进口其他货物或者应税劳务的税率为17%；④增值税小规模纳税人销售货物或提供劳务的税率为6%。

（2）销售税金及附加。

1）营业税。营业税是针对出售商品（有形或无形）或提供应税劳务而征收的一种税，其计税依据是销售收入。计算公式为：

应纳税额 = 销售收入 × 税率　　　　　　　　　　　　　　　　　　　(6-50)

2）消费税。消费税是政府对生产、委托加工及进口应税消费品征收的税项，主要是指烟、酒、化妆品及高能耗的消费品。计算公式为：

从价计税时，

应纳税额 = 应税消费品销售额 × 适用税率　　　　　　　　　　　　　(6-51)

从量计税时，

应纳税额 = 应税消费品销售数量 × 适用税额标准　　　　　　　　　　(6-52)

3）城市维护建设税。城市维护建设税是对从事生产经营活动的单位或个人，以其实际缴纳的增值税、消费税、营业税为依据，按照所在地适用的不同税率计算征收的一种税。计算公式为：

应纳税额 = (消费税 + 营业税 + 增值税) × 税率　　　　　　　　　　(6-53)

其中，城市维护建设税的税率有三种：①纳税人所在地在市区，税率为7%。②纳税人所在地在县城或镇，税率为5%。③纳税人所在地不在市区、县或镇，税率为1%。

4）教育费附加。凡是缴纳消费税、营业税、增值税的单位或个人都应按照规定缴纳教育附加费，该项费用在销售收入中支付。计算公式为：

应纳税额 = (消费税 + 营业税 + 增值税) × 教育附加税率（3%）　　(6-54)

5）资源税。资源税是对在我国境内开采国家规定的矿产资源和生产用盐单位或个人征收的一种税，按照应税数量和规定的单位税额计算。例如：开采石油、煤炭企业要按开采的数量计算缴纳资源税额。计算公式为：

应纳税额 = 开采数量 × 单位税额 　　　　　　　　　　　　(6-55)

对销售收入和销售税金及附加中各项目的估算可以编制"销售收入、税金及附加估算表"，如表6-7所示。

表6-7 销售收入、税金及附加估算表

单位：万元

序号	项目	合计	计算期				……
1	销售收入						
1.1	产品A销售收入						
	单价						
	数量						
	销项税						
1.2	产品B销售收入						
	单价						
	数量						
	销项税						
	……						
2	营业税及附加						
2.1	营业税						
2.2	消费税						
2.3	城市维护建设税						
2.4	教育费附加						
2.5	资源税						
3	增值税						
	销项税						
	进项税						

四、利润及其分配的估算

利润有其重要的经济意义：①利润是反映企业经营绩效的核心指标；②利润是企业利益相关者进行利益分配的基础；③利润是企业可持续发展的基本前提。

1. 利润（利润总额）

利润（Profit）是指，项目建成投产后，在一定的生产经营期间内，获得的财务收入与费用的差额。计算公式为：

利润总额 = 产品销售收入 – 营业税金及附加 – 总成本费用 　　　(6-56)

利润总额是计算投资利润率、投资利税率的重要参数。由利润总额可以计算出所得税，在依法缴纳所得税后，利润会按照一定的顺序分配。

2. 利润分配

依据税法的规定，企业的利润总额，需要先按照一定的税率缴纳企业所得税，剩余利润再在企业、投资人和职工间分配。

（1）企业所得税的计算。企业所得税是指，企业按照税法的规定计算出的，针对当期发生的交易和事项，应当交纳给税务部门的所得税金额。应交所得税是以企业税前利润（利润总额）为基础，调整部分数据得到应纳税所得额，再乘以所得税率计算出结果。计算公式为：

$$应纳税额 = 应纳税所得额 \times 所得税率（33\%） \qquad (6-57)$$

$$应纳税所得额 = 利润总额 + 纳税调整增加额 - 纳税调整减少额 \qquad (6-58)$$

1）纳税调整增加额包括：税法规定允许扣除的项目中，企业虽已经计入当期费用，但超出了规定的扣除标准的金额。例如：超出税法规定标准的职工福利费用、教育经费、业务招待费、公益性捐赠、广告费和宣传费等。企业虽计入当期损益，但税法不允许扣除的金额。例如：滞纳金、罚金、罚款等。

2）纳税调整减少额包括：税法规定的，允许企业弥补的亏损和免税的科目。例如：前五年内未弥补的亏损、国债的利息收入。

（2）利润的分配。根据企业财务通则和其他相关法律法规的规定，企业缴纳所得税后的利润，除国家另有规定者外，按照下列顺序分配：①承担被没收的财物损失，支付各项税收的滞纳金和罚款。②弥补企业以前年度亏损，未弥补完以前的亏损则不能提取盈余公积金、公益金。③提取法定盈余公积金，企业税后利润扣除①、②两项后，提取10%的法定盈余公积金。盈余公积累计余额达到注册资本50%以后，可以不再提取。外商投资企业提取的储备基金，按此执行。④提取公益金。⑤向投资者分配利润。对企业以前年度未分配利润，可以并入本年度向投资者分配。

五、贷款还本付息的估算

贷款还本付息是指项目投产后，按国家规定的资金来源和贷款机构的要求偿还固定资产投资借款本金，而利息支出列入当年的生产总成本费用。估算的内容包括本金和利息的数量、清偿贷款本息所需的时间等。

1. 借款偿还期

借款偿还期（Loan Repayment Period）是指在有关财税规定及企业具体财务

条件下，项目投产后可以用作还款的利润、折旧、摊销及其他收益偿还建设投资借款本金（含未付建设期利息）所需要的时间，一般以年为单位表示。该指标可由借款偿还计划表推算。

2. 还款方式

国外借款的还款方式可采用等额还本付息或者等额还本和利息照付两种。国内借款的还款，一般先偿还当年的外汇借款本金，然后按照先贷先还、后贷后还、先利息高的、再利息低的顺序偿还借款本息。

根据固定资产投资贷款还本付息的估算结果，可编制"借款还本付息表"，如表6-8所示。

表6-8 借款还本付息表

单位：万元

序号	项目	合计	计算期				……	N
1	借款1							
1.1	期初借款余额							
1.2	当期还本付息							
	还本							
	付息							
1.3	期末借款余额							
2	借款2							
2.1	期初借款余额							
2.2	当期还本付息							
	还本							
	付息							
2.3	期末借款余额							
3	债券							
3.1	期初债务余额							
3.2	当期还本付息							
	还本							
	付息							
3.3	期末债务余额							
4	借款和债券合计							
4.1	期初余额							
4.2	当期还本付息							
	还本							
	付息							
4.3	期末余额							

第三节 财务评价报表的编制与评价指标的计算

在明确财务评价概念和原则的基础上,进而选择财务评价的基础数据和参数,都为财务评价报表的编制奠定了良好的基础。

一、财务评价报表的编制

财务评价报表的编制包括辅助报表和主要报表。

1. 财务评价辅助报表

按照财务基础数据估算五个方面的内容,可以编制出财务评价辅助报表。财务评价辅助报表共计 9 种,按照功能,可分为三大类,即:

(1) 预测项目建设期间的资金流动状况的报表。

1) 投资计划与资金筹措表。该表用以对各年投资进行规划,进而制定资金筹措的方案,确定资金来源(见表 6-9)。

表 6-9 投资计划与资金筹措表

单位:万元

序号	项目	合计	计算期			
					……	N
1	投资总额					
1.1	建设投资					
1.2	流动资金					
2	资金筹措					
2.1	自有资金					
2.1.1	A 方投资					
2.1.2	B 方投资					
	……					
2.2	长期借款					
2.3	流动资金借款					
2.4	上年折旧与摊销费					

2) 固定资产投资估算表。该表反映了各类固定资产的构成和固定资产的估算值(见表 6-10)。

表 6–10　固定资产投资估算表

单位：万元

序号	工程或费用名称	估算价值					占固定资产投资的比例
		建筑工程	设备购置	安装工程	其他费用	合计	
1	固定资产投资						
1.1	工程费用						
1.1.1	土建工程						
1.1.2	水电设施						
1.1.3	加工、检测、运输设备						
	……						
1.2	其他费用						
1.2.1	无形资产						
1.2.2	开办费						
1.3	预备费用						
1.3.1	基本预备费						
1.3.2	涨价预备费						
2	投资方向调节税						
3	建设期利息						
4	固定资产投资总额（=1+2+3）						

3）建设投资估算表。该表反映了引进和非引进工程的建设投资组成，以及建设投资的各项估算值（见表 6–11）。

表 6–11　建设投资估算表

单位：万元

序号	项目	建筑工程	设备购置	安装工程	其他费用	合计
1	固定资产					
1.1	生产车间					
1.2	动力车间					
1.3	辅助生产设施					
1.4	办公及生活设施					
1.5	运输工具					
2	无形资产					
2.1	场地使用权					
2.2	专有技术					
3	开办费					
3.1	资讯调查费					

续表

序号	项目	建筑工程	设备购置	安装工程	其他费用	合计
3.2	筹建费					
3.3	人员培训费					
4	预备费					
4.1	基本预备费					
4.2	涨价预备费					
5	合计（1+2+3+4）					

（2）预测项目投产后的资金流动状况的报表。

1）总成本费用估算表，该表反映了各大类要素成本的构成，可采用要素成本法计算总成本费用（见表6-3）。

2）单位产品成本估算表，该表反映了单位产品成本的构成，以及物质资料消耗和劳动力消耗。是预测获利能力的重要依据（见表6-6）。

3）固定资产折旧费估算表，该表反映了各类固定资产的原值和不同折旧年限下，各年份的折旧费和固定资产的净值（见表6-4）。

4）销售收入、税金及附加估算表，该表反映了项目投产后，产品的销售收入、销售税金及附加的情况，是衡量财务效益和经济效益的决定因素（见表6-7）。

5）流动资金估算表，该表反映了流动资产和流动负债的构成和金额，为生产资金的筹措提供了依据（见表6-2）。

（3）预测项目投产后用规定的资金来源归还固定资产还本付息的情况。借款还本付息表，反映项目计算期内各年借款本金偿还和利息支付的情况，用于计算偿债备付率和利息备付率指标（见表6-8）。

2. 财务评价主要报表

在选定财务评价基础数据和参数，以及编制好辅助报表以后，进入工程项目财务效益分析阶段，即编制财务评价主要报表和计算财务评价参考指标阶段。财务评价主要报表包括五大类：现金流量表、损益和利润分配表、资金来源和运用表、资产负债表、外汇平衡表。

（1）现金流量表。现金流量表是反映项目计算期内，各年的现金流入和现金流出的表格，可用以计算各项动态和静态评价指标，进而分析项目的盈利能力。按照投资计算基础的不同，现金流量表可以分为全部投资现金流量表和自有资金现金流量表。

1）全部投资现金流量表。该表不分投资的资金来源，是设定项目全部投资均为自有资金条件下的项目现金流量系统的表格式反映。该表以全部投资作为计算基础,用以计算全部投资所得税前及所得税后财务内部收益率、财务净现值及投资回收期等评价指标,考察项目全部投资的盈利能力,并为各个方案(不论其资金来源及利息的多少)进行比较建立共同基础(见表6-12)。

表6-12 全部投资现金流量表

单位:万元

序号	项目	合计	计算期				……
1	现金流入						
1.1	产品销售(营业)收入						
1.2	固定资产余值回收						
1.3	流动资金回收						
1.4	其他现金流入						
2	现金流出						
2.1	建设投资						
2.2	流动投资						
2.3	经营成本						
2.4	销售税金及附加						
2.5	所得税						
2.6	其他现金流出						
3	净现金流量						
4	累计净现金流量						

表格中,计算期的年序为1,2,…N,建设开始年作为计算期的第一年,年序为1。当项目建设期以前发生的费用占总费用的比例不大时,为了简化计算,此部分费用可以列入年序1,若需单独列出,可在年序1以前另加一栏"建设起点",年序为0,将建设期以前发生的现金流出填入该栏。

2)自有资金现金流量表。该表从投资者角度出发,以投资者的出资额作为计算基础,把贷款时得到资金作为现金流入,把还本付息作为现金流出,用以计算自有资金财务内部收益率、财务净现值等评价指标,考察项目自有资金的盈利能力(见表6-13)。

从项目投资主体的角度看,一方面,建设项目投资借款是现金流入,但又同时将借款用于项目投资则构成同一时点、相同数额的现金流出,二者相抵,对净现金流量的计算无影响。因此,表中投资只计有自有资金。另一方面,现金流入又是因

表 6-13 自有资金现金流量表

单位：万元

序号	项目	合计	计算期				……
1	现金流入						
1.1	产品销售收入						
1.2	固定资产余值回收						
1.3	流动资金回收						
1.4	其他现金流入						
2	现金流出						
2.1	建设投资						
2.2	流动投资						
2.3	经营成本						
2.4	销售税金及附加						
2.5	所得税						
2.6	其他现金流出						
3	净现金流量						
4	累计净现金流量						

为项目全部投资所获得，故应将借款本金的偿还及利息支付计入现金流出。

（2）损益和利润分配表。该表反映项目计算期内各年的利润总额、所得税及税后利润的分配情况，用以计算投资利润、投资利润率、投资利税率和资本金利率等指标（如表6-14）。

表 6-14 损益和利润分配表

单位：万元

序号	项目	合计	计算期				……
1	产品销售收入						
2	销售税金及附加						
3	总成本费用						
4	利润总额						
5	所得税（33%）						
6	税后利润						
7	盈余公积金（10%）						
8	应付利润						
9	未分配利润						
10	累计未分配利润						

损益表的编制以利润总额的计算为基础。利润总额的计算公式为:

利润总额 = 营业利润 + 投资净收益 + 营业外收支净额
       = 销售收入 − 营业税金及附加 − 总成本费用   (6-59)

所得税 = 利润总额 × 所得税率   (6-60)

税后利润 = 利润总额 − 所得税   (6-61)

在测算项目利润时,投资净收益一般属于项目投产后的对外再投资收益,这类活动在项目评价时难以估算,因此可以暂不计入。营业外收支净额,除非已有明确的来源和开支项目需单独列出,否则也暂不计入。

(3) 资金来源和运用表。该表反映了项目计算期内各年的资金盈余或短缺的情况,用于确定资金筹措方案,制订适宜的借款及偿还计划,并为编制资产负债表提供依据(见表 6-15)。

表 6-15 资金来源和运用表

单位:万元

序号	项目	合计	计算期			……
1	资金来源					
1.1	销售(营业)收入					
1.2	长期借款					
1.3	短期借款					
1.4	发行债券					
1.5	项目资本金					
1.6	其他					
2	资金运用					
2.1	经营成本					
2.2	销售税金及附加					
2.3	增值税					
2.4	所得税					
2.5	建设投资(不含建设期利息)					
2.6	流动资金					
2.7	各种利息支出					
2.8	偿还债务本金					
2.9	分配股利或利润					
2.10	其他					
3	资金盈余					
4	累计资金盈余					

编制资金来源和运用表,首先要计算项目计算期内各年的资金来源和资金运用,然后通过资金来源和资金运用的差额反映项目各年的资金盈余或短缺情况。

项目资金来源包括:利润、折旧、摊销、长期借款、短期借款、自有资金、其他资金、回收固定资产余额、回收流动资金等。

项目资金运用包括:固定资产投资、建设期利息、流动资金投资、所得税、应付利润、长期借款还本、短期借款还本等。

项目资金的筹措方案和借款及偿还计划应能使表中各年度的累积盈余资金额始终大于或等于零,否则,项目将因为资金短缺而不能按计划顺利运行。

(4)资产负债表。该表是反映企业在某一特定日期财务状况的会计报表,它表明权益在某一特定日期所拥有或控制的经济资源、所承担的现有义务和所有者对净资产的要求权,用以考察项目资产、负债、所有者权益的结构是否合理(见表6-16)。

表 6-16　资产负债表

单位:万元

序号	项目	合计	计算期		……
1	资产				
1.1	流动资产总额				
1.1.1	应收账款				
1.1.2	存货				
1.1.3	现金				
1.1.4	累计盈余资金				
1.2	在建工程				
1.3	固定资产净值				
1.4	无形及其他资产净值				
2	负债及所有者权益				
2.1	流动负债总额				
2.1.1	短期借款				
2.1.2	应付账款				
2.1.3	预收账款				
2.1.4	其他				
2.2	长期负债				
2.3	累计负债				
2.4	所有者权益				

续表

序号	项目	合计	计算期			……
2.4.1	资本金					
2.4.2	资本公积金					
2.4.3	累计盈余公积金					
2.4.4	累计未分配利润					

资产负债表的编制依据是"资产=负债+所有者权益"。

资产包括：流动资产、在建工程、固定资产净值、无形及递延资产净值。

负债包括：流动负债和长期负债。

所有者权益包括：资本金、资本公积金、累积盈余公积金和累计未分配利润。

(5) 外汇平衡表。财务外汇平衡表适用于有外汇收支的项目，用以反映项目计算期内隔年外汇余额程度，进行外汇平衡分析（见表6-17）。

表6-17 财务外汇平衡表

单位：万元

序号	项目	合计	计算期			……	N
	生产负荷（%）						
1	外汇来源						
1.1	产品销售外汇收入						
1.2	外汇借款						
1.3	其他外汇收入						
2	外汇运用						
2.1	固定资产投资中外汇支出						
2.2	进口原材料						
2.3	进口零部件						
2.4	技术转让费						
2.5	偿付外汇借款本息						
2.6	其他外汇支出						
2.7	外汇余缺						

其他外汇收入包括自筹外汇等。

技术转让费是指生产期内的技术转让费。

二、财务评价指标的计算

财务评价属于经济评价的一个组成部分,财务评价的指标也来自经济效果评价指标体系,但在具体计算方法和构成上有所调整,在此,主要介绍营利性项目财务评价指标体系中的盈利能力分析指标和偿债能力分析指标,以及一些非营利性项目的财务评价指标。

1. 营利性项目的财务评价指标分析

各种评价指标可由不同的财务分析报表得出。资产负债表得出的指标有:流动比率、速动比率、资产负债率、产权比率。损益与利润分配表得出的指标有:投资利润率、投资利税率。二者共同得出的指标有:总资产收益率、资本金净利润率。现金流量表得出的指标有:投资回收期、财务净现值、财务净现值率、财务内部收益率。资金来源与运用表和借款还本付息表得出的指标有:借款偿还期。

(1) 盈利能力分析。盈利能力分析是项目财务评价的主要内容之一,是分析项目的投资能否从项目的收益中回收并获得一定的利润。它在编制现金流量表的基础之上,计算财务内部收益率、财务净现值、投资回收期等指标,以得出盈利能力水平的结论。盈利能力分析采用的主要评价指标体系如图 6-2 所示。

图 6-2 盈利能力评价指标

1) 盈利能力评价的静态指标。

a. 投资回收期。投资回收期 (Payback Period) 是指,项目的净收益抵偿全部投资需要的时间。它反映了项目在财务上的偿还能力。投资回收期可分为静态投资回收期和动态投资回收期。

静态投资回收期是在不考虑资金的时间价值时，考察项目的投资回收能力，从投资回收的速度反映项目的经济效益。

动态投资回收期弥补了静态投资回收期不考虑资金时间价值的缺点，按照设定的行业基准收益率计算收回投资所需要的时间，因此，更符合实际情况。

b. 投资利润率。投资利润率（Return On Investment，ROI）是指，项目达到设计生产能力后，一个正常生产年份的年利润总额与项目总投资的比率。它考察了项目单位投资的盈利能力，即单位投资能创造的利润总额。也称投资收益率或投资回报率。计算公式为：

$$投资利润率 = \frac{年利润总额}{项目总投资} \times 100\% \qquad (6-62)$$

其中，对于生产期内各年的利润总额变化幅度较大的项目，年利润总额亦可用年平均利润总额代替。

【例 6-2】 新建项目的总投资为 4000 万元，两年的建设期，投产后运行 15 年，年销售收入为 1800 万元，年运营成本为 950 万元，年销售税金为销售收入的 6%，计算该项目的投资利润率（忽略折旧）。

$$ROI = \frac{1800 - 950 - 1800 \times 6\%}{4000} \times 100\% = 20.05\%$$

将投资利润率与同行业的平均利润率对比，若投资利润率高于行业的平均值，表明项目的盈利能力满足要求；反之，则不能满足财务的要求。

投资利润率越高，从项目获得的利润越多。若投资利润率高于同期银行的利息率，资金不足时适度举债是有益的；反之，过高的负债比率会损害企业及投资人的利益。因此，投资利润率指标不仅可以衡量项目的单位投资的获利能力，还可以作为项目筹资决策的参考指标。

c. 投资利税率。投资利税率（Profit and Tax Investment Ratio）是指，项目达到设计生产能力后，在正常的生产年份中，年利税总额与项目总投资的比率。计算公式为：

$$投资利税率 = \frac{年利税总额}{项目总投资} \times 100\% \qquad (6-63)$$

其中，年利税总额 = 年利润总额 + 营业税金及附加
　　　　　　　 = 年销售收入 - 年总成本费用

对于生产期内各年的利税总额变化幅度较大的项目，年利税总额亦可用年平

均利税总额代替。

将投资利税率与同行业的平均水平对比，可以判别项目的单位投资对国家累计的贡献水平。

d. 资本金利润率。资本金利润率（Capital Profit Margin）是利润总额占资本金（即实收资本、注册资金）总额的百分比，是反映投资者投入企业资本金的获利能力的指标。企业资本金是所有者投入的主权资金，资本金利润率的高低直接关系到投资者的权益，是投资者最关心的问题。计算公式为：

$$资本金利润率 = \frac{年利润总额}{资本金总额} \times 100\% \tag{6-64}$$

这一比率越高，说明企业资本金的利用效果越好，企业资本金盈利能力越强；反之，则说明企业资本金的利用效果不佳，企业资本金盈利能力越弱。

盈利能力分析的静态指标的意义在于比较效应。在项目的财务评价中，如果这些效益指标高于同行业的平均指标或预期指标，则有利于做出选择这一项目的决策，即认为该项目在静态角度来看是可行的；否则，就是不可行的。

2）盈利能力评价的动态指标。

a. 财务内部收益率。财务内部收益率（Financial Internal Rate of Return, FIRR）包括：全部投资内部收益率和自有资金内部收益率。该指标是指项目在整个计算周期内，各年净现金流量的现值累计等于零时的折现率。可以根据现金流量表（全部投资和自有资金）中的净现金流量数据，用线性插值法计算出。

财务内部收益率反映了项目以每年的净收益归还投资（或贷款），所能获得的最大投资利润率（或利息率），表明项目整个寿命期间内的总投资能获得的实际最大利润率，即项目在不考虑本身的资金增值前提下，使企业收支能平衡时可接受的最大利息率，也是项目接受贷款利率的最高临界点。计算公式为：

$$\sum_{t=1}^{n} (CI - CO)_t (1 + FIRR)^{-t} = 0 \tag{6-65}$$

其中：CI 表示现金流入量；

CO 表示现金流出量；

$(CI - CO)_t$ 表示第 t 年的净现金流量；

n 表示计算期。

财务内部收益率（FIRR）应该高于贷款利率（i），否则项目投资就要造成亏损。同时，财务内部收益率（FIRR）应该大于或等于行业规定的基准收益率（i_o）。达到以上两项条件时，项目在财务上便可行。实际中，在比较若干项目方案时，除了以上两个条件，应选择内部收益率高的投资方案。

b. 财务净现值。财务净现值（Financial Net Present Value，FNPV）是指，按设定的折现率计算的项目计算期内各年净现金流量的现金之和。计算公式为：

$$FNPV = \sum_{t=1}^{n} (CI - CO)_t (1 + i_0)^{-t} \quad (6-66)$$

其中：CI 表示现金流入量；

CO 表示现金流出量；

$(CI-CO)_t$ 表示第 t 年的净现金流量；

i_0 表示基准收益率（或设定的折现率）。

按照计算结果对项目进行判别的原则：当财务净现值为正（FNPV ≥ 0）时，说明项目盈利能力等于甚至超过了按设定的基准折现率计算的盈利能力，从财务角度考虑，项目可以被接受；当财务净现值为负（FNPV < 0）时，说明项目盈利能力达不到按设定的基准折现率计算的盈利能力，从财务角度考虑，项目不可行。

c. 财务净现值率。财务净现值率（Financial Net Present Value Rate，FNPVR）是指财务净现值与全部投资现值之比，即单位投资现值的净现值。反映了财务净现值与投资现值的关系。计算公式为：

$$FNPVR = \frac{FNPV}{I_p} \quad (6-67)$$

其中：FNPV 表示财务净现值；

I_p 表示投资的现值（固定资产投资+流动资金）。

当 FNPVR ≥ 0 时，项目在财务上可行。

当 FNPVR < 0 时，项目在财务上不可行。

财务净现值率是在净现值基础上发展起来的，可作为其补充。净现值率的最大化，有利于使有限的投资贡献最大化，在多方案选择中能起到重要作用。

【例 6-3】某项目的建设方案现金流量如表 6-18 所示，已知第 n 年的净现金流量和现值系数（设折现率为 10%），试计算其财务净现值（FNPV）和财务净现值率（FNPVR）。

解：根据财务净现值的计算公式：

$FNPV = -560 \times 1 - 480 \times 0.9091 + 350 \times 0.8264 + 420 \times 0.7513 + 400 \times 0.683 + 480 \times 0.6209$

$= -560 - 432.48 + 289.24 + 315.546 + 273.2 + 298.032 = 183.538$

$I_p = 560 \times 1 + 480 \times 0.9010 = 992.48$

表 6-18　某方案现金流量表

单位：万元

年末	某方案 X	现值系数
0	-560	1.0000
1	-480	0.9091
2	350	0.8264
3	420	0.7513
4	400	0.6830
5	480	0.6209

根据财务净现值率的计算公式：

$$\text{FNPVR} = \frac{\text{FNPV}}{I_p} = \frac{183.538}{992.488} = 0.185$$

（2）偿债能力分析。偿债能力分析主要考察计算期内的各年的财务状况及清偿能力。在项目投资中，只考虑项目的盈利性是不够的，必须对资金在时间上进行安排，以满足项目对资金的需要。虽然有些项目的投资盈利水平很高，但由于资金筹措不足、资金到位迟缓、应收账款收不上来以及汇率和比率的变化，影响了项目的正常运行，会产生不必要的损失。为了使项目顺利得以实施，资金筹措方案应保证资金的平衡，并保证有足够的资金偿还债务。偿债能力分析采用的主要评价指标体系如图 6-3 所示。

图 6-3　偿债能力评价指标

1）短期偿债能力的评价指标。短期偿债能力是指企业流动资产对流动负债的足额偿还保障程度，可以有效衡量企业当期的财务能力，以及流动资产的变现能力。

a. 流动比率。流动比率（Current Ratio）是反映项目偿还流动负债能力的指标，它表明每一元的流动负债有多少流动资产作为偿还的保障，即项目的流动资产在短期债务到期之前可以变现的用于偿还流动负债的能力。计算公式为：

$$流动比率 = \frac{流动资产总额}{流动负债总额} \times 100\% \tag{6-68}$$

流动比率越高，债权人的安全率越高。流动比率太低，企业缺乏短期偿债能力；流动比率太高，短期偿债能力过强，负债利用不足，流动资产会闲置。一般流动比率的下限为1，取值在1.2~2.0比较合适，具体情况视行业的特点、项目流动资产的构成、流动负债的性质而定。

注意：

● 流动比率高并不能保证企业有足够的现金或存款用于偿债，也可能是存货积压、应收账款增多或待摊费用增加所致，应进一步考察现金流量。

● 债权人希望流动比率高，但从企业经营角度看，闲置资金过多会增加企业的机会成本，降低获利能力，流动比率应维持在不使资金闲置的偿债安全范围内。

● 评价流动比率是否合理，不同企业或同一企业在不同时期的标准不同，因此，无统一标准评价哪个企业的流动比率更合理。

b. 速动比率。速动比率（Quick Ratio）是企业各个时期用可以立即变现的货币资金偿付流动负债能力的指标，该指标反映了项目各年偿付流动负债的能力。计算公式为：

$$速动比率 = \frac{速动资产总额}{流动负债总额} \times 100\% \tag{6-69}$$

其中，速动资产指流动资产中变现最快的部分，如现金、有价证券、应收账款等。是流动资产去除变现能力较差且不稳定的存货、预付账款、一年内到期的非流动资产和其他流动资产后的余额。

速动比率扣除了变现能力较差因素的影响，较之流动比率更能准确地反映企业的短期偿债能力。速动比率越高，偿还短期负债的能力越强。速动比率不应小于1.0~1.2。

当流动比率和速动比率过小时，应减少流动负债，通过减少利润分配、减少库存等方法增加盈余资金,如增加长期借款（负债）。

2) 长期偿债能力的评价指标。

a. 资产负债率。资产负债率（Asset-liability Ratio）是负债与资产之比，它表示公司总资产中有多少是通过负债筹集的，该指标是评价公司负债水平的综合指标，同时也是一项衡量公司利用债权人资金进行经营活动能力的指标，反映债权人发放贷款的安全程度。计算公式为：

$$资产负债率 = \frac{负债总额}{资产总额} \times 100\% \tag{6-70}$$

一般认为，资产负债率的适宜水平是 40%~60%。权益的所有者从盈利出发，希望保持较高的资产负债比，这样可以利用较少的资本来控制整个项目。但是，资产负债比越高，项目风险越大，在一定程度上损害了债权人的利益。因此在分析资产负债率的时候，要结合特定环境及立场，一分为二地来看。

b. 产权比率。产权比率（Equity Yatio）是企业负债总额与所有者权益总额之比，它反映了企业自有资金对债权人权益的保障程度。计算公式为：

$$产权比率 = \frac{负债总额}{所有者权益总额} \times 100\% \tag{6-71}$$

产权比率越低，企业长期偿债能力越强，债权人权益保障程度越高，但企业不能充分发挥负债的财务杠杆效应。企业的产权比率是否合理应该综合获利能力和偿债能力来评价，在偿债安全前提下，尽量提高产权比率。

【例 6-4】某生产项目，2010 年度财务报表显示，其总资产为 8000 万元，短期借款为 600 万元，长期借款为 2500 万元，应收账款为 1000 万元，存货为 800 万元，现金为 200 万元，累计盈余资金为 300 万元，应付账款为 700 万元，所有者权益为 4500 万元。试计算该项目的偿债能力指标。

解：流动比率 $= \dfrac{流动资产总额}{流动负债总额} \times 100\%$

$= \dfrac{应收账款 + 存货 + 现金 + 累计盈余资金}{短期借款 + 应付账款} \times 100\%$

$= \dfrac{1000 + 800 + 200 + 300}{600 + 700} \times 100\% = 176.9\%$

速动比率 $= \dfrac{速动资产总额}{流动负债总额} \times 100\%$

$= \dfrac{应收账款 + 现金 + 累计盈余资金}{短期借款 + 应付账款} \times 100\%$

$= \dfrac{1000 + 200 + 300}{600 + 700} \times 100\% = 115.4\%$

资产负债率 $= \dfrac{负债总额}{资产总额} \times 100\%$

$$= \frac{短期借款 + 长期借款 + 应付账款}{资产总额} \times 100\%$$

$$= \frac{600 + 2500 + 700}{8000} \times 100\% = 47.5\%$$

$$产权比率 = \frac{负债总额}{所有者权益总额} \times 100\%$$

$$= \frac{短期借款 + 长期借款 + 应付账款}{所有者权益} \times 100\%$$

$$= \frac{600 + 2500 + 700}{5000} \times 100\% = 76\%$$

3）其他偿债能力评价指标。

a. 借款偿还期。有些项目的资金筹措方案并没有具体规定偿还贷款的时间和方式，贷款部门希望知道项目能偿还贷款的最短时间，因此必须计算投资借款的偿还期。最常见的是计算建设投资借款的偿还期。

借款偿还期（Repayment Period of Loan）是指，在国内财政规定和项目具体财务条件下，以项目投产后获得的可用于还本付息的资金，还清借款本息所需的时间。计算公式为：

$$P_d = T - t + \frac{R_t^*}{R_t} \tag{6-72}$$

其中：P_d 表示借款偿还期；

T 表示借款偿还后开始出现盈余的年份；

t 表示开始借款年份（P_d 从投产年份算起始，t 为投产年份数）；

R_t^* 表示第 t 年偿还的借款额；

R_t 表示第 t 年可用于还贷的资金额。

【例 6-5】某项目第 10 年有了盈余资金，第 10 年的未分配利润为 7000 万元，可作为归还借款的折旧和摊销为 1940 万元，还款期间的企业留利为 98 万元。当年归还的借款本金为 2000 万元，归还的借款利息为 34 万元。项目开始借款年份为第 2 年，求借款偿还期。

解：借款偿还期 $= 10 - 2 + \frac{2000}{(7000 + 1940 - 98)} = 8.23$（即 8 年 3 个月）

借款偿还期由"借款偿还计划表"推算，不足整年的部分可用内插法计算。从开始借款的年份算起。

计算出的借款偿还期若小于贷款机构规定的期限，表明企业有足够的偿还能力；若大于规定的期限，表明企业还款能力不足。此种情况出现时，要进行分析，并在财务和技术方案、投资计划上进行修改，直到二者的限定期一致。

借款偿还期指标旨在计算出最大偿还力，适用于尽快还款的项目，不适用于已经约定借款偿还期限的项目，对此类项目，可采用利息备付率和偿债备付率指标分析项目偿债能力。

b. 利息备付率。利息备付率（Interest Coverage Ratio，ICR）也称已获利息倍数，是指项目在借款偿还期内各年可用于支付利息的息税前利润与当期应付利息费用的比值，它主要从付息资金充裕性角度反映项目偿还债务利息的能力。计算公式为：

$$利息备付率 = \frac{息税前利润}{当期应付利息} \qquad (6-73)$$

正常情况下，利息备付率 > 1，表示企业有偿还利息的能力；当利息备付率 < 1 时，表示企业没有足够的资金支付利息，偿债风险很大。

c. 偿债备付率。偿债备付率（Debt Service Coverage Ratio，DSCR）又称偿债覆盖率，是指项目在借款偿还期内，各年可用于还本付息的资金与当期应还本付息金额的比值。计算公式为：

$$偿债备付率 = \frac{可用于还本付息资金}{当期应还本付息金额} \qquad (6-74)$$

可用于还本付息资金——包括可用于还款的折旧和摊销、成本中列支的利息费用、可用于还款的利润等。

当期应还本付息金额——包括当期应还贷款本金额及计入成本费用的利息。

偿债备付率正常情况应当大于 1，且越高越好。当指标小于 1 时，表示当年资金来源不足以偿付当期债务，需要通过短期借款偿付已到期债务。

2. 非营利性项目的财务评价指标

非营利性项目是指不以获取利润为目的，为社会公众提供产品或服务的公益事业项目、行政事业项目或某些基础设施建设项目等。非营利性项目为社会提供的服务和使用功能不收取费用或只收取少量费用。由于建设此类项目的目的是服务于社会，发挥其使用功能，因而对其进行财务评价分析的主要目的不在于据此作出投资决策，而是为了考察项目的财务状况，了解盈利亏损情况，以便采取措施维持其正常运营。此外，对很多非营利性项目的财务效益分析实质上是在进行方案比选，使选中的方案能在满足项目既定目标的前提下花费最少。

(1) 非营利性项目的财务分析方法。

与营利性项目不同,非营利性项目一般不计算项目的财务内部收益率、财务净现值、投资回收期等指标,取而代之的是一些特殊指标,在必要时才计算反映借款偿还能力的指标。

(2) 非营利项目的财务评价指标。

1) 单位功能投资。单位功能投资是指,提供一个单位的服务或者建设一个单位的使用功能所需的投资。例如:学校针对每个学生的投资、医院中每张病床的投资、办公室中每个工作人员办公的投资,等等。计算公式为:

$$单位功能投资 = \frac{建设投资}{设施规模} \tag{6-75}$$

在进行方案的比较时,在功能相同的情况下,以单位投资较小的方案为优。

2) 单位功能运营成本。单位功能运营成本是指,项目的年运营费用与年服务总量的比值。例如:垃圾处理厂处理每吨垃圾所需的费用,污水处理厂处理每吨污水所需的费用。该指标主要用途莫过于考察项目的运营效率。计算公式为:

$$单位功能运营成本 = \frac{年运营费用}{年服务总量} \tag{6-76}$$

其中,年服务总量指项目建设规模设定的年服务量;

年运营费用包括运营直接费用、管理费用、财务费用和折旧费用。

3) 运营和服务收费价格。运营和服务收费价格指一些半营利性项目向服务对象提供单位服务收取的服务费,常用来评价某项收费的合理性。评价方法是,将事先预测的服务价格与消费者承受能力和支付意愿以及政府发布的指导性价格进行对比。

4) 借款偿还期。对于负债建设的非营利性项目,应该编制损益表和借款还本付息计划表,并计算出反映借款偿还能力的指标,以考核项目的偿债能力,必要时可以提出需要政府支持的建议。

第四节 资金的财务杠杆效应与风险分析

财务杠杆效应是指由于固定费用的存在而导致的,当某一财务变量以较小幅度变动时,另一相关变量会以较大幅度变动的现象。也就是指在企业运用负债筹资方式（如银行借款、发行债券）时所产生的普通股每股收益变动率大于息税前利润变动率的现象。财务风险是指企业为取得财务杠杆利益而利用负债资金时，增加了破产机会或普通股每股利润大幅度变动的机会所带来的风险。财务杠杆会加大财务风险，企业举债比重越大，财务杠杆效应越强，财务风险越大。财务杠杆与财务风险的关系可通过计算分析不同资金结构下普通股每股利润及其标准离差和标准离差率来进行测试。

一、资金的财务杠杆效应

财务杠杆即总负债与总资金的比率。杠杆因子越高就意味着企业债务越多，负债经营既可为企业带来厚利，又可能使企业面临巨大的风险。因此，负债的存在对企业的经营活动具有双重作用和影响，企业必须在效益和风险之间做出适当的权衡。

贷款的两大原则是：①期望报酬率必须高于贷款利率。②在最坏的情况下，必须有足够的现金还本付息。

财务杠杆效应（Financial Leverage Effect）是指由于固定费用的存在而导致的，当某一财务变量以较小幅度变动时，另一相关变量会以较大幅度变动的现象。也就是指在企业运用负债筹资方式（如银行借款、发行债券）时所产生的普通股每股收益变动率大于息税前利润变动率的现象。财务杠杆效应包含以下三种形式：经营杠杆、财务杠杆和复合杠杆。

1. 经营杠杆

经营杠杆（Degree of Operating Leverage，DOL）是指由于固定成本的存在而导致息税前利润变动大于产销业务量变动。

（1）经营杠杆系数。对经营杠杆的计量最常用的指标是经营杠杆系数（或经营杠杆度）。经营杠杆系数是指，息税前利润变动率相对于产销业务量变动率的倍数。计算公式为：

$$经营杠杆系数 = \frac{息税前利润变动率}{产销业务量变动率} \tag{6-77}$$

（2）经营杠杆与经营风险的关系。经营风险是指公司的决策人员和管理人员在经营管理中出现失误，导致公司盈利水平变化，从而产生投资者预期收益下降的风险或者由于汇率的变动而导致未来收益下降和成本增加。经营杠杆系数、固定成本和经营风险三者呈同方向变化，即在其他因素一定的情况下，固定成本越高，经营杠杆系数越大，企业经营风险也就越大。

2. 财务杠杆

财务杠杆（Degree of Financial Leverage，DFL）是指由于债务的存在而导致普通股每股利润变动大于息税前利润变动的杠杆效应。

（1）计量财务杠杆的指标是财务杠杆系数。财务杠杆系数，是指普通股每股利润的变动率相对于息税前利润变动率的倍数。计算公式为：

$$财务杠杆系数 = \frac{普通股每股利润变动率}{息税前利润变动率} = \frac{基期息税前利润变动率}{(基期息税前利润-基期利息)} \quad (6-78)$$

（2）财务杠杆与财务风险的关系。财务风险是指企业为取得财务杠杆利益而利用负债资金时，增加了破产机会或普通股每股利润大幅度变动的机会所带来的风险。财务杠杆会加大财务风险，企业举债比重越大，财务杠杆效应越强，财务风险越大。财务杠杆与财务风险的关系可通过计算分析不同资金结构下普通股每股利润及其标准离差和标准离差率来进行测试。

3. 复合杠杆

复合杠杆（Degree of Compound Leverage，DCL）是指由于固定生产经营成本和固定财务费用的存在而导致的普通股每股利润变动大于产销业务量变动的杠杆效应。

（1）对复合杠杆计量的指标是复合杠杆系数（或复合杠杆度）。复合杠杆系数是指普通股每股利润变动率相对于产销业务量变动率的倍数。其计算公式为：

$$复合杠杆系数 = \frac{普通股每股利润变动率}{产销业务量变动率} = 经营杠杆系数 \times 财务杠杆系数 \quad (6-79)$$

（2）复合杠杆与企业风险的关系。由于复合杠杆作用使普通股每股利润大幅度波动而造成的风险，称为复合风险。复合风险直接反映企业的整体风险。在其他因素不变的情况下，复合杠杆系数越大，复合风险越大；复合杠杆系数越小，复合风险越小。通过计算分析复合杠杆系数及普通股每股利润的标准离差和标准离差率可以揭示复合杠杆同复合风险的内在联系。

二、资金风险分析

工程项目的资金常会受到各种风险的影响，识别和判断可能发生的风险因素，采取适当的措施，可以使项目的财务更安全。

1. 资金供应风险

资金供应风险是指工程项目资金筹集过程中，可能出现资金不落实，从而导致建设期延长、项目投资提高、原定的投资效益目标不能实现的风险。具体表现有：计划筹资金额全部或部分没落实，计划发行的股票、债券没实现，其他资金未能按时、足额到位。

针对资金供应的风险，企业应该加强对资金供应方的诚信度调查和监管力度，及时采取其他补救措施。

2. 利率风险

利率风险是指企业在经营过程中，因为利率变动直接或间接造成了收益损失的风险，即贷款利率变动对企业造成的损失和风险。利率水平随金融市场情况变动，若企业财务资金中，贷款所占比率较大，筹集资金时采用了浮动利率，利率上升时，成本会增多；筹集资金时采用了固定成本，利率下降时，机会成本会提高。

针对资金的利率风险，企业应该确定合理的资金结构，选择合适的利率，在借款合同中充分考虑到企业利益的保障措施并作书面规定。例如：延期还款、提前还款、固定利率和浮动利率互换等。

3. 汇率风险

汇率风险是指国际金融市场，外汇交易结算的风险。源于人民币兑换外币比值的变动，企业用外汇债务进口设备或偿还外汇债务时，若人民币兑外汇比率下跌，企业成本会增加；反之，会减少。因此，利用外资数额较大的企业的财务资金监管应该有针对外汇走势的分析，以防汇率发生大变动给企业造成风险和损失。

针对汇率风险，企业应提前采取有效的规避措施，在合同中加入货币保值条款、货币选择条款等措施；注意对汇率的变动预测，采取提前结汇或延期结汇的办法；采用外汇期权、外汇期货等外汇风险管理工作。

三、合理的财务结构

企业的股票价格、加权资金成本和债务比率的关系比较，可以为企业确定较为合理的财务结构，既能利用好财务杠杆，又能规避财务风险，如图 6-4 所示。

图 6-4 表明，在某一债务比率区间之内，股票的价格最高，此时企业的盈利状况良好，股票持有人也能承受债务比率带来的风险。借贷资金带来很大好处，且企业的资金成本也很低，此区间内的债务比就反映了企业较合理的财务结构。

要确定合理的财务结构，还应该分析项目的偿债能力，即利息覆盖比率和债

图 6-4 股票价格、资金成本和债务比率的关系

务负担覆盖比率。

$$利息覆盖比率 = \frac{息税前利润总额}{本年应付利息} \quad (6-80)$$

$$债务负担覆盖比率 = \frac{息税前利润总额}{本年应付利息 + \dfrac{本年应偿还本金}{1-税率}} \quad (6-81)$$

其中，本年应偿还本金在缴纳所得税后偿还，故除以（1-税率），利息覆盖比率不应小于 3，债务负担覆盖比率必须大于 1。

对于稳定性较高的企业，以上两个偿债能力指标要求较低；对于稳定性较低的企业，两个指标要高些。一般情况下，企业可以将当前指标与过去的指标进行比较，以测定企业的这些指标是改善还是恶化，即测定企业偿债能力的变化趋势。也可以和类似企业进行比较，比较财务结构的合理性。

四、资金的债务偿还

项目投资中，贷款一般要占很大的比重。使用贷款的企业需要关注自身的债务偿还能力。提供贷款的银行也要关心企业的还本付息能力，因此，债务偿还能力的分析是企业资金规划的重要环节。

企业对于贷款的使用，应该在保证自身建设进度的前提下，先使用成本较低的资金，在还款时先还成本较高的资金。在进行债务偿还的过程中，需要对还贷能力进行估算并根据项目的盈利能力确认还款方式。

1. 还贷能力

国家现行政策规定，在企业还清贷款后的第二年开始计算所得税。在还贷期间内，部分折旧也可以用于还贷。还贷能力也可认为是，企业扣除留存后的利润

和可用于还贷的折旧金额。

年还贷能力 = 年利润总额 + 可用于还贷的折旧金额 − 企业留利 (6-82)

年利润总额 = 年销售收入 − 总成本费用 − 营业税金及附加 − 营业外净支出

(6-83)

企业留利 = 企业基金 + 奖励基金 + 新产品试制基金 (6-84)

2. 还款方式清算

根据对项目盈利能力的预测，可采取不同的还款方式。主要包括等额利息法、等额本金法、等额本息法。

（1）等额利息法。还款时，期末归还本金并支付当期利息，每年的利息支付额相同。

特点是：每年支付的利息较少，适用于盈利能力不强的项目还款。

（2）等额本金法。还款时，每年还付相等的本金，贷款利息按年初剩余贷款本金计算并逐年结清。

特点是：贷款本金逐年减少，利息也随之减少，贷款期满时本金利息全部还清，适用于盈利能力较强的项目还款。

（3）等额本息法。即借款人将贷款本利和在偿还期内平均分摊，每年等额偿还。

特点是：每年的还款额相等，适用于前期盈利能力不强，但收入稳定的项目还款。

本章小结

工程项目的财务评价是经济评价的基础和核心，财务评价是根据国家现行财务制度、价格体系和项目评价的有关规定，从项目的财务角度，分析计算项目直接效益和直接费用，编制财务报表，计算财务评价指标。通过对项目的盈利能力和偿债能力的分析，考察项目在财务上的可行性，为投资决策提供科学依据。本章应重点掌握工程项目财务评价的基本内容和基本方法，并要了解财务基础数据的估算、财务评价报表的编制与评价指标计算，以及资金的财务杠杆效应与风险分析的相关内容。

概念回顾

财务评价（Financial Evaluation）：在国家现行的财税制度、价格体系前提之下，从项目的财务角度出发，估算项目的财务效益和费用，编制财务报表，计算财务评价指标，依此来分析、考察项目的盈利能力和偿债能力，判别项目在财务上的可行性，明确财务主体的价值和对投资人的贡献，为投资决策提供依据。

静态分析（Static Analysis）：在财务分析中不考虑资金的时间因素的影响，投资、收益等资金流量按照当年数值计算，无需折现。

动态分析（Dynamic Analysis）：在财务分析中考虑资金的时间因素的影响，即随着时间的推移，货币价值因为利息的影响发生变动，计算分析时，将变动的货币价值折算为现值。

流动资金（Circulating Fund）：项目投产后，为了维持正常的生产经营活动，用于购买原材料、支付工资及其他运营费用所需的周转资金。

利润（Profit）：项目建成投产后，在一定的生产经营期间内，获得的财务收入与费用的差额。

借款偿还期（Loan Repayment Period）：在有关财税规定及企业具体财务条件下，项目投产后可以用作还款的利润、折旧、摊销及其他收益偿还建设投资借款本金（含未付建设期利息）所需要的时间，一般以年为单位表示。该指标可由借款偿还计划表推算。

投资回收期（Payback Period）：项目的净收益抵偿全部投资需要的时间。

投资利润率（Return On Investment，ROI）：项目达到设计生产能力后，一个正常生产年份的年利润总额与总投资的比率。其表达式为：

$$投资利润率 = \frac{年利润总额}{项目总投资} \times 100\%$$

投资利税率（Profit and Tax Investment Ratio）：项目达到设计生产能力后，在正常的生产年份中，年利税总额与项目总投资的比率。其表达式为：

$$投资利税率 = \frac{年利税总额}{项目总投资} \times 100\%$$

资本金利润率（Capital Profit Margin）：利润总额占资本金（即实收资本、注册资金）总额的百分比，是反映投资者投入企业资本金的获利能力的指标。其表达式为：

$$资本金利润率 = \frac{年利润总额}{资本金总额} \times 100\%$$

财务内部收益率（Financial Internal Rate of Return，FIRR）：项目在整个计算周期内，各年净现金流量的现值累计等于零时的折现率。其表达式为：

$$\sum_{t=1}^{n}(CI-CO)_t(1+FIRR)^{-t}=0$$

财务净现值（Financial Net Present Value，FNPV）：按设定的折现率计算的项目计算期内各年净现金流量的现金之和。其表达式为：

$$FNPV=\sum_{t=1}^{n}(CI-CO)_t(1+i_0)^{-t}$$

财务净现值率（Financial Net Present Value Rate，FNPVR）：财务净现值与全部投资现值之比，即单位投资现值的净现值。反映了财务净现值与投资现值的关系。其表达式为：

$$FNPVR=\frac{FNPV}{I_p}$$

流动比率（current ratio）：反映项目偿还流动负债能力的指标，它表明每一元的流动负债有多少流动资产作为偿还的保障，即项目的流动资产在短期债务到期之前可以变现的用于偿还流动负债的能力。其表达式为：

$$流动比率=\frac{流动资产总额}{流动负债总额}\times100\%$$

速动比率（quick ratio）：企业各个时期用可以立即变现的货币资金偿付流动负债能力的指标，该指标反映了项目各年偿付流动负债的能力。其表达式为：

$$速动比率=\frac{速动资产总额}{流动负债总额}\times100\%$$

资产负债率（asset–liability ratio）：负债与资产之比，它表示公司总资产中有多少是通过负债筹集的，该指标是评价公司负债水平的综合指标，也是一项衡量公司利用债权人资金进行经营活动能力的指标，反映债权人发放贷款的安全程度。其表达式为：

$$资产负债率=\frac{负债总额}{资产总额}\times100\%$$

产权比率（equity ratio）：企业负债总额与所有者权益总额之比，它反映了企业自有资金对债权人权益的保障程度。其表达式为：

$$产权比率=\frac{负债总额}{所有者权益总额}\times100\%$$

借款偿还期（repayment period of loan）：在国内财政规定和项目具体财务条

件下，以项目投产后获得的可用于还本付息的资金，还清借款本息所需的时间。其表达式为：

$$P_d = T - t + \frac{R_t^*}{R_t}$$

利息备付率（Interest Coverage Ratio，ICR）：也称已获利息倍数，是指项目在借款偿还期内各年可用于支付利息的息税前利润与当期应付利息费用的比值。其表达式为：

$$\text{利息备付率} = \frac{\text{息税前利润}}{\text{当期应付利息}}$$

偿债备付率（Debt Service Coverage Ratio，DSCR）：也称偿债覆盖率，是指项目在借款偿还期内，各年可用于还本付息的资金与当期应还本付息金额的比值。其表达式为：

$$\text{偿债备付率} = \frac{\text{可用于还本付息资金}}{\text{当期应还本付息金额}}$$

财务杠杆效应（Financial Leverage Effect）：由于固定费用的存在而导致的，当某一财务变量以较小幅度变动时，另一相关变量会以较大幅度变动的现象。也就是指在企业运用负债筹资方式（如银行借款、发行债券）时所产生的普通股每股收益变动率大于息税前利润变动率的现象。

经营杠杆（Degree of Operating Leverage，DOL）：由于固定成本的存在而导致息税前利润变动大于产销业务量变动。其表达式为：

$$\text{经营杠杆系数} = \frac{\text{息税前利润变动率}}{\text{产销业务量变动率}}$$

财务杠杆（Degree of Financial Leverage，DFL）：由于债务的存在而导致普通股每股利润变动大于息税前利润变动的杠杆效应。其表达式为：

$$\text{财务杠杆系数} = \frac{\text{普通股每股利润变动率}}{\text{息税前利润变动率}}$$

复合杠杆（Degree of Compound Leverage，DCL）：由于固定生产经营成本和固定财务费用的存在而导致的普通股每股利润变动大于产销业务量变动的杠杆效应。其表达式为：

$$\text{复合杠杆系数} = \frac{\text{普通股每股利润变动率}}{\text{产销业务量变动率}}$$

练习题

1. 工程项目财务评价的主要内容是什么？
2. 工程项目财务评价报表都有哪些？
3. 简述工程项目盈利能力和偿债能力的评价指标和方法。
4. 怎么解释财务杠杆效应？
5. 怎么样应对资金风险？
6. 简述工程项目资金的主要来源。
7. 非营利性项目财务评价指标和分析方法是什么？
8. 简述常用的几种还款清算方式。
9. 某项目计算期20年，各年净现金流量（CI-CO）如表6-19所示。基准折现率 $i_0 = 10\%$。试根据项目的财务净现值NPV判断此项目是否可行，并计算项目的静态投资回收期和动态投资回收期和内部收益率。

表 6-19 净现金流量表

年份	1	2	3	4	5	7~20
净现金流量（元）	-180	-250	150	84	112	150

10. 有一投资项目，固定资产投资为50万元，于第1年初投入；流动资金投资为20万元，于第二年初投入，全部为贷款，利率8%。项目于第2年投产，产品销售第2年为50万元，第3~8年为80万元；经营成本第二年为30万元，第3~8年为45万元；增值税率为14%；第2~8年折旧费每年为6万元；第8年末处理固定资产可得收入为8万元。

根据以上条件列出的全投资现金流量表（见表6-20、表6-21）是否正确？若有错，请改正过来。

表 6-20 全投资现金流量表（一）

单位：万元

年份	0	1	2	3~7	8
现金流入					
销售收入					80
固定资产回收			50	80	8
现金流出					
经营成本			30	45	45
固定资产投资					
流动资金					

续表

年份	0	1	2	3~7	8
增值税	50	20	7	11.2	11.2
折旧			6	6	6
净现金流量	−50	−20	7	17.8	25.8

表 6-21　全投资现金流量表（二）

单位：万元

年份	0	1	2	3~7	8
现金流入					
销售收入			50	80	80
固定资产回收					8
折旧			6	6	6
现金流出					
经营成本			30	45	45
固定资产投资					
流动资金	50				
增值税		20	7	11.2	11.2
流动资金利息			1.6	1.6	1.6
净现金流量	−50	−20	17.4	28.2	36.2

11. 某工业项目计算期为15年，建设期为3年，第4年投产，第5年开始达到生产能力。项目建设投资（未包含建设期借款利息）为8000万元，其中自有投资为4000万元，不足部分向银行借款，银行借款利率为10%，假定每年借款发生在年中。建设期只计息不还款，第4年初投产后开始还贷，每年付清利息并分10年等额偿还建设期利息资本化后的全部借款本金。现金流量的发生时点遵循年末习惯法。分年投资情况如表 6-22 所示。

表 6-22　分年投资情况表

单位：万元

年份	1	2	3	合计
建设投资	2500	3500	2000	8000
其中：自有资金投资	1500	1500	1000	4000

第4年初投入生产所需的全部流动资金为2490万元，全部用银行借款，年利率为10%。

项目销售税金及附加和经营成本的预测值如表 6-23 所示。

表 6-23 预测值表

单位：万元

年份	4	5	6	…	15
销售收入	5600	8000	8000	…	8000
销售税金及附加	320	480	480	…	480
经营成本	3500	5000	5000	…	5000

固定资产折旧采用直线折旧法，折旧年限为15年，残值率为5%，建设期利息计入固定资产原值。

所得税税率为33%，基准收益率为12%。

试计算完成以下表格（见表 6-24、表 6-25、表 6-26），并计算该项目全部资金净现值和静态投资回收期。

表 6-24 建设期利息计算表

单位：万元

年份	1	2	3	4
年初欠款	0			
当年借款				
当年利息				
年末欠款累计				

表 6-25 借款偿还计划及利息计算表

单位：万元

年份	4	5	6	7	8	9	10	11	12	13
年初欠款	4631									
当年利息支付	463									
当年还本	463									
年末尚欠										

表 6-26 利润与所得税计算表

单位：万元

年份	4	5	6	7	8	9	10	11	12	13	14	15
销售收入												
经营成本												
折旧												
建设投资借款利息	63											
流动资金借款利息	49											

续表

年份	4	5	6	7	8	9	10	11	12	13	14	15
销售税金及附加												
利润总额												
所得税												
税后利润												

案例分析

某新建项目财务评价案例

1. 项目概况

某新建项目，其可行性研究已完成市场需求预测、生产规模、工艺技术方案、建厂条件和厂址方案、环境保护、工厂组织和劳动定员以及项目实施规划诸方面的研究论证和多方案比较。项目财务评价在此基础上进行。项目基准折现率为12%，基准投资回收期为8.3年。

2. 基础数据

（1）生产规模和产品方案。生产规模为年产1.2万吨某工业原料。产品方案为A型及B型两种，以A型为主。

（2）实施进度。项目拟两年建成，第三年投产，当年生产负荷达到设计能力的70%，第四年达到90%，第五年达到100%。生产期按8年计算，计算期为10年。

（3）建设投资估算。建设投资估算见表6-27。其中外汇按1美元兑换8.30人民币计算。

（4）流动资金估算采用分项详细估算法进行估算，估算总额为3111.02万元。流动资金借款为2302.7万元。流动资金估算见表6-28。

（5）资金来源。项目资本金为7121.43万元，其中用于流动资金808.32万元，其余为借款。资本金由甲、乙两个投资方出资，其中甲方出资3000万元，从还完建设投资长期借款年开始，每年分红按出资额的20%进行，经营期末收回投资。外汇全部通过中国银行向国外借款，年利率为9%；人民币建设投资部分由中国建设银行提供贷款，年利率为6.2%；流动资金由中国工商银行提供贷款，年利率为5.94%。投资分年使用计划按第一年60%、第二年40%的比例分配。资金使用计划与资金筹措见表6-29。

（6）工资及福利费估算。全厂定员500人，工资及福利费按每人每年8000元估算，全年工资及福利费估算为 400 万元（其中福利费按工资总额的 14% 计算）。

（7）年销售收入和年销售税金及附加。产品售价以市场价格为基础，预测到生产期初的市场价格，每吨出厂价按 15850 元计算（不含增值税）。产品增值税税率为 17%。本项目采用价外计税方式考虑增值税。城市维护和建设税按增值税的 7% 计算，教育费附加按增值税的 3% 计算。年销售收入和年销售税金及附加见表 6-30。

（8）产品成本估算。总成本费用估算见表 6-31。成本估算说明如下：

1）固定资产原值中除工程费用外还包括建设期利息、预备费用以及其他费用中的土地费用。固定资产原值为 19524.29 万元，按平均年限法计算折旧，折旧年限为 8 年，残值率为 5%，折旧率为 11.88%。固定资产折旧费估算见表 6-32。

2）其他费用中其余部分均作为无形资产及递延资产。无形资产为 368.90 万元，按 8 年摊销，年摊销额为 46.11 万元。递延资产为 400 万元，按 5 年摊销，年摊销额为 80 万元。无形资产及递延资产摊销费估算见表 6-33。

3）修理费计算。修理费按年折旧额的 50% 提取。

4）借款利息计算。长期借款利息计算见表 6-40。生产经营期间应计利息计入财务费用。

5）固定成本和可变成本。可变成本包含外购原材料、外购燃料、动力费以及流动资金借款利息。固定成本包含总成本费用中除可变成本外的费用。

（9）损益和利润分配。损益和利润分配表见表 6-37。利润总额正常年为 3617.36 万元。所得税按利润总额的 33% 计取，盈余公积金按税后利润的 10% 计取。

（10）建设投资估算见表 6-27，流动资金估算见表 6-28，资金使用计划与资金筹措情况见表 6-29，销售收入、销售税金及附加和增值税估算见表 6-30，全部资金财务现金流量情况见表 6-34，资本金财务现金流量见表 6-35，甲方投资财务现金流量情况见表 6-36，资金来源与运用情况见表 6-38，长期借款偿还计划见表 6-39。

3. 财务评价说明

本项目采用量入偿付法归还长期借款本金。总成本费用估算表（见表 6-31）、损益和利润分配表（见表 6-37）及长期借款偿还计划表（见表 6-39）通过利息支出、当年还本和税后利润互相联系，通过三表联算得出借款偿还计划；在全部借款偿还后，再计提盈余公积金和确定利润分配方案。三表联算的关系如图 6-5 所示。

案例来源：http://bbs.pinggu.org/thread-854732-1-1.html。

图 6-5 三表联算关系

思考题：

根据本题所提供的资料和相关信息完成以下问题，以便对项目进行财务评价：

1. 根据表 6-31 总成本费用估算表相关数据完成总成本费用、修理费和经营费用的计算。

2. 完成表 6-32 固定资产折旧费估算表中折旧费以及固定资产净值的计算。

3. 根据表 6-34 全部资金财务现金流量表相关数据计算全部资金财务内部收益率（FIRR）、全部资金财务净现值（FNPV）（$i_c = 12\%$）以及全部资金静态投资回收期（从建设期算起）。

4. 根据表 6-35 资本金财务现金流量表计算资本金内部收益率。

5. 根据表 6-36 甲方投资财务现金流量表计算甲方投资内部收益率。

6. 根据表 6-39 长期借款偿还计划表计算借款偿还期（从借款开始年算起）。

7. 根据相关内容完成表 6-40 利息支付计算表，再根据损益和利润分配表（见表 6-37）、资金来源与运用表（见表 6-38）、长期借款偿还计划表（见表 6-39）、固定资产折旧费估算表（见表 6-32）、无形资产及递延资产摊销费估算表（见表 6-33）计算利息备付率（按整个借款期考虑）以及偿债备付率（按整个借款期考虑），以评价项目的偿债能力。

8. 结合上述财务评价指标对该项目的可行性进行分析。

表 6-27 建设投资估算表

单位：万元

序号	工程或费用名称	估算价值					其中外汇(万美元)	占总值比(%)
		建筑工程	设备费用	安装工程	其他费用	总值		
1	建设投资（不含建设期利息）	1559.25	10048.95	3892.95	3642.30	19143.45	976.25	100
1.1	工程费用	1559.25	10048.95	3892.95	0.00	15501.15		81
1.1.1	主要生产项目	463.50	7849.35	3294.00		11606.85		
	其中：外汇		639.00	179.25		818.25	818.25	
1.1.2	辅助生产车间	172.35	473.40	22.95		668.70		
1.1.3	公用工程	202.05	1119.60	457.65		1779.30		
1.1.4	环境保护工程	83.25	495.00	101.25		679.50		
1.1.5	总图运输	23.40	111.60			135.00		
1.1.6	厂区服务性工程	117.90				117.90		
1.1.7	生活福利工程	496.80				496.80		
1.1.8	厂外工程			17.10		17.10		
1.2	其他费用				1368.90	1368.90	158.00	7
	其中：土地费用				600.00	600.00		
	合计	1559.25	10048.95	3892.95	1368.90	16870.05		
1.3	预备费用				2273.40	2273.40		12
2	建设期利息					1149.74	99.02	
	合计（1+2）	1559.25	10048.95	3892.95	3642.30	20293.19	1075.27	

表 6-28 流动资金估算表

单位：万元

序号	项目	最低周转天数	周转次数	投产期		达到设计生产能力期	
				3	4	5	6
1	流动资产			2925.50	3645.15	4001.22	4001.22
1.1	应收账款	30	12	769.17	951.03	1040.03	1040.03
1.2	存货			2117.99	2655.78	2922.85	2922.85
1.3	现金	15	24	38.34	38.34	38.34	38.34
2	流动负债			622.80	800.93	890.20	890.20
2.1	应付账款	30	12	622.80	800.93	890.20	890.20
3	流动资金（1-2）			2302.70	2844.22	3111.02	3111.02
4	流动资金增加额			2302.70	541.52	266.80	0.00

表 6-29 资金使用计划与资金筹措表

单位：万元

序号	项目	合计 人民币	合计 折人民币	合计 外币	1 人民币	1 折人民币	1 外币	1 小计	2 人民币	2 折人民币	2 外币	2 小计	3 人民币	3 折人民币	3 外币	3 小计	4 人民币	4 折人民币	4 外币	4 小计	5 人民币	5 折人民币	5 外币	5 小计
1	总投资	23404.21	5080.50	612.11	6712.28	5080.50	612.11	11792.78	4656.16	3844.25	463.16	8500.41	2302.70	0.00	0.00	2302.70	541.52	0.00	0.00	541.52	266.80	0.00	0.00	266.80
1.1	建设投资（未含利息）	19143.45	4861.73	585.75	6624.35	4861.73	585.75	11486.07	4416.23	3241.15	390.50	7657.38												
1.2	建设期利息	1149.74	218.78	26.36	87.93	218.78	26.36	306.71	239.93	603.10	72.66	843.03												
1.3	流动资金	3111.02											2302.70			2302.70	541.52			541.52	266.80			266.80
2	资金筹措	23404.21																						
2.1	自有资金	7121.43			3787.87			3787.87	2525.24			2525.24	808.32			808.32								
	其中：用于流动资金	0.00																						
2.1.1	资本金	7121.43			3787.87			3787.87	2525.24			2525.24	808.32			808.32								
2.1.2	资本溢价	0.00						0.00				0.00				0.00								
2.2	借款	16282.78	5080.50	612.11	2924.41	5080.50	612.11	8004.91	2130.92	3844.25	463.16	5975.17	1494.38	0.00	0.00	1494.38	541.52	0.00	0.00	541.52	266.80	0.00	0.00	266.80
2.2.1	长期借款	12830.35	4861.73	585.75	2836.48	4861.73	585.75	7698.21	1890.99	3241.15	390.50	5132.14												
2.2.2	流动资金借款	2302.70											1494.38			1494.38	541.52			541.52	266.80			266.80
2.2.3	建设期利息	1149.74	218.78	26.36	87.93	218.78	26.36	306.71	239.93	603.10	72.66	843.03												
2.3	其他																							

注：各年流动资金在年初投入。

表 6-30 销售收入、销售税金及附加和增值税估算表

序号	项目	单价（元）	生产负荷70%（第3年）		生产负荷90%（第4年）		生产负荷100%（第5~10年）	
			销售量（吨）	金额（万元）	销售量（吨）	金额（万元）	销售量（吨）	金额（万元）
1	产品销售收入	15850.00	8400.00	13314.00	10800.00	17118.00	12000.00	19020.00
2	销售税金及附加			99.25		127.60		141.78
	增值税销项			2263.38		2910.06		3233.40
	增值税进项			1270.92		1634.04		1815.60
	增值税			992.46		1276.02		1417.80
2.1	城市维护建设税（增值税×7%）			69.47		89.32		99.25
2.2	教育费附加（增值税×3%）			29.77		38.28		42.53

注：①增值税仅为计算城市维护建设税和教育费附加的依据；②本报表税金的计算方法采用不含增值税的计算方法。

表 6-31 总成本费用估算表

单位：万元

序号	项目	合计	投产期		达到设计生产能力期					
			3	4	5	6	7	8	9	10
	生产负荷（%）		70	90	100	100	100	100	100	100
1	外购原材料	71811.00	6614.40	8503.80	9448.80	9448.80	9448.80	9448.80	9448.80	9448.80
2	外购燃料、动力	9357.00	861.60	1108.20	1231.20	1231.20	1231.20	1231.20	1231.20	1231.20
3	工资及福利费	3200.00	400.00	400.00	400.00	400.00	400.00	400.00	400.00	400.00
4	修理费									
5	折旧费									
6	摊销费	768.88	126.11	126.11	126.11	126.11	126.11	46.11	46.11	46.11
7	财务费用（利息、汇兑损失）	3820.30	1205.42	1017.02	702.06	348.68	136.78	136.78	136.78	136.78
	其中：利息支出	3820.30	1205.42	1017.02	702.06	348.68	136.78	136.78	136.78	136.78
8	其他费用	4161.60	520.20	520.20	520.20	520.20	520.20	520.20	520.20	520.20
9	总成本费用									
	其中：固定成本	35952.64	4524.08	4524.08	4524.08	4524.08	4524.08	4444.08	4444.08	4444.08
	可变成本	84988.30	8681.42	10629.02	11382.06	11028.68	10816.78	10816.78	10816.78	10816.78
10	经营成本									

表 6-32　固定资产折旧费估算表

单位：万元

序号	项目	合计	折旧率(%)	投产期		达到设计生产能力期					
				3	4	5	6	7	8	9	10
1	固定资产合计		11.88								
1.1	原值	19524.29									
1.2	折旧费										
	净值										

表 6-33　无形资产及递延资产摊销费估算表

单位：万元

序号	项目	摊销年限	原值	投产期		达到设计生产能力期					
				3	4	5	6	7	8	9	10
1	无形资产		368.90								
1.1	摊销			46.11	46.11	46.11	46.11	46.11	46.11	46.11	46.11
1.2	净值			322.79	276.68	230.56	184.45	138.34	92.22	46.11	0.00
2	递延资产（开办费）		400.00								
2.1	摊销			80.00	80.00	80.00	80.00	80.00			
2.2	净值			320.00	240.00	160.00	80.00	0.00			
3	无形及递延资产合计		768.90								
3.1	摊销			126.11	126.11	126.11	126.11	126.11	46.11	46.11	46.11
3.2	净值			642.79	516.68	390.56	264.45	138.34	92.22	46.11	0.00

表 6-34 全部资金财务现金流量表

单位：万元

序号	项目	合计	建设期		投产期			达到设计生产能力期					
			1	2	3	4	5	6	7	8	9	10
	生产负荷（%）				70	90	100	100	100	100	100	100
1	现金流入	148639.23	0.00	0.00	13314.00	17118.00	19020.00	19020.00	19020.00	19020.00	19020.00	23107.23
1.1	产品销售收入	144552.00			13314.00	17118.00	19020.00	19020.00	19020.00	19020.00	19020.00	19020.00
1.2	回收固定资产余值	976.21										976.21
1.3	回收流动资金	3111.02										3111.02
2	现金流出	121135.61	11486.07	7657.38	11957.40	12360.58	13168.03	12901.23	12901.23	12901.23	12901.23	12901.23
2.1	建设投资（不含建设期借款利息）	19143.45	11486.07	7657.38								
2.2	流动资金	3111.02			2302.70	541.52	266.80					
2.3	经营成本	97803.60			9555.45	11691.45	12759.45	12759.45	12759.45	12759.45	12759.45	12759.45
2.4	销售税金及附加	1077.53			99.25	127.60	141.78	141.78	141.78	141.78	141.78	141.78
3	净现金流量	27503.62	-11486.07	-7657.38	1356.60	4757.42	5851.97	6118.77	6118.77	6118.77	6118.77	10206.00
4	累计净现金流量		-11486.07	-19143.45	-17786.85	-13029.43	-7177.46	-1058.70	5060.07	11178.83	17297.60	27503.60

表 6-35 资本金财务现金流量表

单位：万元

序号	项目	合计	建设期		投产期				达到设计生产能力期			
			1	2	3	4	5	6	7	8	9	10
	生产负荷（%）				70.00	90.00	100.00	100.00	100.00	100.00	100.00	100.00
1	现金流入	148639.23	0.00	0.00	13314.00	17118.00	19020.00	19020.00	19020.00	19020.00	19020.00	23107.23
1.1	产品销售收入	144552.00			13314.00	17118.00	19020.00	19020.00	19020.00	19020.00	19020.00	19020.00
1.2	回收固定资产余值	976.21										976.21
1.3	回收流动资金	3111.02										3111.02
2	现金流出	133541.75	3787.87	2525.24	14122.32	17118.00	19020.00	17765.04	14205.34	14231.74	14231.74	14231.74
2.1	资本金	7121.43	3787.87	2525.24	808.32							
2.2	借款本金偿还	16282.78			2450.82	3675.62	4435.92	3417.72				2302.70
2.3	借款利息支付	3820.30			1205.42	1017.02	702.06	348.68	136.78	136.78	136.78	136.78
2.4	经营成本	97803.64			9555.45	11691.45	12759.45	12759.45	12759.45	12759.45	12759.45	12759.45
2.5	销售税金及附加	1077.53			99.25	127.60	141.78	141.78	141.78	141.78	141.78	141.78
2.6	所得税	7436.07			3.05	606.31	980.79	1097.40	1167.33	1193.73	1193.73	1193.73
3	净现金流量	15097.48	-3787.87	-2525.24	-808.32	0.00	0.00	1254.96	4814.66	4788.26	4788.26	6572.79

表 6-36 甲方投资财务现金流量表

单位：万元

序号	项目	合计	建设期		投产期		达到设计生产能力期					
			1	2	3	4	5	6	7	8	9	10
	生产负荷（%）				70	90	100	100	100	100	100	100
1	现金流入	6000						600	600	600	600	3600
1.1	股利分配	6000						600	600	600	600	3600
1.2	资产处置收益分配											
1.3	租赁费收入											
1.4	技术转让收入											
1.5	其他现金流入											
2	现金流出	3000	1500	1500								
2.1	股权投资	3000	1500	1500								
2.2	租赁资产支出											
2.3	其他现金流出											
3	净现金流量	1800	-1500	-1500				600	600	600	600	3600

表 6-37 损益和利润分配表

单位：万元

序号	项目	合计	投产期		达到设计生产能力期					
			3	4	5	6	7	8	9	10
	生产负荷（%）		70	90	100	100	100	100	100	100
1	产品销售收入	144552.00	13314.00	17118.00	19020.00	19020.00	19020.00	19020.00	19020.00	19020.00
2	销售税金及附加	1077.53	99.25	127.60	141.78	141.78	141.78	141.78	141.78	141.78
3	总成本费用	120940.91	13205.50	15153.09	15906.14	15552.76	15340.86	15260.86	15260.86	15260.86
4	利润总额（1-2-3）	22533.56	9.25	1837.31	2972.08	3325.46	3537.36	3617.36	3617.36	3617.36
5	所得税（33%）	7436.07	3.05	606.31	980.79	1097.40	1167.33	1193.73	1193.73	1193.73
6	税后利润（8-5）	15097.48	6.20	1230.99	1991.30	2228.06	2370.03	2423.63	2423.63	2423.63
7	可供分配利润	15097.48	6.20	1230.99	1991.30	2228.06	2370.03	2423.63	2423.63	2423.63
7.1	盈余公积金（10%）	964.09				237.00	242.36	242.36	242.36	242.36
7.2	应付利润	0.00								
7.3	未分配利润	14133.39	6.20	1230.99	1991.30	2228.06	2133.03	2181.27	2181.27	2181.27
	累计未分配利润		6.20	1237.19	3228.49	5456.55	7589.58	9770.85	11952.12	14133.39

表 6-38 资金来源与运用表

单位：万元

序号	项目	合计	建设期		投产期				达到设计生产能力期			
			1	2	3	4	5	6	7	8	9	10
	生产负荷（%）					70	90	100	100	100	100	100
1	资金来源	69341.98	11792.78	8500.41	4756.58	4823.45	5683.51	5770.09	5981.98	5981.98	5981.98	10069.22
1.1	利润总额	22533.56			9.25	1837.31	2972.08	3325.46	3537.36	3617.36	3617.36	3617.36
1.2	折旧费	768.90										
1.3	摊销费				126.11	126.11	126.11	126.11	126.11	46.11	46.11	46.11
1.4	长期借款	13980.08	8004.91	5975.17	0.00							
1.5	流动资金借款	2302.70			1494.38	541.52	266.80					
1.6	其他短期借款	0.00										
1.7	自有资金	7121.43	3787.87	2525.24	808.32							
1.8	其他	0.00										
1.9	回收固定资产余值	976.21										976.21
1.10	回收流动资金	3111.02										3111.02
2	资金运用	47123.06	11792.78	8500.41	4756.58	4823.45	5683.51	4515.13	1167.33	1193.73	1193.73	3496.43
2.1	固定资产投资	19143.45	11486.07	7657.38								
2.2	建设期利息	1149.74	306.71	843.03								
2.3	流动资金	3111.02			2302.70	541.52	266.80					
2.4	所得税	7436.07			3.05	606.31	980.79	1097.40	1167.33	1193.73	1193.73	1193.73
2.5	应付利润	0.00										
2.6	长期借款本金偿还	13980.08			2450.82	3675.62	4435.92	3417.72				
2.7	流动资金借款本金偿还	2302.70										2302.70
2.8	短期借款本金偿还	0.00										
3	盈余资金	22218.91	0.00	0.00	0.00	0.00	0.00	1254.96	4814.66	4788.26	4788.26	6572.79
4	累计盈余资金	22218.91	0.00	0.00	0.00	0.00	0.00	1254.96	6069.61	10857.87	15646.13	22218.91

表6-39 长期借款偿还计划表

单位：万元

序号	项目	利率(%)	建设期		投产期		达到设计生产能力期	
			1	2	3	4	5	6
1	外汇借款（折成人民币）	9						
1.1	年初借款本息累计			5080.50	8924.75	6473.93	2798.31	
1.1.1	本金			4861.73	8102.88	6473.93	2798.31	
1.1.2	建设期利息			218.78	821.87			
1.2	本年借款		4861.73	3241.15				
1.3	本年应计利息		218.78	603.10	803.23	582.65	251.85	
1.4	本年偿还本金				2450.82	3675.62	2798.31	
1.5	本年支付利息				803.23	582.65	251.85	
2	人民币借款	6.20						
2.1	年初借款本息累计			2924.41	5055.33	5055.33	5055.33	3417.72
2.1.1	本金			2836.48	4727.47	5055.33	5055.33	3417.72
2.1.2	建设期利息			87.93	327.86			
2.2	本年借款		2836.48	1890.99				
2.3	本年应计利息		87.93	239.93	313.43	313.43	313.43	211.90
2.4	本年偿还本金						1637.61	3417.72
2.5	本年支付利息				313.43	313.43	313.43	211.90
3	偿还借款本金的资金来源							
3.1	利润				6.20	1230.99	1991.30	2228.06
3.2	折旧费							
3.3	摊销费				126.11	126.11	126.11	126.11
3.4	偿还本金来源合计(3.1+3.2+3.3)				2450.82	3675.62	4435.92	4672.68
3.4.1	偿还外汇本金				2450.82	3675.62	2798.31	0.00
3.4.2	偿还人民币本金					0.00	1637.61	3417.72
3.4.3	偿还本金后余额(3.4－3.4.1－3.4.2)							1254.96

表6-40 利息支付计算表

单位：万元

项目	合计	3	4	5	6	7	8	9	10
外汇长期借款利息支付（利率9%）									
人民币长期借款利息支付（利率6.2%）									
流动资金中的借款数额									
流动资金借款利息支付（利率5.94%）									
各种借款利息支付总和									

第七章　投资方案的国民经济评价

学习目标

1. 了解国民经济评价的基本概念及其意义。
2. 掌握国民经济评价和财务评价的区别。
3. 理解费用与效益分析的概念。
4. 了解项目的外部效果有哪几种类型。
5. 掌握各个经济效益分析指标的含义和计算方法。
6. 了解费用效果分析。
7. 学会运用影子价格。

章前引例

S26 沪常高速公路建设项目的科学投资决策

公路建设项目国民经济评价的主要任务是合理地使用有限的资金，使其发挥出最大的效益。国民经济评价是政府部门投资决策的主要依据，也是公路项目建议书和可行性研究报告的重要组成部分。

S26 沪常高速公路 G1501~G15 区段新建工程预可行性研究报告于 2008 年 10 月完成。随着虹桥综合交通枢纽的建成和西郊国际农产品交易中心的投入使用，G1501~G15 区段建成后，将有效分流 G2、G50 的交通流量，能更好地适应虹桥商务区建设发展。该工程全长 10.604 km，主体工程和配套工程投资共计 526051.85 万元，资本金按 35%投入，一次存入，分期到位；其余为国内贷款。

S26 沪常高速公路国民经济评价的主要参数有以下几个：

1. 项目评价期

项目评价期包括建设期和运营期，预计 S26 沪常高速公路项目建设期为 2a（2009~2010 年），运营期一般按 20a 计，故项目评价期为 2009~2030 年，共 22a。

评价基年为建设期第一年，即2009年。

2. 社会折现率

社会折现率反映社会资金的时间价值，体现了国家的经济发展目标和宏观调控意图，综合反映国家当前的投资收益水平、资金的供需情况及资金的机会成本，是国民经济评价的重要参数之一。根据《建设项目经济评价方法与参数》(第3版)规定，对于受益长的建设项目，如果远期效益较大，效益实现的风险较小，社会折现率一般应 ≥ 6%。本工程项目测定的社会折现率为8%。

3. 影子汇率

影子汇率即外汇的真实价值。在国民经济评价中，通过影子汇率换算系数进行计算。目前我国的影子汇率换算系数取值为1.08。

4. 贸易费用率

贸易费用率是贸易费用相对货物影子价格的综合比率。根据有关规定，本工程贸易费用率取6%。

5. 残值

取项目总投资的50%，在项目评价期末以负值计入费用。

本项目的国民经济评价结果如下表：

指标	经济内部收益率（%）	经济净现值（万元）	经济效益费用比	回收期（a）
评价结果	16.06	912321.66	2.86	13.64

通过国民经济评价结果汇总表，得出该项目经济内部收益率大于基准社会折现率的8%，经济效益显著；经济净现值为912321.66万元；经济效益费用比值为2.86，表明S26沪常高速公路工程方案可行。

资料来源：王蓓敏.S26沪常高速公路建设项目的国民经济评价[J].中国市政工程，2010(8).

第一节 国民经济评价概述

国民经济评价是按照资源合理配置的原则，从国家整体角度考察项目的效益和费用，用货物影子价格、影子汇率、影子工资和社会折现率等经济参数，分析计算项目对国民经济的净贡献，评价项目的经济合理性。

一、概念

国民经济评价是项目经济评价的重要组成部分,是按合理配置稀缺资源和社会经济可持续发展的原则,采用影子价格、影子工资、影子汇率、社会折现率等分析参数,从国民经济全局的角度出发,考察项目的经济合理性和在宏观经济上的可行性。其目的是把国家有限的各种资源(包括资金、外汇、劳动力、土地和自然资源等)投入到国家和社会最需要的项目中,并使这些可用于投资的社会有限资源能够合理配置和有效利用,以取得最大的投资效益。

二、意义

国民经济评价用全局的、长远的观点分析项目的盈利,有利于国家实现资源的合理配置,因此,国民经济效益评价对于重大工程项目的投资具有决定性的意义。概括地说,对投资项目进行国民经济评价有如下四个方面的意义。

1. 有利于国家有限资源的合理流动与优化配置

运用国民经济评价方法对投资项目进行评价能够对资源和投资的合理流动起导向作用。人口以及消费欲望不断增长,国家资源(包括资金、外汇、土地、劳动力及其自然资源)却是有限的甚至是稀缺的,仅从财务角度来评价项目得失已经无法正确反映资源的利用是否合理。国民经济评价中采用了影子价格和社会折现率。影子价格不仅能起市场信号反馈的作用,而且是在资源最优分配状态下的边际产出价值,因此能够对资源合理分配加以引导,达到宏观调控的目的。任何行业,都采用统一的社会折现率,这可以使投资最终流向投资效率高、资金回收比率大的行业或者生产部门,这肯定会促进资金的更高效利用,阻碍某类项目的建设与存在同时淘汰某些不适宜的产业,使社会整体效益提高。

2. 能够真实反映项目对国民经济净贡献的需要

在我国,不少商品的价格出现了"价格失真"的现象,即商品的价格既不能反映价值也不能反映供求关系。在这种条件下,按现行价格来计算项目的投入或产出,就不能确切地反映项目建设给国民经济带来的效益和费用。因此,通过国民经济评价,进行价格调整,运用能反映资源真实价值的影子价格来计算建设项目的费用和效益,以便得出该项目的建设是否有利于国民经济总目标的结论。

3. 国民经济评价是投资决策科学化的需要

这种科学性主要表现在以下三个方面:

(1) 有利于引导投资方向。运用经济净现值、经济内部收益率等指标及影子价格、影子汇率等参数，可以影响国民经济评价的最终结论，进而起到鼓励或抑制某些行业或项目发展的作用，促进国家资源的合理分配。

(2) 有利于抑制投资规模。当投资规模过激时，会引发通货膨胀，这时通过适当提高折现率，控制一些项目的通过，从而控制投资规模。

(3) 提供了公平的比较基准。由于国民经济评价不仅统一采用评价价格体系——影子价格，而且采用统一的评价参数——通用参数（影子汇率、影子工资、社会折现率），这样，就使不同地区、不同行业的投资项目，在经济评价中站在同一"起跑线"上，使其互相之间在效益上、费用上具有可比性。这种横向可比性对于宏观上选择最优投资方向是十分有益的。

4. 对公益性项目具有特殊重要意义

公益性项目主要指政府为社会、国家和公众利益而投资兴办的非赢利项目，包括交通运输、邮电、水利等生产性基础设施建设项目；教育、科学、卫生、体育、气象等社会性基础设施建设项目；城市交通、能源动力、城市管理等公共事业项目。这类项目一般以谋求社会效益为目的，由政府作为投资、兴办主体而由大众受益，并且这类工程一般具有规模大、投资多、受益面广、服务年限长、影响深远等特点。显然，对于公益性项目如果只做财务评价会导致错误的结论。因此要以国民经济评价作为评价的主要依据，把对国家和社会的效益放在首位。

三、国民经济评价与财务评价的比较

财务评价与国民经济评价是项目经济评价的两个层次，它们之间既有区别又有联系。财务评价与国民经济评价的共同之处在于：首先，它们都是经济评价，都是要寻求以最小的投入获得最大的产出。都采用现金流量分析的方法，通过编制基本报表计算净现值、内部收益率等指标。其次，评价的基础相同。两者都是在完成产品需求预测、厂址选择、工艺技术路线和技术方案论证、投资估算和资金筹措等基础上进行的。财务评价与国民经济评价的区别主要有：①评价角度不同；②项目费用、效益的含义和范围划分不同；③评价采用的价格不同；④主要参数不同。

1. 国民经济评价与财务评价的异同

(1) 国民经济评价与财务评价二者之间的共同之处。

1) 评价目的相同。国民经济评价和财务评价都是最大化效益，即要寻求以最小的投入获得最大的产出。

2) 评价的基本分析方法和主要指标的计算方法相同。国民经济评价和财务评

价都使用现金流量分析方法，通过编制基本报表计算净现值、内部收益率等指标。

3）评价的基础工作相同。国民经济评价和财务评价都是在完成了产品需求预测、厂址选择、工艺技术路线、工程技术方案、投资估算、资金筹措等可行性研究的基础上进行的，都使用基本的经济评价理论，即费用与效益比较的理论方法。

（2）国民经济评价和财务评价的区别。

1）评价的角度与目标不同。财务评价是从项目自身利益出发通过分析项目的盈利能力和贷款偿还能力等来确定投资项目的可行性。而国民经济评价是从国民经济的整体利益出发通过分析国民经济在这个项目上所花的代价和这个项目建成之后可能对国民经济产生的正效益，权衡两者以确定投资项目的经济合理性。在某种程度上，前者主要为企业的投资决策提供依据，后者则为政府的宏观投资决策提供依据。

2）费用、效益的划分不同。财务评价是根据项目直接发生的实际收入确定项目的效益和费用。国民经济评价则着眼于项目所耗费的全社会有用资源来考察项目的效益。

3）所用的价格体系不同。由于财务要确定投资项目在财务上的现实可行性，因而对投入物和产出物均采用财务价格。财务价格是以现行价格（市场交易价格）体系为基础的预测价格。而国民经济评价采用的是根据机会成本和供求关系确定的影子价格来代替不合理的国内市场价格。这种影子价格反映资源的价值和稀缺程度，使有限的资源得到最佳的分配，最终带来最大的经济增长。

4）采用的主要评价参数不同。财务评价采用的汇率一般选用当时的官方汇率和因行业而异的基准收益率即折现率。国民经济评价则采用国家统一测量和颁布的影子汇率和社会折现率。

（3）国民经济评价结论与财务评价结论的关系。

通常国民经济评价的结论与财务评价的结论是一致的，但基于财务评价和国民经济评价的区别，也有两种评价结论发生冲突的情况。当冲突产生时应用以下相应的原则进行抉择。

1）对于财务评价结论和国民经济评价结论均是可行的建设项目，可予以通过；反之，应予否定。

2）对于国民经济评价结论是不可行的项目，一般予以否定。

3）对于关系公共利益、国家安全和市场有效配置资源的经济和社会发展的项目，如果国民经济评价结论是可行的，但财务评价结论是不可行的，应重新考虑方案，必要时可提出经济优惠措施的建议，使项目具有财务生存能力。

2. 国民经济评价的内容及步骤

（1）国民经济评价的内容。在市场经济充分发达的条件下，依赖市场调节的行业项目，政府不必参与具体的项目决策，而由投资者通过财务评价自行决策。项目的生存与发展，完全由市场竞争机制所决定，因此这类项目不必进行国民经济评价。但是在现行的经济体制下，有些行业不能由市场力量自行调节，需要由政府行政干预，这类行业的建设项目需要进行国民经济评价。

需要进行国民经济评价的项目主要有：国家及地方政府参与投资的项目；国家给予财政补贴或者减免税费的项目；主要的基础设施项目，包括铁路、公路、航道整治疏浚等交通基础设施建设项目；较大的水利水电项目；国家控制的战略性资源开发项目；动用社会资源和自然资源较多的大型外商投资项目；主要产出物和投入物的市场价格严重扭曲，不能反映其真实价值的项目等。

国民经济评价的主要工作包括：识别国民经济的费用和效益、测算和选取影子价格、编制国民经济报表、计算国民经济评价指标、计算全部投资的经济内部收益率和经济净现值等指标并进行方案比较选择；对于使用国外贷款的项目，还应编制国民经济收益费用表（国内投资），并据此计算国内投资的经济内部收益率和经济净现值等指标。

（2）国民经济评价的步骤。对于一般工程项目，国民经济评价是在财务评价的基础上进行的，其主要步骤如下：

1）效益和费用范围的调整。主要是剔除已计入财务效益和财务费用中的国民经济内部转移支付，并识别项目的间接效益和间接费用，尽量对其进行定量计算，不能定量计算的，则应作定性说明。

2）效益和费用数值的调整。主要是对固定资产投资、流动资金、经营费用、销售收入和外汇借款等各项数据进行调整。

3）分析项目的国民经济盈利能力。编制国民经济效益和费用流量表（全部投资），并据此计算全部投资的经济内部收益率和经济净现值等指标；对于使用国外贷款的项目，还应编制国民经济收益费用表（国内投资），并据此计算国内投资的经济内部收益率和经济净现值等指标。

4）分析项目的外汇效果。对于产出物出口或替代进口的工程项目，应编制经济外汇流量表和国内资源流量表，并据此计算经济外汇净现值、经济换汇成本或经济节汇成本等指标。

某些工程项目，例如，社会公益项目，也可以直接进行国民经济评价。其主要步骤如下：

a. 识别和估算项目的直接效益。对于为国民经济提供产出物的项目，应先根据产出物的性质确定是否为外贸货物，再确定产出物的影子价格，最后按产出物的种类、数量及其逐年增减情况和产出物的影子价格估算项目的直接效益；对于为国民经济提供服务的项目，则应按提供服务的数量和用户的受益程度来估算项目的直接效益。

b. 用货物的影子价格、土地的影子费用、影子工资、影子汇率和社会折现率等参数直接估算项目的投资。

c. 估算流动资金。

d. 依据生产经营的实际耗费，采用货物的影子价格以及影子工资、影子汇率等参数来估算经营费用。

e. 识别项目的间接效益和间接费用，尽量对其进行定量计算，不能定量计算的，则应作定性说明。

f. 编制有关报表，计算相应的评价指标。

第二节　国民经济评价的费用与效益分析

费用效益分析法是指从国家宏观利益出发，通过识别项目的经济效益和经济费用，求得项目的经济净收益，判断项目经济可行性的过程。费用效益分析的关键：①准确划分项目造成的经济效益和经济费用。②确定影子价格等国民经济评价的重要参数。

一、概念

所谓费用效益分析，就是按合理配置稀缺资源和社会经济可持续发展的原则，采用影子价格、社会折现率等费用效益分析参数，从国民经济全局的角度出发，考察工程项目的经济合理性。

一个正常运作的市场是将稀缺资源在不同用途和不同时间上合理配置的有效机制。然而，市场的正常运作，需要具备以下若干条件：资源的产权清晰、完全竞争、公共物品不多、短期行为不存在等。如果不具备这些条件，市场就不能有效地配置资源，即市场失灵。由于市场失灵的存在，使得财务评价的结果往往不能真实反映工程项目的得失，因此必须通过费用效果分析来修正财务评价结果的失真。

费用效益分析主要包括识别国民经济费用与效益、计算和选取影子价格、编制费用效益分析报表，计算费用效益分析指标并对备选方案进行抉择。

二、适用项目类型

对于诸如交通、水利等基础设施建设项目或教育、科学、卫生等公益项目，财务评价不能全面、真实地反映项目的经济价值，应对这些项目进行费用与效益分析以评价其经济上的可行性。

对于财务价格扭曲，不能真实反映项目产出的经济价值，财务成本不能包含项目对资源的全部消耗，财务效益不能包含项目产出的全部经济效果的项目，需要进行经济费用效益分析。应做经济费用效益分析的常见项目类型有：

（1）具有垄断性特征的项目，如城市供水管网项目、天然气供应项目。

（2）产出具有公共产品特征的项目，如城市道路项目、城市照明路灯项目。

（3）外部效果显著的项目，如长江上游退耕还林项目、城市污水处理厂项目、城市地铁项目。

（4）资源开发项目，如历史文化遗产保护项目、旅游资源开发项目。

（5）涉及国家经济安全的项目，如网络安全项目。

（6）受过度行政干预的项目，如国防工程项目、市政设施、高速公路项目。

三、费用与效益的识别

费用效益分析法是发达国家广泛采用的用于对工程项目进行国民经济评价的方法，也是联合国向发展中国家推荐的评价方法。所谓费用效益分析是指从国家和社会的宏观利益出发，通过对工程项目的经济费用和经济效益进行系统、全面地识别和分析，求得项目的经济净收益，并以此来评价工程项目可行性的一种方法。

费用效益分析的核心是通过比较各种备选方案的全部预期效益和全部预计费用的现值来评价这些备选方案，并以此作为决策的参考依据。项目的效益是对项目的正贡献，而费用则是对项目的反贡献，或者说是对项目的损失。但必须指出的是，工程项目的效益和费用是两个相对的概念，都是针对特定的目标而言的。例如，由于某生产化纤原料的大型工程项目投产，使得该化纤原料的价格下降，从而导致同行业利润的下降，对该行业来说，这是费用；但服装生产商的成本下降，对服装生产行业来说，则是效益。因此，无论是什么样的项目，在分析、评价的过程中，都有一个费用效益识别的问题。

在项目的国民经济评价中，费用和效益的划分与财务评价相比已有了质的变化，通常识别起来是比较困难的。比如，烟草工业，一方面给政府提供了巨额税收，增加了大量的就业岗位，有时甚至成为一个地区的支柱产业；另一方面，烟草对消费者的健康构成了很大的损害，极大地增加了国家和消费者个人的医疗负担。显然，对国民经济整体而言，烟草工业究竟是费用还是效益仅仅从项目的财务收支上进行判断是无法找到答案的。正确地识别费用与效益，是保证国民经济评价正确的前提。

费用与效益的识别原则为：

1. "有无对比"原则

项目经济效益分析应建立在增量效益、增量费用识别和计算的基础之上，不应考虑沉没成本和已经实现的效益。应按照"有无对比"增量分析的原则，通过项目的实施效果与无项目情况下可能发生的情况进行对比分析，作为计算机会成本或增量效益的依据。

2. 关联效果原则

费用效益分析从国民经济的整体利益出发，其系统分析的边界是整个国民经济，对项目所涉及的成员及群体的费用和效益做全面分析，不仅要识别项目自身的内部效果，而且需要识别项目对国民经济其他部门和单位产生的外部效果。

3. 资源变动原则

在计算财务收益和费用时，依据的是货币的变动。流入项目的货币就是直接效益，流出项目的货币就是直接费用。费用效益分析以实现资源最优配置从而保证国民经济最大收入为目标，依据的是社会资源真实的变动量，凡是减少社会资源的项目投入都产生经济费用，凡是增加社会资源的项目产出都产生经济效益。另外，需要剔除转移支付的部分，因为这种行为本身并没有导致新增资源的产生，如税赋、补贴、借款和利息等。

四、经济效益和经济费用的计算原则

项目投资所引发的经济费用或效益的计算，应该在分析利益相关者的基础上，研究处于特定的社会经济背景下相关利益主体获得的收益及付出的代价，从而计算项目相关的费用和效益，计算原则有以下几点：

1. 支付意愿原则

具有正面效果的项目产出物的效果计算遵循支付意愿原则，它表示社会成员为项目所产出的效益愿意支付多少。

2. 受偿意愿原则

具有负面效果的项目产出物的效果计算遵循接受补偿意愿原则,它表示社会成员为接受这种不利影响能得到多少补偿。

3. 机会成本原则

计算项目投入的经济费用应遵循机会成本原则,该原则分析了项目所占用的所有资源的机会成本。

4. 实际价值计算原则

采用反映资源真实价值的实际价格对项目所有费用和效益进行计算,不考虑通货膨胀因素的影响,但应考虑相对价格变动。

五、国民经济评价参数

国民经济评价参数是国民经济评价的基础。正确理解和使用评价参数,对正确计算费用效益和评价指标,以及比选优化方案具有重要作用。国民经济评价参数体系有两类,一类是通用参数,如影子汇率、影子工资换算系数和社会折现率等;另一类是货物影子价格等。

1. 影子汇率

影子汇率是指单位外汇的经济价值。实际上,影子汇率也就是外汇的机会成本,即项目投入或产出所导致的外汇的减少或增加给国民经济带来的损失或收益。

在国民经济评价中,影子汇率通过影子汇率换算系数计算,影子汇率换算系数是影子汇率与国家外汇牌价的比值。工程项目投入物和产出物涉及进出口的,应采用影子汇率换算系数计算影子汇率。目前,我国的影子汇率换算系数取值为 1.08。

2. 影子工资换算体系

影子工资是建设项目使用劳动力资源而使社会付出的代价。影子工资由劳动力的边际产出和劳动就业或者转移而引起的社会资源消耗两部分组成。

影子工资一般通过影子工资换算体系计算。影子工资换算系数是影子工资与项目财务评价中劳动力的工资和福利费的比值。我国目前技术性工种劳动力的影子工资换算系数取 1,非技术性工种劳动力的影子工资换算系数取 0.8。

3. 社会折现率

社会折现率是社会对资金时间价值的估值,代表社会资金被占用应获得的最低收益率,并用作不同年份价值换算的折现率。对以优化资源配置为目的的国民经济分析来说,社会折现率是从整个国民经济角度对资金的边际投资内部收益率的估值,是项目可行性和方案比选的主要判据。

根据我国国民经济运行的实际情况,结合投资收益水平、资金供求状况、资金机会成本以及国家宏观调控等因素进行综合分析,目前社会折现率取值为10%。

六、费用效益分析指标

项目经济费用效益分析采用社会折现率对未来经济效益和经济费用流量进行折现。项目的所有效益和费用一般均应在共同的时点基础上予以折现。通常,费用效益分析以盈利能力评价为主,评价指标包括经济净现值、经济内部收益率和效益费用比。

1. 经济净现值(ENPV)

经济净现值是指项目按照社会折现率将计算期内各年的经济净效益流量折现到建设期初的现值之和,是经济费用效益分析的主要评价指标。其计算公式为:

$$\text{ENPV} = \sum_{t=0}^{n}(B-C)_t(1+i_s)^{-t} \qquad (7-1)$$

式中:B 表示经济效益流量;

C 表示经济费用流量;

$(B-C)_t$ 表示第 t 年的经济净效益流量;

n 表示计算期;

i_s 表示社会折现率。

判别准则:在经济费用效益分析中,如果经济净现值等于或大于零,说明国家拟建项目付出代价后,可以得到符合社会折现率的社会盈余,或者除了得到符合社会折现率的社会盈余外,还可以得到以现值计算的超额社会盈余,这时就认为项目是可以接受的。

2. 经济内部收益率(EIRR)

经济内部收益率是反映项目对国民经济净贡献的相对指标,表明项目占用资金所获得的动态收益率。它是项目在计算期内各年经济净效益流量的现值累计等于零时的折现率。表达式为:

$$\sum_{t=0}^{n}(B-C)_t(1+\text{EIRR})^{-t} = 0 \qquad (7-2)$$

式中:B 表示经济效益流量;

C 表示经济费用流量；

$(B-C)_t$ 表示第 t 年的经济净效益流量；

n 表示计算期。

判断准则：经济内部收益率等于或大于社会折现率，表明项目对国民经济的净贡献达到或超过了要求的水平，这时应认为项目是可以接受的。

3. 效益费用比

效益费用比是项目在计算期内效益流量的现值与费用流量的现值的比率，是经济费用效益分析的辅助评价指标，其计算公式为：

$$R_{BC} = \frac{\sum_{t=1}^{n} B_t (1+i_s)^{-t}}{\sum_{t=1}^{n} C_t (1+i_s)^{-t}} \tag{7-3}$$

式中：R_{BC} 表示效益费用比；

B_t 表示第 t 期的经济效益；

C_t 表示第 t 期的经济费用。

如果效益费用比大于 1，表明项目资源配置的经济效率达到了可以被接受的水平。

第三节 费用效果分析

费用效果分析是分析项目的结果起到的作用、效用和效能，是分析项目目标实现的程度，是衡量项目实现程度的量。

一、工程项目的效果概述

效益与费用是指工程项目对国民经济所做的贡献与反贡献。我们往往将项目对国民经济产生的影响称为效果。这种效果又可以分为直接效果和外部效果。

1. 直接效果

直接效果是工程项目直接效益和直接费用的统称。

（1）直接费用。工程项目的直接费用是项目投入物的直接经济价值，是国家为项目的建设和生产经营而投入的各种资源（固定资产投资、流动资金以及经常性投入等）用影子价格计算出来的经济价值。工程项目直接费用的确定可分为两种情况。

1）在项目所需投入物来自国内供应总量增加（即依靠增加国内生产来满足该项目的需求）的情况下，项目的费用即为增加国内生产所耗用的资源价值。

2）在国内市场总供应量不变的情况下，应分三种情况予以考虑：当项目的投入物依靠从国际市场进口来满足需求时，项目的费用即为进口投入物所花费的外汇；当项目的投入物为本可出口的资源（即依靠减少出口来满足该项目的需求）时，项目的费用即为因减少出口量而减少的外汇收入；当项目的投入物为本应用于其他项目的资源（即依靠减少对其他项目的投入来满足该项目的需求）时，项目的费用即为其他项目因减少投入量而减少的效益，也就是其他项目对该投入物的支付意愿。

（2）直接效益。工程项目的直接效益是项目产出物的直接经济价值，是项目自身直接增加销售量和劳动量所获得的效益。

工程项目直接效益的确定可分为两种情况：

1）在项目的产出物用于增加国内市场供应量的情况下，项目的效益即为其所满足的国内需求，可由消费者的支付意愿来确定。

2）在国内市场总供应量不变的情况下，则应考虑三种情况：当项目产出物增加了出口量时，项目的效益即为其出口所获得的外汇；当项目产出物可替代进口时，为国家减少了总进口量，项目的效益即为其替代进口所节约的外汇；当项目产出物顶替了原有项目的生产，致使原有项目减停产时，项目的效益即为由原有项目减停产而向社会释放出来的资源，其价值也就等于这些资源的支付意愿。

2. 外部效果

外部效果是工程项目间接效益和间接费用的统称，是由于项目实施所导致的在项目之外未计入项目效益与费用的效果。计算外部效果时，必须同时满足两个条件：相关性条件和不计价条件。所谓相关性条件，是指工程项目的经济活动会影响到与本项目没有直接关系的其他生产者和消费者的生产水平或消费质量。所谓不计价条件，是指这种效果不计价或无须补偿。

（1）间接费用与间接效益。间接费用又称外部费用，是指国民经济为项目付出了代价，而项目自身却不必实际支付的那部分费用。比如，一耗能巨大的工业项目投产，有可能导致当地其他项目用电紧张，其他项目因此而减少的效益即为该项目的间接费用。显然，在对工程项目进行国民经济评价时，必须计算外部效果。

间接效益又称外部效益,是指项目对国民经济做出了贡献,而项目自身并未得益的那部分效益。比如,果农栽种果树,客观上使养蜂者得益,这部分效益即为果农生产的间接效益。

(2) 外部效果的内容。项目的费用和效益不仅体现在它的直接投入物和产出物中,还会在国民经济相邻部门及社会中反映出来,这就是外部效果,又称项目的间接费用和间接效益。

外部费用指国民经济为项目付出了代价,而项目本身并不实际支付的费用。例如,工业项目产出的废水、废气和废渣引起的环境污染及对生态平衡的破坏,项目并不支付任何费用,但是国民经济却付出了代价。

外部效益是指项目对社会做出了贡献,而项目本身并未获得的那部分利益。例如,在建设一个钢铁厂的同时,又修建了一套厂外运输系统,它除了为钢铁厂服务外,还使当地的工业生产和人民生活得益,这部分效益即为钢铁厂的外部效益。

外部费用和外部效益通常较难计算,为了减少计量上的困难,应力求明确项目的"外部"。根据具体项目情况,合理确定项目扩展的边界。有条件时将具有相互关联的项目绑在一起形成"项目群"再进行具体分析,内部化外部效果的处理。对于无法量化的外部效果,应进行定性分析。

经过上述处理后,可能还有一些外部效果需要单独考虑和计算。这些外部效果主要包括以下几个方面:

1) 环境影响。工程项目对自然环境和生态环境造成的污染和破坏,比如,工业企业排放的"三废"对环境产生的污染,是项目的间接费用。这种间接费用要定量计算比较困难,一般可按同类企业所造成的损失或者按恢复环境质量所需的费用来近似估算,若难以定量计算则应作定性说明。此外,某些工程项目,比如,环境治理项目,会对环境产生好的影响,则应计算项目的外部效果。

2) 价格影响。若项目的产出物大量出口,导致国内同类产品的出口价格下跌,则由此造成的外汇收益的减少,应计为该项目的间接费用。若项目的产出物只是增加了国内市场的供应量,导致产品的市场价格下跌,可使产品的消费者获得降价的好处,但这种好处只是将原生产商减少的收益转移给了产品的消费者而已,对于整个国民经济而言,效益并未改变,因此消费者得到的收益并不能计为该项目的间接收益。

3) 相邻效果。相邻效果是指由于项目的实施而给上游企业(为该项目提供原材料和半成品的企业)和下游企业(使用该项目的产出物作为原材料和半成品的企业)带来的辐射效果。项目的实施会使上游企业得到发展,增加新的生产能力或使其原有生产能力得到更充分的利用,也会使下游企业的生产成本下降或使其闲置的生产能力得到充分的利用。实践经验证明,对相邻效果不应估计过大,因为大多数情况下,项目对上游、下游企业的相邻效果可以在项目投入物和产出物的影子价格中得到体现。只有在某些特殊情况下,间接影响难以在影子价格中反映时,才需要作为项目的外部效果计算。

4) 技术性扩散效果。它是指由于某个项目率先采用了先进技术而带动了整个行业,甚至是全社会的技术推广。例如,在建设一个钢铁厂的同时,又修建了一套厂外运输系统,它除了为钢铁厂服务之外,还使得当地的工业生产和人民生活得益,产生了技术外溢效益;工业项目产生的废水、废气和废渣引起的环境污染及对生态平衡的破坏,项目并不支出任何费用,而国民经济付出了代价,产生技术外溢费用。

5) 乘数效果。乘数效果是指由于项目的实施而使与该项目相关的产业部门的闲置资源得到有效利用,进而产生一系列的连锁反应,带动某一行业、地区或全国的经济发展所带来的外部净效益。比如,当国内钢材生产能力过剩时,国家投资修建铁路干线,需要大量钢材,就会使原来闲置的生产能力得到启用,使钢铁厂的成本下降,效益提高。同时,由于钢铁厂的生产扩大,连带使得炼铁、炼焦以及采矿等部门原来剩余的生产能力得以利用,效益增加,由此产生一系列的连锁反应。在进行扶贫工作时,就可以优先选择乘数效果大的项目。一般情况下,乘数效果不能连续扩展计算,只需计算一次相关效果即可。

(3) 转移支付——剔除的费用效益。在工程项目费用与效益的识别过程中,经常会遇到国内借款利息、税金、折旧以及财政补贴等问题的处理。这些都是财务评价中的实际收支,但从国民经济整体的角度来看,这些收支并不影响社会最终产品的增减,都未造成资源的实际耗用和增加,而仅仅是资源的使用权在不同的社会实体之间的一种转移。这种并不伴随着资源增减的纯粹货币性质的转移,即为转移支付。因此,在国民经济评价中,转移支付不能计为项目的费用或效益。常见的转移支付有税金、补贴、折旧和利息。

1) 税金。税金是一种财务支出。包括增值税、产品税、资源税和关税等。税金从待建项目来说是支出,但从国家财政角度来说是收入。对于国民经济评价来说,它仅仅表示项目对国民经济的贡献有一部分转移到政府手中,由政府再分配。税收并未减少国民收入,也未发生社会资源的变动。因此,所有财政性的税金,既不是经济费用也不是经济收益。

2) 补贴。补贴是一种货币流动方向与税金相反的转移支付,包括出口补贴和价格补贴等。补贴虽然增加了拟建项目的财务收益，但从社会资源的角度看，补贴也既没增加社会资源又没减少社会资源，而是国家从国民收入中批出一部分资金转给了企业。补贴也不是国民经济评价中的费用与效益。

3) 折旧。折旧是指一定时期内为弥补固定资产损耗按照规定的固定资产折旧率提取的资产折旧费，它反映了固定资产在当期生产中的转移价值。在经济效益分析时已把以固定资产投资所消耗的资源作为项目的投资成本，所以这部分固定资产在会计上提取的折旧，就不能算作社会成本。

4) 利息。利息是利润的转化形式，是企业与银行之间的一种资金转移，并不牵涉资源的增减变化，因此利息也不能作为国民经济分析中的费用与效益。

二、含义

国民经济评价中费用效果分析是指费用采取货币计量，效果采取非货币计量的经济效果分析方法。费用效果分析中的费用系指为实现项目预定目标所付出的财务代价或经济代价，采用货币计量；效果系指项目的结果所起到的作用、效应和效能，是项目目标的实现程度。按照项目要实现的目标，一个项目可以选用一个或几个效果指标。

对工程项目的费用效果分析主要集中在两个方面：

(1) 制定实现项目目标的途径和方案。正常情况下，在充分论证项目必要性后，项目进入方案比选阶段，这个阶段要本着以尽可能少的费用获得尽可能大的效果原则，通过多方案比选，提供优选方案或进行方案优先次序排队。

(2) 评价项目主体效益难以货币化的项目。在工程项目中，防灾减灾、环境保护、国家安全、科技、教育、文化、卫生、体育等一类项目属于公益性项目，公益性项目的建设目的在于向社会公众提供服务，使社会大众受益，而不是以项目自身的盈利为主要目标，其主体效益往往难以货币化，应采用费用效果分析的结论作为项目投资决策的依据之一。

三、费用效益分析与费用效果分析的比较

费用效果分析是分析项目的结果起到的作用、效用和效能，是分析项目目标实现的程度。费用效益分析，是对经济活动方案的得失、优劣进行评价、比较以供合理决策的一种经济数量分析方法。这种方法较多地用于工程建设的项目评价中。费用效益分析还被当做一种特殊形式的经济系统分析。

1. 费用效益分析单位统一，认可度高，结果易于被人们接受

在市场经济中，货币作为一般等价物，价格作为市场认可的公平权重，在不同产出效果的叠加计算中，起着重要的参照物作用。因而用货币衡量效果和费用的费用效益分析具有简洁明了、结果透明、易于被人们接受的优点。当项目效果或其中主要部分已经货币化时，站在社会公众立场上所做的经济评价分析必须采用费用效益分析方法。

2. 费用效果分析回避了效果定价的难题，最适于效果难以货币化的领域

在项目费用经济效益分析中，当涉及发达程度不同的地区、不同收入阶层的代内公平和当代人福利和未来人福利的代际公平、环境的价值、生态的价值、生命和健康的价值等问题，往往很难定价，而不同的测算方法差别可能很大。勉强定价，往往引起争议，降低评价的可信度。另外，在可行性研究的不同技术经济环节，如厂址选择、工艺选择、设备选型、总图设计、环境保护、安全措施等，无论进行财务分析，还是进行费用效益分析，都很难与项目最终的效益直接挂钩测算。这些情况都适合用费用效果分析法测算。

尽管费用效益分析和费用效果分析各有使用区域，但两者评价的基本原则是相同的，即最大限度地节约稀缺资源，最大程度地提高经济效果。

四、适用范围

当工程项目的效果难于或不能货币化，或货币化的效果不是工程项目目标的主体时，在经济评价中应采用费用效果分析法，通过比较项目预期的结果与所支付的费用，判断项目的费用有效性或经济合理性。

费用效果分析只能比较不同方案的优劣，不能像费用效益分析那样保证所选方案的效果大于费用，因此应遵循多方案比选的原则。在进行费用效果分析时，项目的备选方案应满足下列条件：

（1）备选方案不少于两个，且为互斥方案或可转化为互斥的方案。

（2）备选方案应具有共同的目标，且满足最低效果的要求。

（3）备选方案的费用应能货币化，并采用同一计量单位，且资金用量未突破资金限额。

（4）备选方案应具有可比的生命周期。

（5）备选方案的效果应采用同一非货币单位计量。

五、基本步骤

费用效果分析方法一般应包括以下几个步骤:
(1) 确定欲达到的目标。
(2) 对达到上述目标的具体要求作出说明和规定。
(3) 制定各种可行方案。
(4) 建立各方案达到规定要求的量度指标,这类指标典型的有:功能、效率、可靠性、安全性、可维护性、可供应性等。
(5) 确定各方案达到上述量度指标的水平。
(6) 选择固定效果法、固定费用法或费用效果比较法来选择最佳方案。

在费用效益分析中较为困难的问题是某些项目的效益不能简单地用货币来衡量。例如,文化、教育、医疗、保健、通讯、国防、公安、消防、住宅,以及绿化等建设项目的效果,常有涉及噪声危害、空气污染、防止犯罪、提高人们素质、改善环境、消除疾病、延长寿命以及军事能力增强、就业机会增多,等等,这些效果称为无形效果。假如,某公益项目的无形效果可用单一指标来衡量,就可采用费用效果分析法,计算指标一般可用效果费用比($R_{E/C}$)表示,即:

$$R_{E/C} = \frac{E}{C} = \frac{项目效果}{项目用现值或年值表示的计算期费用} = 效果/费用 \qquad (7-4)$$

这就是费用效果分析的基本指标。其判定准则是:投入费用一定效果最大,或者效果一定费用最小的方案最佳。

六、基本方法

费用效果分析可采用下列基本方法:
(1) 最小费用法,也称固定效果法,在效果相同的条件下,应选择费用最小的备选方案。
(2) 最大效果法,也称固定费用法,在费用相同的条件下,应选择效果最大的备选方案。
(3) 增量分析法,当效果与费用均不固定,且分别具有较大幅度的差别时,应比较两个备选方案之间的费用差额和效果差额,分析获得增量效果所付出的增量费用是否值得,不可盲目选择效果费用比大的方案或费用效果比小的方案。采用费用效果增量分析时应先确定基准指标(截止指标)。如果增加的效果能够抵补增加的费用,选择费用高的方案;否则,选择费用低的方案。

如果项目有两个以上的备选方案进行增量分析，宜按下列步骤优选：
(1) 将方案费用由小到大排序。
(2) 从费用最小的两个方案开始比较，通过增量分析选择优势方案。
(3) 将优势方案与紧邻的下一个方案进行增量分析，并选出新的优势方案。
(4) 重复第三步，直到最后一个方案。最终被选定的优势方案为最优方案。

第四节 影子价格

影子价格是指在其他条件不变的情况下，单位资源变化所引起的目标函数的最优值的变化。这个定义是基于线性规划中的合理利用有限资源以求得最好的经济效果的规划问题而提出的。影子价格正是这种假设条件中单位资源对目标极值的贡献，是资源的单位价格，反映资源在企业内部运用的贡献情况。

一、概念

影子价格的概念是 20 世纪 30 年代末至 40 年代初由荷兰数理经济学、计量经济学创始人之一的詹恩·丁伯根和苏联数学家、经济学家、诺贝尔经济学奖获得者康托罗维奇分别提出来的。

影子价格是指某种资源得到最优利用时的边际产出的价值，即当资源获得最优利用时，每增加一单位该资源所带来的收益的增加。影子价格反映了社会经济处于某种最优状态下的资源稀缺程度和对最终产品的需求情况，因此，它是人为确定的，比交换价格更为合理的一种价格。这个"合理"的标志是能更好地反映产品的价值，反映市场供求状况，反映资源稀缺程度；从价格产出的效果来看，"合理"的标志是使资源配置向优化的方向发展。

国民经济评价是通过项目的国民经济效益来评价项目对国民经济的净贡献。正确衡量项目国民经济评价的重要前提是合理确定影子价格。经济费用效益分析使用的价格是基于国家而言的机会成本，由于政府或私人部门所造成的市场扭曲的存在，因而投入物和产出物的经济价值往往与其财务价值不同，例如，关税、出口税、营业税和消费税等。这就造成了项目的国民经济评价与企业财务评价的不一致。因此，在进行国民经济评价时，就要通过影子价格来消除财务评价对国民经济评价的影响，消除市场扭曲的因素。只有合理确定影子价格，才能保证项目国民经济效益的真实性，使国民经济评价的结论能正确指导投资决策，保证资源的合理配置。

二、影子价格的确定

一个项目的投入与产出，一定会对国民经济产生各种影响。从投入物的消耗来看，可能会减少国民经济其他部门对该投入物的消费、增加国民经济内部该投入物的产量、增加进口或减少出口。从产出物的产量来看，可能会增加国民经济对这个产出物的总消费、减少国民经济其他企业的生产、减少进口或增加出口。如果主要影响国家的进出口水平，应划为外贸货物；如果主要影响国内供求关系，应划为非外贸货物。

1. 外贸货物影子价格的确定

外贸货物是指项目使用或生产某种产品将会直接或间接影响国家对这种产品的进口或者出口。外贸货物包括：项目产出物中直接出口（增加出口）、间接出口（替代其他企业产品使其增加出口）和替代进口（以产顶进，减少进口）的货物；项目投入物中直接出口（增加进口）、间接进口（挤占其他企业的投入物使其增加进口）和减少出口（占用原本可以出口的国内产品）的货物。

外贸货物的影子价格的确定一般以口岸价格为基础，按照项目各项产出和投入对国民经济的影响，根据口岸、项目所在地、投入物的国内产地、项目产出物的主要市场所在地以及交通运输条件的差异，对流通领域的费用支出进行调整而分别制定的。其具体的定价方法可分为以下几种情况（对于项目产出物确定的是出厂影子价格；而对于项目投入物，确定的是到厂影子价格）。

(1) 项目产出物影子价格的确定。

1) 直接出口。项目产出物直接出口，其影子价格等于离岸价格减去国内运输费用和贸易费用，用计算公式表示为：

$$SP = FOB \times SER - (T_1 + TR_1) \qquad (7-5)$$

式中：SP 表示产品的影子价格，按出厂价格计算；

　　　FOB 表示以外汇计价的离岸价格（离岸价格是指出口货物的离境交货价格）；

　　　SER 表示影子汇率；

　　　T_1、TR_1 分别表示出口产品出厂到口岸的运输费用和贸易费用。

2) 间接出口。间接出口产品影子价格的计算公式为：

$$SP = FOB \times SER - (T_2 + TR_2) + (T_3 + TR_3) - (T_4 + TR_4) \qquad (7-6)$$

式中：SP 表示间接出口产品的影子价格，按出厂价格计价；
FOB 表示同类产品出口离岸价，以外汇计价；
$T_2 + TR_2$ 表示原供应厂到口岸的运输费用和贸易费用；
$T_3 + TR_3$ 表示原供应厂到用户的运输费用和贸易费用；
$T_4 + TR_4$ 表示项目地点到用户的运输费用和贸易费用。

当原供应厂和用户难以确定时，可以简化为按直接出口计算。此时，需要假定一个产品出口的离岸口岸，估算出离岸价和项目所在地到口岸的运费与贸易费用，然后计算出产品的出厂价影子价格。

3) 替代进口。替代进口产品的影子价格等于到岸价格减去拟建项目到用户的运输费用及贸易费用，再加上口岸到原用户的运输费用和贸易费用，用计算公式表示为：

$$SP = CIF \times SER - (T_4 + TR_4) + (T_5 + TR_5) \tag{7-7}$$

式中：SP 表示替代进口产品的影子价格，按出厂价格计价；
CIF 表示被替代进口货物的到岸价，以外汇计价；
SER 表示影子汇率；
$T_4 + TR_4$ 表示项目产品出厂到用户的运费以及贸易费用。
$T_5 + TR_5$ 表示被替代进口货物从口岸到用户的运费以及贸易费用；

当具体用户难以确定时，可按到岸价格计算。

(2) 项目投入物影子价格的确定。

1) 直接进口。项目投入物直接进口，其影子价格等于到岸价格加国内运输费用和贸易费用，用计算公式表示为：

$$SP = CIF \times SER + T_1 + TR_1 \tag{7-8}$$

式中：SP 表示直接进口投入物的影子价格；
CIF 表示直接进口投入物的进口到岸价格，以外汇计价；
SER 表示影子汇率；
$T_1 + TR_1$ 表示直接进口投入物从我国口岸到项目地点的运费以及贸易费用。

2) 间接进口。间接进口产品的影子价格，用计算公式表示为：

$$SP = CIF \times SER + (T_5 + TR_5) - (T_3 + TR_3) + (T_6 + TR_6) \tag{7-9}$$

式中：SP 表示间接进口投入物的影子价格；
CIF 表示间接进口投入物的进口到岸价格；
SER 表示影子汇率；

T_5+TR_5 表示间接进口投入物从口岸到原用户的运费以及贸易费用；

T_3+TR_3 表示国内生产供应厂到原用户的运输费用和贸易费用；

T_6+TR_6 表示国内生产供应厂到项目地点的运输费用和贸易费用。

当原供应厂和用户难以确定时，可按直接进口考虑。

3）减少出口。减少出口的影子价格等于离岸价格减去原供应厂到口岸的运输费用和贸易费用，再加上供应厂到项目地点的运输费用和贸易费用，用计算公式表示为：

$$SP = FOB \times SER - (T_2 + TR_2) + (T_6 + TR_6) \tag{7-10}$$

式中：SP 表示减少出口的影子价格；

FOB 表示同类产品出口离岸价，以外汇计价；

SER 表示影子汇率；

T_2+TR_2 表示原供应厂到口岸的运输费用和贸易费用；

T_6+TR_6 表示国内生产供应厂到项目地点的运输费用和贸易费用。

当原供应厂难以确定时，可只按离岸价格计算。

2. 非外贸货物的影子价格

非外贸货物是指生产和使用对国家进出口不产生影响的货物。除了包括所谓的天然非外贸货物如国内建筑、国内运输、商业及其他基础设施的产品和服务以外，还有由于地理位置所限而使国内运费过高不能进行外贸的货物以及受国内外贸易政策和其他条件限制而不能进行外贸的货物等所谓的非天然非外贸货物。非外贸货物影子价格的确定原则和方法如下：

（1）产出物。

1）项目的产品增加国内的供应量，增加新的消费量。若国内市场供求均衡，应采用市场价格定价；若国内市场供不应求，参照国内市场价格并考虑价格变化的趋势定价，但不应高于相同质量的同类产品的进口价格；无法判断供求情况的，取上述价格中的较低者。

2）不增加国内市场供应量，只是替代其他相同或类似生产企业的产出物，导致其减产或停产的。在这种情况下，若质量与被替代产品相同，应按被替代产品的可变成本分解定价；若产品质量有所提高的，原则上应按被替代产品的可变成本加上因产品质量提高而带来的国民经济效益定价。其中，提高产品质量带来的效益可以近似地按国际市场价格与被替代产品的价格之差确定。非外贸货物产出物按上述原则定价后，再计算为出厂价格。

(2) 投入物。

1) 项目所需投入物能通过原有企业挖潜、不增加投资而增加供应，按可变成本分解定价。

2) 需要通过增加投资扩大生产规模以满足拟建项目需求的，按分解成本（包括固定成本分解和可变成本分解）定价。当难以获得分解成本所需资料时，可参照国内市场价格定价。

3) 项目计算期内无法通过扩大生产规模来增加供应量的（减少原用户供应量），参照国内市场价格、国家统一价格加补贴及协议价格中较高者定价。

前面所说的成本分解法，是确定主要非外贸货物影子价格的常用方法，其做法简述如下：首先将货物的成本逐一分解，并按成本构成性质进行分类；再分别按照其影子价格的确定方法定价；最后将分解后经重新调整所得的成本汇总，即得该货物的影子价格。

投入物按上述原则定价后，再计算为出厂价格。

本章小结

在市场经济条件下，只有当市场不能公平有效地配置资源，从而损害了其他社会成员的利益时，政府才应出面干预。国民经济评价能够为科学决策、合理利用资源以及国民经济的可持续发展提供保证。它在项目评价中发挥着财务评价所不可替代的重要作用。

不同于财务评价，项目的费用与效益分析是从国民经济评价的层面上对项目进行分析评价。正确地识别项目的费用与效益是得到准确的费用与效益评价的基础。当工程项目的效果难于或不能货币化，或货币化的效果不是工程项目目标的主体时，在经济评价中应采用费用效果分析法。

只有对项目的经济评价方法不断加以完善和提高，才能使我们的政策规范更加有利于市场经济体制的完善、国家经济的发展和人民福利水平的提高。

概念回顾

国民经济评价（National Economic Evaluation）：按合理配置稀缺资源和社会经济可持续发展的原则，采用影子价格、影子工资、影子汇率、社会折现率等分析参数，从国民经济全局的角度出发，考察项目的经济合理性和在宏观经济上的可行性。

直接费用（Direct Costs）：国家为项目的建设和生产经营而投入的各种资源（固定资产投资、流动资金以及经常性投入等）用影子价格计算出来的经济价值。

直接效益（Direct Benefit）：由项目自身产出，由其产出物提供，并应用影子价格计算出来的产出物的经济价值，是项目自身直接增加销售量和劳动量所获得的效益。

间接费用（Indirect Cost）：又称外部费用，是指国民经济为项目付出了代价，而项目自身却不必实际支付的那部分费用。

间接效益（Indirect Benefit）：又称外部效益，是指项目对国民经济作出了贡献，而项目自身并未得益的那部分效益。

外部效果（External Effects）：工程项目间接效益和间接费用的统称，是由于项目实施所导致的在项目之外未计入项目效益与费用的效果。

相邻效果（Adjacent Effect）：由于项目的实施而给上游企业（为该项目提供原材料和半成品的企业）和下游企业（使用该项目的产出物作为原材料和半成品的企业）带来的辐射效果。

乘数效果（Multiplier Effect）：由于项目的实施而使与该项目相关的产业部门的闲置资源得到有效利用，进而产生一系列的连锁反应，带动某一行业、地区或全国的经济发展所带来的外部净效益。

费用效益分析（Cost-Benefit Analysis）：按合理配置稀缺资源和社会经济可持续发展的原则，采用影子价格、社会折现率等费用效益分析参数，从国民经济全局的角度出发，考察工程项目的经济合理性的经济评价方法。

经济效益（Economic Benefit）：在特定的社会经济背景条件下相关利益主体获得的收益。

经济费用（Economic Cost）：在特定的社会经济背景条件下相关利益主体付出的代价。

费用效果分析（Cost-effectiveness Analysis）：在经济评价中应采用费用效果分析法，通过比较项目预期的结果与所支付的费用，判断项目的费用有效性或经济合理性。

影子价格（Shadow Price）：某种资源得到最优利用时的边际产出的价值，即当资源获得最优利用时，每增加一单位该资源所带来的收益的增加。

外贸货物（Foreign Trade Goods）：项目使用或生产某种产品将会直接或间接

影响国家对这种产品的进口或者出口。

影子汇率（Shadow Exchange Rate）：项目投入或产出所导致的外汇的减少或增加给国民经济带来的损失或收益。

社会折现率（Social Discount Rate）：社会折现率是社会对资金时间价值的估值，代表社会资金被占用应获得的最低收益率，并用作不同年份价值换算的折现率。

公式回顾

项目产出物直接出口的影子价格：
$$SP = FOB \times SER - (T_1 + TR_1)$$
间接出口产品的影子价格：
$$SP = FOB \times SER - (T_2 + TR_2) + (T_3 + TR_3) - (T_4 + TR_4)$$
替代进口产品的影子价格：
$$SP = CIF \times SER - (T_4 + TR_4) + (T_5 + TR_5)$$
项目投入物直接进口的影子价格：
$$SP = CIF \times SER + T_1 + TR_1$$
间接进口产品的影子价格：
$$SP = CIF \times SER + (T_5 + TR_5) - (T_3 + TR_3) + (T_6 + TR_6)$$
减少出口的影子价格：
$$SP = FOB \times SER - (T_2 + TR_2) + (T_6 + TR_6)$$
经济净现值（ENPV）：
$$ENPV = \sum_{t=0}^{n} (B - C)_t (1 + i_s)^{-t}$$
经济内部收益率（EIRR）：
$$\sum_{t=0}^{n} (B - C)_t (1 + EIRR)^{-t} = 0$$
效益费用比（R_{BC}）：
$$R_{BC} = \frac{\sum_{t=1}^{n} B_t (1 + i_s)^{-t}}{\sum_{t=1}^{n} C_t (1 + i_s)^{-t}}$$

练习题

1. 根据产品项目的不同，我们到底该如何确定影子价格，才能使企业有利可盈？
2. 要发挥项目投资国民经济评价的作用，你认为应该完善哪些方面？
3. 你认为我国目前的项目国民经济评价比起财务评价，地位如何？请说出依据。
4. 什么是费用效益分析？它与财务评价的联系和区别是什么？
5. 项目的外部效果分为哪几种类型？
6. 经济费用效益分析指标有哪些？并简述每一种指标。
7. 什么是工程项目的国民经济评价？它与财务评价有何异同？
8. 根据国民经济评价和财务评价的结论，工程项目的取舍标准是什么？
9. 国民经济评价中费用与效益的识别原则是什么？
10. 什么是直接效益、直接费用和间接效益、间接费用？
11. 需要单独考虑和计算的外部效果有哪些？
12. 试从国民经济评价角度列出下列工程项目的效益与费用：高速公路、卷烟厂和公园。
13. 在国民经济评价中采用的经济参数主要有哪些？
14. 某工程项目使用进口材料 A，到岸价格为 600 美元/t，项目离口岸 500km，货物 A 运费为 0.3 元/(t·km)，贸易费用为货价的 6%，影子汇率为 1 美元 = 9 元人民币，试求货物 A 的影子价格。
15. 某研究机构新研究了四种新型水压机，以可靠性作为评价效果的主要指标，即在一定条件下不发生事故的概率。四种水压机的有关数据如表 7-1 所示，预算限制为 240 万元，应选哪个方案？

表 7-1 四种水压机的有关数据

方案	费用（万元）	可靠性
1	240	0.99
2	240	0.98
3	200	0.98
4	200	0.97

案例分析

盘锦市第二污水处理厂建设项目

污水处理厂的建设是国家治理水污染的主要手段。国家环保总局近几年发布的中国环境状况公报显示,在全国七大水系中,辽河水系污染最严重,劣五类水体占60%以上。而渤海水域频发的赤潮,直接威胁到海域的生态环境功能。盘锦市位于辽河下游的双台子河畔,双台子河流入渤海湾,是辽河流域水污染防治的重要地区。面对这种情况,盘锦市对辽河流域水污染实施了防治计划。盘锦市第二污水处理厂是计划建设的19座污水处理厂之一。

盘锦市第二污水处理厂建设项目的国民经济效益是显著的:

1. 间接效益分析

项目的间接效益包括:为华锦集团改善辽河水质、地下水水质、渤海湾水质的环境及健康效益、农作物增产与农产品质量改善效益、土地增值效益等间接效益。

(1) 供水效益。本项目建成后将为华锦集团供应冷却用原水 3 万 m^3/d,为市政绿化、浇洒道路供水 1 万 m^3/d,可减少等量优质水资源消耗量 4 万 m^3/d。

(2) 减少排污量而改善环境的效益。项目建成后,近期城区污水基本全部处理,每年减少污水直接排放量3650万 m^3。每年减少向双台子河排放的污染物总计23625吨。它还有另外三个效益:

1) 保护人体健康效益:其效益主要表现在减少疾病带来的资源损失方面,即减少医疗支出、减少工作日损失和死亡损失等。

2) 农业灌溉效益:污水用于农业灌溉将导致土壤金属含量增加、肥力降低,致使农作物产量降低。随着人们生活水平的提高和环保意识的增强,人们越来越倾向于未受污染的粮食和蔬菜。

3) 农业效益:建设盘锦市污水处理工程在一定程度上可改善渤海湾的水质,对改善渤海渔业生产环境有一定的积极作用。

2. 基于绿色GDP(国内生产总值)核算中环境污染损失的间接效益估算

(1) 绿色GDP与环境退化成本。2005年初,国家环保总局和国家统计局在全国10个省市启动了以环境核算和污染经济损失调查为内容的绿色GDP试点工作。辽宁省成为国家确定的试点省市之一。2006年9月,国家环保总局和国家统计局联合发布了《中国绿色国民经济核算报2004》。

(2) 间接效益定量估算。用国家绿色GDP核算公布的水环境污染损失占当年GDP的比例以及在盘锦市政府公布的2004年GDP值基础上估算出来的盘锦市2005年的水环境污染损失作为盘锦市污水处理工程项目产生的总环境效益，再将此效益需要的国民经济各部门投入进行效益分摊，作为最终盘锦市污水处理工程项目的间接环境效益。

·例如：盘锦市政府公布的2005年GDP为479.7亿元，而2005年盘锦市因水污染造成的经济损失为84855.36万元，此间接效益由污水处理工程分摊的部分因为没有任何资料可供参考，遂参考因增加供水产生的工业产值增加的间接效益。某些专家建议采用10%的分摊系数，而确定分摊系数为10%。因此，盘锦市城市污水处理工程减少水污染而产生的间接效益为8485.54万元。其中，第二污水处理厂工程占50%。

案例来源：http://www.mxwz.com/city/view.aspx?ID=556055。

思考题：

1. 对污水处理厂进行国民经济评价有什么具体的意义？
2. 如何判定该污水处理厂项目可行？

第八章 工程项目风险与不确定性分析

☞ 学习目标

1. 比较分析工程项目风险和不确定性之间的关系。
2. 了解项目风险的分类及主要特征。
3. 理解项目风险的识别与应对策略。
4. 能够运用风险型决策的三大主要方法解决问题。
5. 重点掌握盈亏平衡分析的原理、敏感性分析、概率分析的原理。
6. 熟练掌握盈亏平衡图、盈亏平衡点、敏感性分析、概率分析方法。

☞ 章前引例

苏宁电器如何应对未来的不确定性

2007年元旦上午10点，刘先生在苏宁电器中山公园分店为杭州的朋友订了一台热水器。交钱签单后，刘先生立即收到了一条来自苏宁的手机短信，提示该订单将尽快处理。中午12点，刘先生刚在一家餐馆落座，苏宁又发来一条短信，通知他订单已完成，并赠送了一些积分；正要求证的时候，杭州的朋友打来电话致谢。从上海下订单，销售信息传到杭州仓库，到杭州派工装车、送货上门，前后不过2小时，苏宁的响应速度让刘先生感到一丝意外的惊喜。

如果时钟往回拨一个月，刘先生还享受不到上海订货、杭州收货的便利；时钟再往回拨半年，刘先生也享受不到2小时内家电上门的快捷。而这些快捷、便利，都依托在苏宁的SAP信息管理平台上，为充分发挥平台的功能，苏宁推出了沪、浙、闽、赣四省市一票通服务。

在SAP项目实施之前，苏宁的营销、采购与物流是各自独立的，工作易出差错，以致常出现时间上的延误。比如送货，在POS机收银后，门店以手工录入的方式把订单传给仓库部门需要一定的时间；仓库部门随后汇总，到中午12

工程经济学

点或下午4点截止时,才能统一派工装车,货车开出则至少要在两小时以后。SAP系统为苏宁增添了新的竞争力。在苏宁公司看来,虽然门店的数量和规模很重要,但公司的核心优势集中在后台。

2006年,苏宁发展加速,管理上暴露出一些核心问题,在ERP系统里很难得到解决,原有系统已无法再支撑苏宁急遽的脚步。这时,苏宁电器必须改革,那该选择何种系统,以什么样的成本,有何风险,系统建立后是否能很好地融合,最终带来的效益如何,都让苏宁强烈地感受到,项目风险和不确定性分析对于一个成功的项目而言是那么的不可或缺。

经过半年的选型与分析,苏宁最终摘下了SAP信息系统管理平台这颗"果子"。由于项目庞杂,耗资近亿元,苏宁每一步都显得小心翼翼。成型后的系统并没有立刻全面推广,而是选择在山东和江苏的少数门店试验效果,一试就是一个半月,直到确认系统运行稳定。

苏宁是如何最终确定选择SAP系统,又是怎样进行风险分析的,这章我们将探讨此类问题。

资料来源: http://www.enet.com.cn/ediy/inforcenter/enet_z.jsp?articleid=20070122406726。

第一节　工程项目风险分析

本节介绍了工程项目风险以及管理的有关概念、工程项目风险特征与分类、工程项目风险识别过程与识别方法、应对工程项目风险的措施等。

一、概念

一般地,我们认为,风险,就是指由于当事者不能预见或控制某事物的一些因素,使得某事物的最终结果与当事者的期望产生背离,从而使当事者蒙受损失或者获得机遇的可能性。而工程项目风险有其更具体的定义:由于项目所处环境和条件本身的不确定性和项目业主/客户、项目组织或项目其他相关利益者主观上不能准确预见或控制的影响因素,使得项目的最终结果与当事者的期望产生背离,从而给当事者带来损失或机遇的可能性。工程项目的立项、分析、可行性报告、设计、计划、施工及移交等环节都具有不确定性,形成工程项目风险的根本原因是人们对于项目未来发展与变化的认识和应对等方面出现了问题。

风险的概念包含了两方面的内容：一是风险是潜在的损失或机遇。风险的结果是与当事者的期望产生背离，它不一定就是损失，也有可能是一种机遇。二是风险具有不确定性。如果风险是确定发生的，那么人们可以通过各种手段来减小或规避风险，但是却无法完全消除风险。风险的这种无法预料性是风险存在的必要条件。

当然，对风险的定义不是唯一的，不同领域的学者对其有各自不同的理解，表述也千差万别。比如：①风险是有害后果发生的可能性，是对潜在的、未来可能发生损害的一种度量；②风险是在一定的时间和空间、在冒险和弱点交互过程中产生的一种预期损失；③风险是一个统计概念，用于描述在给定的时间和空间中时间或状态影响人或时间的可能性。

二、主要特征

由于项目本身的一次性、独特性和创新性，因而项目风险也具有自己的特性，项目风险的主要特征包括：

1. 项目风险事件的随机性

项目风险事件的发生都是偶然的，没有人能够准确预言。虽然人们通过长期统计发现许多事物的发生和发展规律，但是这只是一种统计规律，即随机事件发生的规律。项目风险事件就具有这种随机性的特征，所以项目风险存在着很大的偶然性。

2. 项目风险的相对性

同样的项目风险对于不同的项目和项目管理者会有不同的影响，因为人们承担风险的能力不同，人们认识风险的能力不同，项目收益大小不同，投入资源的多少不同，项目主体地位不同，特别是项目风险大小和后果也不同，所以项目风险具有一定的相对性。

3. 项目风险的渐进性

项目风险的渐进性是说，绝大多数的项目风险不是突然爆发的，只有极小部分风险是由突发事件引起的。它是随着环境、条件和自身固有规律一步一步逐渐发展而形成的。当项目的内外部条件逐渐发生变化时，项目风险的大小性质也会随着改变。

4. 项目风险的突变性

项目内外部条件的变化可能是渐进的，也可能是突变的。一般在项目的内部或外部条件发生突变时，项目风险的性质和后果也会随之发生变化。比如，过去被认为是项目风险的事件会突然消失，而原来认为无风险的事件却突然发生了。

三、类型

根据不同的需要，从不同的角度，按不同的标准，可以对风险进行不同的分类。从风险识别、度量和控制项目风险的角度来说，项目风险的分类及其关系如图 8-1 所示。

图 8-1　项目风险的分类

1. 按风险产生的根源与后果分类

可以将风险分为重大风险和特定风险。从风险产生的根源与后果看，重大风险主要是由经济、社会、政治、物质变化引起的风险，影响范围广泛，非人力所能控制。而特定风险的损失主要是由个别事件引起的，影响范围有限。如此分类可以使人们更多地关注那些后果严重的项目风险。

2. 按风险是否具有经济后果分类

可以将风险分为经济风险与非经济风险。经济风险是指那些可能结果都可以用经济价值来衡量的风险。经济风险涉及资产和收入的变化，因此有三个因素：面临风险的组织或个人、结果不确定性的资产和收入、引起结果变化的原因。一个不具备价值的经济主体，不会面临任何经济风险。

3. 按项目风险发生概率分类

可以分为高概率发生风险和低概率发生风险。如此分类可以使人们充分认识一个项目各个具体风险发生的可能性大小，从而更加关注那些高概率事件。

4. 根据项目结果是否盈利分类

可以将风险分为纯粹风险与投机风险。投机风险所代表的不确定结果既有损失，也有盈利。赌博是投机风险的典型代表。而纯粹风险的结果只有损失，没有盈利，最好的结果是没有损失。最典型的纯粹风险是针对财产损失的风险。

纯粹风险又可以细分为：财产风险、责任风险、他人过失引起的风险等。

财产风险是任何拥有财产的单位和个人都面临的，因为这些拥有的财产可能会被摧毁或盗窃。财产风险可能导致两类损失：直接损失和间接损失。直接损失是财产本身的损失；而间接损失是由于无法继续使用财产造成的收入损失或由于财产损失引起的附加支出。例如，在项目实施过程中，由火灾造成的结构物损坏使结构物失去了价值，这就是直接损失；而项目单位必须清理火灾现场以重新施工，这样的清理工作要付出代价，这样的代价就是间接损失。

责任风险主要是指企业或个人由于疏忽或过失造成的对他人的人身伤害和财产损坏而必须承担赔偿责任的风险。这种伤害可能是无意的，也可能是有意的。一般情况下，由于疏忽或其他原因造成他人人身伤害或财产损失的企业或个人对所造成的损害必须承担责任；而雇主也对其雇员的侵害行为承担责任。

他人过失引起的风险是指，如果有人同意为你服务，该人对你就有义务。如果此人没有履行义务会使你发生经济损失，则对你而言就产生了风险的问题。例如，在项目建设中，由于某个分包商未能按期完成施工任务，造成整个项目工程进度延误，使得项目建设单位蒙受经济损失。这种损失的可能性就是由他人过失引起的风险。

5. 按风险的承担者分类

按风险的承担者分类，可以将风险分为：业主、法人面临的风险，承包商面临的风险，监理人面临的风险，咨询人面临的风险，设计人面临的风险，贷款人面临的风险等。

业主、法人面临的风险有：①自然风险，地理位置、自然条件、气候等；②社会风险，国家特质、法律、规章制度等；③经济风险，宏观环境、投资回收期等；④项目组织实施的风险。

承包商面临的风险有：①工程承包决策失误风险；②签约和履约风险；③责任风险；④其他风险。

除了以上分类,还可以将风险分为总体风险和局部风险;自然风险和人为风险等。

四、风险识别

很多任务不可能按预期工期和预算顺利完成,有些任务甚至会超过预算的时间和成本,而有些却会节约成本提前完工。风险是未知的(通常是不可预知的),可能会导致项目计划改变,甚至可能导致项目失败。在任何项目中,风险都有可能发生。正如我们所知道的有悲惨的矿难,也有汽车爆炸事件。风险还可能发生在项目后期、项目完成并交付使用后,例如,伦敦太平盛世桥的改造工程。风险无时无处不在,所以应该学会如何识别危害项目的风险。

风险识别就是要根据风险的特征规律去认识和确定方案可能存在的潜在风险因素,分析风险因素对于方案的影响以及风险产生的原因;同时,找出方案的主要风险因素。工程人员通过搜集和分析相关资料,确定何种风险可能影响当前的工程项目,并将这些风险的特性整理形成文档。它要求风险分析人员熟悉项目的特点,具有较强的洞察能力、分析能力以及丰富的实际经验。

1. 风险识别的一般步骤

(1)明确风险分析指向的目标。

(2)找出预期目标的全部因素。

(3)分析各因素对预期目标的相对影响程度。

(4)根据对各因素向不利方向变化的可能性进行分析、判断,确定主要风险因素。

(5)编制工程项目风险识别报告。

2. 风险识别的方法

风险识别方法有很多,既有结构化方法也有非结构化方法,既有经验性方法也有系统性方法,但是使用最多的有:头脑风暴法、流程图法、德尔菲法、敏感性分析法等,现将各种风险识别方法的比较列出,如表8-1所示。

此外,除了上述方法外,还有克劳福德法、SWOT法、情景分析法、面谈调查法等这样一些"软科学"的方法都可以在风险识别中使用。

五、应对策略

应对风险的措施主要有:项目风险规避、项目风险遏制、项目风险转移、项目风险化解、项目风险消减、项目风险容忍、项目风险分担等。

表 8-1　风险识别方法比较

风险识别方法	具体操作	优点	缺点
德尔菲法	选定与项目有关的领域专家，通过函询收集专家意见，整理后匿名反馈意见，再征询意见，反复几轮后最终得出比较满意的结果	不可能被某个人主导，可以通过电子邮件完成，避免了早做评价的问题，所有人必须参与	耗时较长，主持者较费力
头脑风暴法	在一个专家小组内进行，通过专家会议，激发专家的创造性思维、发散性思维，允许专家畅所欲言，通过"思维共振"和"组合效应"搜寻和发现项目的风险	鼓励组内交互活动，快速、成本低	可能被某个人主导，可能集中于某个特定领域，需要优秀的主持者，必须控制整个团队使其不做评价
流程图法	给出一个项目的工作流程，项目各部分之间的相互关系等信息的图表，包括：项目系统流程图、项目实施流程图、项目作业流程图、因果图等，将项目的工作流程和项目可能存在的风险以图表的方式列出	清晰地表明了相关过程的内容实施，有许多电脑工具，较为客观	有时如果分析不当，可能会有误导作用，可能耗时较长
敏感性分析法	分析项目的经济评价指标出现的变化以及引起变化的因素，来判断企业可能面临的风险	定量的分析较客观，有数理理论工具，结果较为真实，比较直观、明确	计算公式运用的假设条件多，局限性大，有时可能产生误导，比较片面
核检表法	使用预先编制好的项目风险核检表去识别项目的风险，可以使用结构化的核检表清单，也可以使用非结构化的核检表清单，对照这些核检表清单中列出的各种风险去检验项目是否存在这些风险	系统性强，目标明确，易于操作	只能用于评价，可能忽略所识别项目的特殊之处

1. 项目风险规避措施

就是避免可能发生风险的事件，即断绝风险的来源。这是从根本上放弃使用有风险的一类项目资源、项目技术、项目设计方案等。对于项目的决策来说，规避风险就是取消或延缓项目的实施。例如，对于不成熟的技术坚决不在项目实施中采用就是一种项目风险规避的措施。再比如，某工厂打算生产一种新产品，但是通过分析估计此产品的市场需求量很小，生产这种新产品盈利不如原来甚至亏损，这时候选择放弃该新产品的生产就是规避风险。不过，由于规避风险的这种方法同时也放弃了潜在的收益，因而选择这种办法要慎重，一般在风险可能性较大或者可能造成损害很大的情况下才采用这种方法。

2. 项目风险遏制措施

这是从遏制项目风险事件引发原因的角度出发，控制和应对项目风险的一种措施。例如，对可能出现的因项目财务状态恶化而造成的项目风险，采取注入新资金的措施就是一种典型的项目遏制措施。

3. 项目风险转移措施

这类风险应对措施多数是用来对付那些概率小，但是损失大，或者项目组织很难控制的项目风险。例如，通过结盟、合资、保险，或者投资于新市场或新产品，获取回报等方法将项目风险转移给分包商或保险公司就属于风险转移措施。

4. 项目风险化解措施

这是从化解项目风险产生的原因出发，去控制和应对项目具体风险的方法。例如，对于可能出现的项目团队内部冲突风险，可以通过采取双方沟通、消除矛盾的方法解决问题，这就是一种风险化解措施。

5. 项目风险消减措施

这类措施是对付无预警信息项目风险的主要应对措施之一。例如，当因雨雪天无法进行室外施工时，尽可能安排各种项目团队成员与设备从事室内作业，就是一种项目风险消减措施。

6. 项目风险容忍措施

这是对那些发生概率小，而且项目风险发生所能造成的后果较轻的风险事件所采取的一种风险应对措施。就是对潜在的风险不采取任何措施，维持现状，自己承担可能造成的风险损失。此方法一般在可能获得的收益较大或者应对风险成本较大时采用。

7. 项目风险分担措施

这是指根据项目风险的大小和项目团队成员以及项目相关利益者不同的承担能力，由他们合理分担项目风险的一种项目风险应对措施。这也是一种经常使用的措施，一般项目都属于这种措施的范畴。这样，风险就会分担到各个合作人头上，从而将足以毁掉一家公司的风险分摊，可以将其负面影响降到最低。

第二节　工程项目风险性决策

风险决策就是指决策者在可能存在经济主体损失和损害的情况下选择最优方案的过程。风险决策的概念有以下要点：①市场可能出现多种情况，而且每种情况的概率可通过过往经验和主观预测确定下来。②为了实现预期目标，有多种可行方案。③决策者要根据一定的原则从多种可行方案中选择一种最佳方案。这其中，最重要的是估计出各种事件的概率，这就涉及到概率分布的问题。

目标决策问题可分为确定型决策问题、风险型决策问题和非确定型决策问题。风险型决策问题,是指自然状态有两种或两种以上,而且每种自然状态产生的概率可以预测的决策问题。但在确定型决策问题中,每个方案只有一个确定的结果,决策者或者分析人员只需按既定的目标和评价准则选定方案即可。而非确定型决策问题是指某事件是否发生无法估计和预测。根据三种决策问题的特性,本节只讨论风险型决策问题。风险型决策方法主要有:最大可能法、最大期望收益决策准则、决策树法等。

1. 最大可能法

即在诸多状态中,选一个概率值最大的状态作为决策状态,使风险性问题变为确定性问题。这实际上是把决策者不可控制的状态变量 $P(\theta_j)$ 中最大的一个变为 1,其余的变为 0。当某个 $P(\theta_j)$ 比别的状态概率大很多时,该方法很有效。

2. 最大期望收益决策准则 (Expected Monetary Value, EMV)

最大期望收益法是指用未来收益的期望值作为未来真实收益的代表,并据此利用净现值法、收益率法等进行投资决策,期望值通常用 $E(\alpha_i)$ 来表示。最大期望收益法是通过计算各可行方案的收益期望值,并以收益期望值最大的方案为最优方案的一种决策方法,是在风险条件下简单易行和常用的决策方法。最大期望值收益决策法的决策过程如下:

(1) 设各事件发生的概率为 P_j,每一个策略对应事件的损益值为 α_{ij},则每一个策略对应的期望值为:

$$E(\alpha_i) = \sum_{j=1}^{n} P_j \alpha_{ij} \quad (i = 1, 2\cdots, n) \tag{8-1}$$

(2) 计算最大收益期望值,并确定最优决策方案,若 $E(\alpha_k) = \max\{E(\alpha_i)\}$,则按最大收益期望决策法进行决策的最优方案为 α_k。

【例 8-1】 最大期望收益确定。某服装厂确定下一个月的生产计划,根据以往的经验和调查,已知产品销路分为好、一般和差三种情况的可能性分别为 0.2、0.6 和 0.2,可能获得的收益值也已知,见表 8-2。试确定一生产方案,使得下月的收益最大。

解:

计算各方案的收益

根据 $E(\alpha_i) = \sum_{j=1}^{n} P_j \alpha_{ij} \quad (i = 1, 2\cdots, n)$ 得出:

$E(\alpha_1) = 20 \times 0.2 + 12 \times 0.6 + 8 \times 0.2 = 12.8$

表 8-2 最大期望收益决策准则法

	产品销路		
	好	一般	差
	0.2	0.6	0.2
大批量生产	20	12	8
中批量生产	16	16	10
小批量生产	12	12	12

$E(\alpha_2) = 16 \times 0.2 + 16 \times 0.6 + 10 \times 0.2 = 14.8$

$E(\alpha_3) = 12 \times 0.2 + 12 \times 0.6 + 12 \times 0.2 = 12$

显然，$E(\alpha_2)$ 的值最大，根据最大期望值原则，应该选择中批量生产。

3. 决策树分析法

有些决策问题，当进行决策后有产生一些新的情况，并需要进行新的决策。这样决策、情况、决策构成一个序列，这就是序列决策。描述序列决策的有力工具之一是决策树，决策树是由决策点、事件点、树枝及结果节点构成的树形图。决策树的四个组成部分如下所示：

（1）决策点，用"□"表示。从它引出的分支叫方案分支，分支数反映的是可选方案的数量，有几个可行方案就有几条分支。

（2）事件点，用"○"表示。由事件点引出的分支叫概率分支，每条分支上面写明了自然状态及出现的概率，分支数反映可能的自然状态数。

（3）树枝，用"—"表示。每一树枝表示一方案或事件。

（4）结果节点（或称树梢），用"△"表示，它旁边的数字表示每一个方案在相应自然状态下的收益值。

通常称初始决策点为树根，结果节点为树叶，由树根到树叶就构成了一棵决策树。

【例 8-2】 决策树分析。现将【例 8-1】的决策问题用决策树分析法重新分析。

解：

根据题意，用决策树分别表示产品销路好、一般和差三种情况，如图 8-2 所示。

仍然根据 $E(\alpha_i) = \sum_{j=1}^{n} P_j \alpha_{ij}$ （$i = 1, 2 \cdots, n$），得出：

$E(\alpha_1) = 20 \times 0.2 + 12 \times 0.6 + 8 \times 0.2 = 12.8$

$E(\alpha_2) = 16 \times 0.2 + 16 \times 0.6 + 10 \times 0.2 = 14.8$

图 8-2 决策树

$E(\alpha_3) = 12 \times 0.2 + 12 \times 0.6 + 12 \times 0.2 = 12$

显然，$E(\alpha_2)$ 的值最大，根据最大期望值原则，应该选择中批量生产，放弃大批量及小批量生产。

决策树清晰地显示了最优方案，下面给出决策树分析法的具体步骤：（当决策问题的目标是效益时）

（1）画决策树。就是把对某个决策问题可能发生的概率和结果所做的估计和预测用树形图反映出来。这个过程，实际就是对即将发生事件进行思考和预测的过程，是对决策问题一层一层探索的过程。画决策树，要力求清晰、美观。

（2）预测可能发生事件的概率。其中概率数值的确定，要经过相关人员的估算和参考过去历史资料。概率的准确性很重要，如果误差太大，做出的决策会有偏差，从而给企业带来损失。但是为了求得一个比较准确的概率要耗费一定的人力物力，因此，对于概率的估计要量力而行，不能为了追求准确的概率而离开现实条件。

（3）计算期望损益值。将概率值标在决策树相应的位置上，从决策树的末端开始，按由右向左的顺序，按照前文给出的公式，计算各事件节点的损益值。

（4）比较各决策点的期望值。图 8-2 是一个单级决策的例子，比较简单。如果是多级的决策，先计算完每一级的期望值，然后在这一级的决策点比较各个期望值的大小，根据最大期望值原则，选出期望收益最大的方案，同时划去其他方案的分支。按照此原则由右至左比较计算，直到在决策树始端的决策点找出最优方案为止。

工程经济学

第三节 不确定性分析

不确定性是指对项目有关因素或未来的情况缺乏足够的情报而无法做出正确的估计，或者是没有全面考虑所有因素而造成的预期价值与实际价值之间的差异。

风险的发生根源于项目的不确定性，由于不确定性，使得项目实施结果可能偏离预期目标，导致项目"有风险"。虽然风险问题与不确定性问题从理论上是可以区分的，其区别就在于一个是不知道未来可能发生的结果，或者不知道各种结果发生的可能性，由此产生的问题称为不确定性问题；另一个是知道未来可能发生的各种结果的概率，由此产生的问题称为风险问题。但是从工程经济评价角度来看，试图将两者绝对的分开没有多大的意义，实际上也没有必要。

一、作用

不确定性分析是项目经济评价中的一个重要内容。项目评价时一般以一些确定的数据为基础，如项目的总投资、销售收入、经营成本，这些数据在计算时是作为已知条件的，但是由于内外界各种因素的影响，预计值与实际值之间总是存在偏差，这样就对项目评价的结果产生影响，如果不对此进行分析，仅凭一些基础数据所作出的分析作为依据来取舍项目，就有可能导致投资决策的失误，甚至带来损失。所以，为了减少不确定性对项目经济效果的影响，增强项目的抗风险能力，提高项目决策的科学性，对项目进行不确定性分析是非常必要的。例如，某项目的标准折现率定为7%，根据项目基础数据求出的项目内部收益率为10%，由于内部收益率大于标准折现率，根据方案评价准则，我们有理由地认为此项目可行。但是，如果单凭此就做出投资决策是欠考虑的，因为我们没有考虑不确定性问题。如果在项目实施的过程中存在通货膨胀，并且通货膨胀率高于3%的话，则项目的风险就很大，甚至会变成不可行方案。

二、类型

为了测度不确定性对建设项目可行性的影响，通常采用盈亏平衡分析、敏感性分析及概率分析。在具体应用时要综合考虑项目的特点、类型、决策者的要求，以及相应的人力、物力、财力等。

盈亏平衡分析一般只适用于财务评价，应用于预测成本、收入、利润，编制利润计划，为各种决策提供必要的信息。盈亏平衡分析是将成本划分为固定成本和变动成本，假定产销一致，根据产量、成本、售价和利润四者之间的函数关系，进行预测分析的技术方法。敏感性分析可同时适用于财务评价和国民经济评价。

三、盈亏平衡分析

盈亏平衡分析是通过盈亏平衡点（BEP）分析项目成本与收益的平衡关系的一种方法。各种不确定因素（如投资、成本、销售量、产品价格、项目寿命期等）的变化会影响投资方案的经济效果，当这些因素的变化达到某一临界值时，就会影响方案的取舍。盈亏平衡分析的目的就是找出这种临界值，即盈亏平衡点（BEP），判断投资方案对不确定因素变化的承受能力，为决策提供依据。其相关理论如下：

1. 盈亏平衡分析

盈亏平衡分析又叫损益平衡分析，它是通过盈亏平衡点（BEP）分析项目成本与收益之间的内在联系，并为决策者提供科学依据的分析方法。随着影响项目的各种不确定因素，如投资额、生产成本、销售量及销售价格等发生变化，当这些因素的变化达到某一临界值，项目的盈利与亏损会有一个转折点，这一点即为盈亏平衡点（Break-even Point，BEP）。在这一点上，项目收入与项目总成本恰好相等，盈亏平衡。盈亏平衡分析的最终目的就是找出这种临界值，即盈亏平衡点（BEP），从而确定企业的最佳年产量，最终控制企业的盈亏平衡形势，保证企业获得较好的经济效益。

2. 盈亏平衡分析的重要性

盈亏平衡分析主要是考察当影响项目方案的各种不确定性因素发生变化时，对项目经济效果的影响。盈亏平衡分析法让我们跳出传统的思维模式，即先算产量和成本，根据产量、成本确定利润，利润处于被动地位，不利于项目实现盈利的目标；与传统的方法相反，盈亏平衡分析法是先制定一个利润计划，然后据此利润要求，确定相应的产量计划和成本计划，即为目标利润→目标成本→相应的产量逆序思维组织生产经营活动，将被动经营变为主动出击，找出盈亏平衡点，从而判断项目对不确定性因素变化的适应能力和抗风险能力。盈亏平衡是预测利润、控制成本的一种有效手段。

3. 盈亏平衡分析方法

(1) 单方案线性盈亏平衡分析。

1) 要进行单方案线性盈亏平衡分析，必须有以下前提条件才可以进行：产品产量等于销量，也就是零库存；项目的总成本可以划分为固定成本和可变成本，且总成本是产量的线性函数；项目在计算期间，产品市场价格、生产工艺、技术装备、管理水平等保持不变，销售收入与产量也是线性关系；只生产单一产品，或者生产多种产品但是可以换算为单一产品。

2) 盈亏平衡分析的数学模型。根据盈亏平衡分析的前提条件，可以得出如下收入与产量的关系式：

$$R = PQ \tag{8-2}$$

其中：R 表示销售收入；

　　　P 表示单位产品销售价格；

　　　Q 表示销售量。

同时，项目的成本与产量之间也存在线性关系，其关系如下：

$$C = C_1 + C_2 Q \tag{8-3}$$

其中：C 表示项目总成本；

　　　C_1 表示项目固定成本；

　　　C_2 表示单位产品可变成本；

　　　Q 表示销售量。

在某一特定时期，销售产品获得的利润 B 为：

$$B = R - C - T = PQ - C_1 - C_2 Q - tQ \tag{8-4}$$

其中：T 表示一定时期内销售税金；

　　　t 表示单位产品营业税金及附加。

当盈亏相等时，即达到盈亏平衡点时，B = 0，此时盈亏平衡产量 Q_0 为：

$$Q_0 = \frac{C_1}{P - C_2 - t} \tag{8-5}$$

盈亏平衡收入：

$$R_0 = P \times Q_0 = \frac{PC_1}{P - C_2 - t} \tag{8-6}$$

盈亏平衡时单位产品可变成本：

$$C_2 = P - t - \frac{C_1}{Q_0} \tag{8-7}$$

另外，若设目标利润为 B_a，则达到目标利润的年产量为：

$$Q_a = \frac{C_1 + B_a}{P - C_2 - t} \tag{8-8}$$

用图 8-3 表示如下：

图 8-3 盈亏平衡分析

图 8-3 中横坐标为产量或者销量，纵坐标为总成本或者总收入，销售曲线与成本曲线的交点即为盈亏平衡点，此点表明产量为 Q_0 时，既不发生亏损，也不盈利。在此基础上增加产量，在 BEP 的右边，收入曲线高于成本曲线，项目盈利，收入曲线与成本曲线之间的距离为盈利值，形成盈利区；在 BEP 左边，总成本曲线高于总收入曲线，则该项目亏损，形成亏损区。

生产能力利用率表示的盈亏平衡点，是指盈亏平衡点销售量占企业正常销售量的比重。正常销售量是指正常市场和正常开工情况下企业的销售数量。

$$f_0 = \frac{Q_0}{Q_c} \times 100\% = \frac{C_1}{(P - C_2 - t)Q_c} \tag{8-9}$$

其中：f_0 表示生产能力利用率；

Q_0 表示盈亏平衡点销售量；

Q_c 表示正常销售量。

一般认为，当 $f_0 < 70\%$ 时，项目已经具备一定的抗风险能力，f_0 越小，项目的抗风险能力越强。

【例 8-3】盈亏平衡点。某工厂项目设计生产能力为生产某种产品 3 万件，单位产品售价 3000 元，总成本费用 7800 万元，其中固定成本 3000 万元，总变动成本与产量成正比例线性关系，求以产量、生产能力利用率、销售价格、单位变动成本表示的盈亏平衡点。

解：

首先算出产品的单位可变成本：

$$C_2 = \frac{C - C_1}{Q} = \frac{(7800 - 3000) \times 10000}{30000} = 1600 \text{ 元/件}$$

盈亏平衡产量：

$$Q_0 = \frac{C_1}{P - C_2} = \frac{3000 \times 10000}{3000 - 1600} = 21429 \text{ 件}$$

盈亏平衡生产能力利用率：

$$f_0 = \frac{Q_0}{Q_c} \times 100\% = \frac{21429}{30000} \times 100\% = 71.43\%$$

盈亏平衡销售价格：

$$P_0 = C_2 + \frac{C_1}{Q_c} = 1600 + \frac{3000 \times 10000}{30000} = 2600 \text{ 元/件}$$

盈亏平衡时单位变动成本：

$$C_0 = P - \frac{C_1}{Q_c} = 3000 - \frac{3000 \times 10000}{30000} = 2000 \text{ 元/件}$$

(2) 单方案非线性盈亏平衡分析。在生产实践中，由于产量扩大到一定水平，原材料、动力供应价格会引起上涨等原因造成项目生产成本并非与产量呈线性关系，也由于市场容量的限制，产量增长到一定程度后，产品售价会下降，价格与产量呈某种函数关系，因此，收入与产量就呈非线性关系。如图 8-4 所示。

【例 8-4】单方案非线性盈亏平衡点。某企业生产某种产品，年固定成本为 50000 元，当原材料为批量采购时，可使单位产品成本在原来每件 48 元的基础上降低产品产量的 0.4%，产品售价在每件 75 元的基础上降低产品产量的 0.7%，试求企业在盈亏平衡点时的产量及最优产量。

解：

首先将销售收入和产品总成本都可以表示为产量 Q 的函数：

$R(Q) = (75 - 0.007Q)Q = 75Q - 0.007Q^2$

$C(Q) = 50000 + (48 - 0.004Q)Q = 50000 + 48Q - 0.004Q^2$

盈亏平衡时 $R(Q) = C(Q)$，即：

$75Q - 0.007Q^2 = 50000 + 48Q - 0.004Q^2$

图 8-4 单方案非线性盈亏平衡分析

解这个方程得：$Q_{01} = 2607$ 件，$Q_{02} = 6393$ 件

盈利函数 $B(Q) = R(Q) - C(Q) = -0.003Q^2 + 27Q - 50000$，求它的导数并令其为 0 得：

$B'(Q) = 0.006Q + 27 = 0$

解得：$Q_1 = 4500$ 件

求它的二阶导数 $B''(Q) = -0.006 < 0$

所以 $Q_1 = 4500$ 时为赢利最大时的产量。

对于非线性盈亏平衡问题，在选择方案时应该优先选择盈亏平衡点较低者，盈亏平衡点低意味着项目的抗风险能力较强，承受意外风险的能力也较强。

（3）互斥方案线性盈亏平衡分析。盈亏平衡分析不但可用于对单个投资方案进行分析，还可用于对多个方案进行比较和分析。在需要对若干个互斥方案进行比较选择的情况下，如果是某一个共有的不确定因素影响方案取舍，那么可以先分别求出两两方案的盈亏平衡点，再根据盈亏平衡点进行方案的取舍。

【例 8-5】互斥方案线性盈亏平衡分析。生产某种产品有三种工艺方案，采用方案 1，年固定成本为 800 元，单位产品变动成本为 10 元；采用方案 2，年固定成本为 500 元，单位产品变动成本为 20 元；采用方案 3，年固定成本 300 元，单位产品变动成本为 30 元。分析各种方案使用的生产规模。

解：先将各方案表示成 Q 的函数：

$C_1 = C_{11} + C_{12}Q = 800 + 10Q$

$C_2 = C_{21} + C_{22}Q = 500 + 20Q$

$C_3 = C_{31} + C_{32}Q = 300 + 30Q$

令

$C_1 = C_2$

$C_2 = C_3$

$C_3 = C_1$

解得：

$Q_{12} = 30$，$Q_{23} = 20$，$Q_{13} = 25$

当预期产量低于 20 时，应选用方案 3，当预期产量大于 20 小于 25 时，应选用方案 2，当预期产量高于 30 时，应采用方案 1。

【例 8-6】某公司项目的开发有两种方案，方案 1 的初始投资为 800 万元，预期年净收益为 150 万元；方案 2 的初始投资为 1600 万元，预期年净收益为 250 万元。该项目的市场寿命有较大不确定性，如果不考虑期末固定资产收回，基准折现率为 10%，应该如何决策？

解：

设该项目的寿命为 X 年，

第一种方案的预计年净现值 $NPV_1 = -800 + 150(P/A，10\%，X)$

第二种方案的预计年净现值 $NPV_2 = -1600 + 250(P/A，10\%，X)$

当 $NPV_1 = NPV_2$，化简得：$(P/A，10\%，X) = 8$

查表可知，X ≈ 17 年

由于方案 2 的预计年净收益率比方案 1 高，寿命延长对方案 2 有利。所以，如果根据调查预期项目寿命期小于 17 年，则应采用方案 1，如果项目寿命大于 17 年应采用方案 2。

4. 盈亏平衡分析的局限性

盈亏平衡分析有一定的局限性，一方面，它是建立在产量等于销量的基础上的，即产品没有积压，这与现实不是很符合。另一方面，它使用的数据精确度也有待提高，它使用的数据一般为某一正常年份的数据，但是由于建设项目是一个长期的过程，因而用盈亏平衡分析法难以得出全面的结论。因此，盈亏平衡分析适合于对项目的短期分析。不过，由于计算方法简单，并能直接对项目的关键因素做出不确定性分析，而且可以粗略地对高度敏感的产量、售价、成本、利润等因素进行分析，有助于决策者了解整个项目的抗风险能力，因而在进行不确定分析时仍然很常用。

四、敏感性分析

敏感性分析是分析各种不确定性因素在一定幅度变化时，对方案经济效果的影响程度。通过对比研究某些不确定因素（如收入、成本、产能、价格等）对经济效益评价值（如投资回报率、净现值、内部收益率等）的影响程度，从众多不确定性因素中找出敏感因素，并对此提出对策。如果引起的变化幅度很大，说明方案经济效果对这个变动的因素是敏感的；如果引起的变动幅度很小，就说明方案经济效果对这个变动的因素是不敏感的。通过敏感性分析，可以找出敏感因素，分析经济效果对该因素的敏感程度，分析该因素达到临界值时项目的承受能力。敏感性分析分为单因素敏感性分析和多因素敏感性分析。

1. 敏感性分析步骤

敏感性分析的步骤如下：

（1）选择需要分析的不确定性因素，并设定这些因素的变化范围。影响方案经济效果的因素有很多，但是我们没有必要对所有的不确定性都进行敏感性分析，一般我们分析的不确定性因素有投资额、建设工期、产品价格、成本、贷款利率、销售量等，这些因素对经济效果的影响比较大，因此，我们要着重分析这些因素的变化对于经济方案的影响。

（2）确定分析指标。这里所说的分析指标，就是指敏感性分析的具体对象，如净现值、净年值、内部收益率、投资回收年限，等等。各种经济效果指标都有其特定的含义，分析评价所反映的问题也有所不同。对于某个特定方案的经济分析来说，不需要把所有的经济效果指标拿来进行敏感性分析，要根据方案的具体特点，选择一种或两种具有代表性意义的指标进行分析，以便为管理者做决策提供依据。

（3）分别计算各因素变化对指标的影响。对于各个不确定因素的各种可能变化幅度，分别计算其对分析指标影响的具体数值，即固定其他不确定性因素，变动一个或某几个因素，计算经济效果指标值。

（4）确定敏感因素。所谓敏感因素就是其数值变动能显著影响方案经济效果的因素。判断敏感因素有两种方法：第一种是相对测定法，即设定要分析的因素均从确定型经济分析中所采用的数值开始变动，且各因素每次变动的幅度相同，比较在同一变动幅度下各因素的变动对经济效果指标的影响，据此判断方案经济效果对各因素变动的敏感程度。第二种方法是绝对测定法，即设各因素均向对方案不利的方向变动，并取其有可能出现的对方案最不利的数值，据此计算方案的经济效果指标，看其是否可达到使方案无法被接受的程度。在实践中可以把确定敏感因素的两种方法结合起来使用。

（5）做出决策。根据确定性分析和敏感性分析的结果，综合评价方案，并选择最优方案。

2. 敏感性分析方法

（1）单因素敏感性分析。单因素敏感性分析是，就单个不确定性因素的变动对方案经济效果的影响所作的分析，分析方法类似于数学上多元函数的微分，即在计算某个因素的变化对经济效果指标的影响时，假定其他因素均不变。

【例 8-7】单因素敏感性分析。某一项目计划投资 2930 万元，当年建成并投产，预计该项目主要设备寿命为 10 年，基准收益率为 12%，有关资料见表 8-3，假定基准收益率不变，试对投资、销售收入、销售成本、寿命逐一作敏感性分析。

表 8-3 项目计划投资

投资（万元）	年销售收入（万元）	年销售成本（万元）	寿命（年）	NPV
2930	9500	8200	10	4415.3

解：

根据表 8-3 可以计算出项目的净现值为：

$NPV = -2930 + (9500 - 8200)(P/A, 12\%, 10) = 4415.3$

设投资变化为 X，项目的净现值变为：

$NPV = -2930(1 + X) + (9500 - 8200)(P/A, 12\%, 10)$

当 X 在表 8-3 的基础上按 ±5%、±10%、±20% 变化取值时，则可算出相应的项目净现值。同理，可求得其他因素变化对净现值的影响。结果如表 8-4 所示：

表 8-4 单因素敏感度分析

参数 \ 变化率 NPV	-20%	-10%	-5%	0	5%	10%	20%
投资	5001	4708	4562	4415	4268	4122	3829
销售收入	-6320	-952	1731	4415	7099	9783	15151
销售成本	13681	9048	6732	4415	2099	-218	-4851
寿命	3528	3997	4206	4415	4602	4789	5123

根据表 8-4，可以做出敏感度分析图（见图 8-5），来反映各因素变化对净现值的影响。每一条斜率反映净现值对该不确定因素的敏感程度，斜率越大，敏感

图 8-5 敏感度分析图

度越高。每条斜线与横坐标轴的相交点是该不确定因素变化的临界点。由图中可以看到，净现值指标对销售收入及销售成本两个参数最为敏感，a、b 即为销售收入与销售成本两因素各自变化的临界点。

敏感性分析的结果如表 8-5 所示。

表 8-5　敏感性分析汇总表

不确定因素	变化率	基本方案	敏感度系数	临界点	临界值
净现值（万元）	±5%、±10%、±20%	4415.3			
投资（万元）	±5%、±10%、±20%	2930	−0.664	+150.69%	7345.2
销售收入（万元）	±5%、±10%、±20%	9500	12.16	−8.23%	8718.15
销售成本（万元）	±5%、±10%、±20%	8200	−10.49	+9.53%	8981.46
寿命	±5%、±10%、±20%	10 年	1	−72.07%	2.79 年

（2）多因素敏感性分析。在进行单因素敏感性分析的过程中，当计算某特定因素的变动对经济效果指标的影响时，假定其他因素均不变。实际上，许多因素的变动具有相关性，一个因素的变动往往也伴随着其他因素的变动。所以，单因素敏感性分析有其局限性。改进的方法是进行多因素敏感性分析，即考察多个因素同时变动对方案经济效果的影响，以判断方案的风险情况。

多因素敏感性分析就是要考虑各种因素可能发生的不同变动幅度的多种组合，分析其对方案经济效果的影响程度。由于各种因素可能发生的不同变动幅度的组合关系很复杂，组合方案很多，因而多因素敏感性分析的计算较复杂。如果需要分析的不确定因素不超过三个，而且经济效果指标的计算也比较简单，则可以用解析法与作图法相结合的方法进行分析。

【例 8-8】多因素敏感性分析。某项目基本数据如表 8-6 所示。决策者认为，参数中不确定性因素为投资、年收入，变化范围不超过±10%。试对指标 NPV 关于投资、年收入作双因素敏感性分析。

表 8-6　双因素敏感性分析

项目参数	预测值
期初投资	10000 元
计算期	5 年
残值	2000 元
年收入	5000 元
年支出	2200 元
i_c	8%

解：

设 x，y 分别表示投资、年收入的变化百分比，那么：

NPV = -10000(1 + x)(A/P, 8%, 5) + 5000(1 + y) - 2200 + 2000(A/F, 8%, 5)

化简得：636 - 2505x + 5000y = 0.1705

当 636 - 2505x + 5000y ≥ 0 时，方案可行。

临界线为：636 - 2505x + 5000y = 0

作出的双因素敏感性分析如图 8-6 所示。

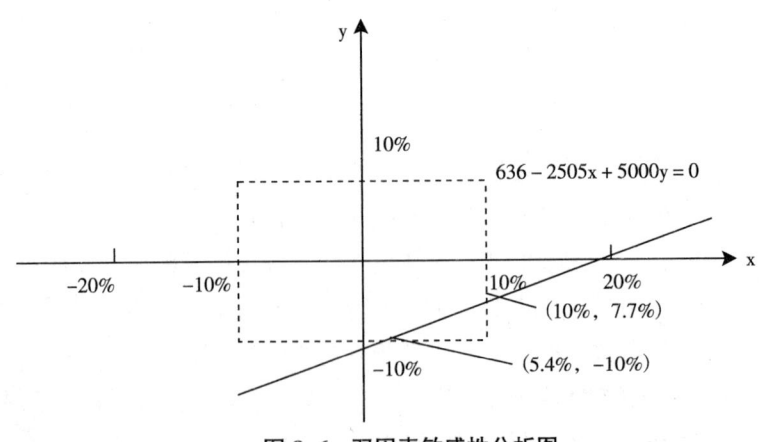

图 8-6　双因素敏感性分析图

虚线方框内部为不确定性因素的变化范围，直线 $636 - 2505x + 5000y = 0$ 将其分为两部分，左上部分为 NPV > 0，表明项目可行，右下部分为 NPV < 0，表明项目不可行。

3. 敏感性分析的局限性

敏感性分析总的来说在一定程度上就各种不确定因素的变动对方案经济效果的影响作了定量描述。这有助于决策者了解方案的风险情况，有助于确定在决策过程中及方案实施过程中需要重点研究与控制的因素。但是，敏感性分析没有考虑各种不确定性因素在未来发生的概率，这样可能会影响分析结论的正确性。事实上，可能会出现这样的情况：通过敏感性分析找出的某一敏感性因素未来发生不利变动的概率很小，因而实际上带来的风险并不大；而另一些不太敏感的不确定性因素发生的概率却很大，实际上带来的风险也很大。这正是敏感性分析的局限性。

五、概率分析

概率分析又称风险分析，是通过研究各种不确定性因素发生不同变动幅度的概率分布及其对项目经济效益指标的影响，对项目可行性和风险性以及方案优劣作出判断的一种不确定性分析法。概率分析常用于对大中型重要若干项目的评估和决策之中。概率分析是根据不确定因素在一定范围内的随机变动，分析并确定这种变动的概率分布，从而计算出其期望值及标准偏差为项目的风险决策提供依据的一种分析方法。

一般概率分析分为以下五个步骤：

第一步，列出风险因素的所有可能结果（假设有 n 种）。

第二步，列出风险因素出现每种可能结果的概率（p_1, p_2, …, p_n）。

第三步，列出风险因素各种可能结果出现时项目的效益值（x_1, x_2, …, x_n）。

第四步，根据以上数据计算项目效益期望值、方差、标准差。

$$E(X) = \sum_{t=1}^{n} p_t x_t \tag{8-10}$$

$$D(X) = \sum_{t=1}^{n} (x_t - E(X))^2 p_t \tag{8-11}$$

$$\sigma = \sqrt{D(X)} \tag{8-12}$$

第五步，根据以上运算结果计算项目效益值落在某范围内的概率。

$$P(X \leq x) = \Phi\left(\frac{x - E(X)}{\sigma}\right) \tag{8-13}$$

【例 8-9】 概率分析。已知某项目年初投资 140 万元，1 年建成，经营期 9 年，基准折现率 10%，预测项目投产后年收入 80 万元的概率为 0.5，而收入增加或减少 20% 的概率分别为 0.3、0.2，年经营成本为 50 万元的概率为 0.5，而成本增加或减少 20% 的概率分别为 0.3、0.2，忽略其他影响因素，试计算净现值的期望值。

解：

计算净现值的期望值

根据不确定因素的不同概率，共有 3×3=9 种可能组合状态，每种状态的净现值计算：

正常状态时：

NPV = −140 + (80 − 50)(P/A, 10%, 9)(P/F, 10%, 1)
　　= −140 + 30 × 5.76 × 0.91 = 17.08

设销售收入、开发成本的变动幅度分别为 x、y，则：

NPV = −140 + [80(1 + x) − 50(1 + y)](P/A, 10%, 9)(P/F, 10%, 1)

变动幅度下 NPV 的计算结果见表 8-7：

表 8-7　各状态下的 NPV 的计算

销售收入 x	开发成本 y	P_x	P_y	$P = P_x \cdot P_y$	期初投资	销售收入	开发成本	NPV	NPV·P	NPV 排序
0	0	0.5	0.5	0.25		80	50	17.06	4.27	5
0	20%	0.5	0.3	0.15			60	−35.29	−5.29	3
0	−20%	0.5	0.2	0.10			40	69.42	6.94	7
20%	0	0.3	0.5	0.15		96	50	100.83	15.12	8
20%	20%	0.3	0.3	0.09	−140		60	48.48	4.36	6
20%	−20%	0.3	0.2	0.06			40	153.19	9.19	9
−20%	0	0.2	0.5	0.10		64	50	−66.70	−6.67	2
−20%	20%	0.2	0.3	0.06			60	−119.06	−7.14	1
−20%	−20%	0.2	0.2	0.04			40	−14.35	−0.57	4
净现值期望值为 E(NPV) = 20.21 万元							合计		20.21	

本章小结

在这一章中，我们重点强调了工程项目风险决策和不确定性分析方法。决策者需要在可能存在经济主体损失和损害的情况下选择最优方案，风险型决策方法因此而提出。工程项目经济分析是在投资前进行的，分析过程中所用的数据（如投资额、生产成本、销售量及销售价格）只能通过预测和以往经验得到，所以难免会产生不确定，进行不确定性分析就是根据这一实际需要而提出。

我们还在这一章中重点说明了，如何用最大期望收益决策准则、决策树分析法等决策方法进行项目取舍，以及重点分析了何为盈亏平衡分析法、敏感性分析及概率分析法。同时，我们还分析了当相关参数发生变化时，应如何把握及所用的决策方法应如何变动。综上所述，本章应重点掌握风险型决策和不确定性分析方法。

概念回顾

风险（Risk）：由于当事者不能预见或控制某事物的一些因素，使得某事物的最终结果与当事者的期望产生背离，从而使当事者蒙受损失或者获得机遇的可能性。

工程项目风险（Engineering Project Rrisk）：由于项目所处环境和条件本身的不确定性和项目业主/客户、项目组织或项目其他相关利益者主观上不能准确预见或控制的影响因素，使得项目的最终结果与当事者的期望产生背离，从而给当事者带来损失或机遇的可能性。

经济风险（Economic Risk）：是指那些可能结果都可以用经济价值来衡量的风险。

责任风险（Liability Risk）：主要是指企业或个人由于疏忽或过失造成的对他人的人身伤害和财产损坏而必须承担赔偿责任的风险。

风险识别（Risk Identification）：就是要根据风险的特征规律去认识和确定方案可能存在的潜在风险因素，分析风险因素对于方案的影响以及风险产生的原因；同时，找出方案的主要风险因素。

风险决策（Risk Decision）：就是指决策者在可能存在经济主体损失和损害的情况下选择最优方案的过程。

风险型决策问题（The Problem of Risky Decision）：是指自然状态有两种或两

种以上，而且每种自然状态产生的概率可以预测的决策问题。

最大期望收益法（Maximum Expected Income Method）：是指用未来收益的期望值作为未来真实收益的代表，并据此利用净现值法、收益率法等进行投资决策。

不确定性（Uncertainty）：是指对项目有关的因素或未来的情况缺乏足够的情报而无法做出正确的估计，或者是没有全面考虑所有因素而造成的预期价值与实际价值之间的差异。

盈亏平衡分析（Breakeven Analysis）：又叫损益平衡分析，它是通过盈亏平衡点（BEP）分析项目成本与收益之间的内在联系，并为决策者提供科学的依据的分析方法。

敏感性分析（Sensitivity Analysis）：是分析各种不确定性因素在一定幅度变化时，对方案经济效果的影响程度。通过对比研究某些不确定因素（如收入、成本、产能、价格等）对经济效益评价值（如投资回报率、净现值、内部收益率等）的影响程度，从众多不确定性因素中找出敏感因素，并对此提出对策。

练习题

1. 找出一些实际中的项目，讨论其有何风险？这些风险分别属于哪类风险范畴？
2. 我们该如何识别风险，你觉得用何种方法识别风险最有效，请阐述理由？
3. 你认为经营生产一个产品，有哪些因素需要早点儿考虑？以及这些因素的变化会使实际结果如何变化？该用何种方法衡量这些不确定性？
4. 面对各种各样的风险，我们有哪些方法可以应对风险？
5. 风险型决策主要有哪些方法，各自的核心思想是什么？
6. 请列举一个实际中的项目，并用盈亏平衡法分析此项目是否可行。
7. 什么是敏感性分析？简述单因素敏感性分析的计算步骤。
8. 你觉得哪类问题适合用敏感性分析法，为什么？
9. 各种不确定性分析法有何弊端，该如何改善？
10. 某项目年设计生产能力为 40 万件，每件产品价格为 120 元，单位产品可变成本为 100 元，年固定成本为 420 万元，产品销售税金及附加占销售收入的 5%，求盈亏平衡产量。
11. 某采砂场项目预计产品销售没有问题，估计初期投资 600 万元，建设期 1 年，生产期 10 年，期末无残值，流动资金 100 万元，年固定支出 38 万元，每立方米砂的变动成本3.2元，日产600m³，全年300个生产日，销售价22元/m³，销售税金为产值的3%，城市建设维护税为产品税的1%，教育费附加为产品税的3%，所得税为33%，该采砂场是否值得建？若值得，试对投资、生产能力利用率、售价等单因素向不利方向变化5%、10%、15%、20%进行敏感性分析，并画出敏感性分析图。

12. 案例：某房地产公司拟开发一住宅小区，建设经营期为8年，现有三个开发方案：

a. 大面积开发需2亿元，初步估算，商品房销售较好时每年可获利8000万元；销售不好时，每年亏本2000万元。

b. 小面积开发，需投资1.2亿元，初步估算，商品房销售较好时每年可获利3500万元；销售不好时，每年仍可获利2500万元。

c. 先小面积开发，2年后商品房销路好时再扩大，此时需投资1.5亿元，扩大开发后，每年可获利8000万元。

问题：根据市场商品房销售形势预测，产品销路好时的概率为0.7，销路不好时的概率为0.3，试进行方案决策。

13. 企业欲在A、B两项公开招标工程中选择一项进行投标，对任意一项工程又可采取投高标或低标两种策略。根据以往经验，若投高标，中标的概率为0.3，若投低标，中标的概率为0.5。不中标的费用损失为5000元。试用决策树法作出投标决策（见表8-8）。

表8-8 某企业投标决策方案

方案	承包效果	损益值/万元	概率	方案	承包效果	损益值/万元	概率
A高	好	55	0.3	B高	好	60	0.3
	一般	12	0.5		一般	20	0.5
	差	−23	0.2		差	−30	0.2
A低	好	42	0.2	B低	好	50	0.2
	一般	11	0.6		一般	12	0.6
	差	−30	0.2		差	−15	0.2

14. 某项目需投资20万元，建设期1年。据预测，有三种建设方案，在项目生产期内的年收入为5万元、10万元和12.5万元的概率分别为0.3、0.5和0.2。折现率为10%。生产期为2、3、4、5年的概率分别为0.2、0.2、0.5、0.1。试计算净现值期望值和净现值≥0的累计概率。

案例分析

手机设计项目

假设你在摩托罗拉全球手机中心工作,而且是新款手机风险管理项目经理。你针对上级给出的项目范围做了适当的风险和不确定性分析。你必须针对项目作出(你的计划必须包括此项目面临哪些风险,以及风险的指数,如何识别及规避这些风险等),并估算出项目的持续时间、预计成本、产量、价格及预计的收益。你的老板希望你明天早上就把项目计划和成本预算送到他的桌上。项目的基本资料如表8-9所示:

表8-9 新款手机风险评估的基本资料

自然状态	概率	方案 A	方案 B
销路好	0.7	150	100
销路差	0.3	−50	10

案例来源:http://www.docin.com/p-71220317.html.

思考题:

1. 请你写出此项目可能面临的风险。
2. 请你找出项目的关键风险和敏感变量。
3. 试用本章中学过的不确定性分析方法对项目方案进行比选。

第九章 价值工程

学习目标

1. 理解价值工程及其基本原理。
2. 理解价值工程基本公式中的功能、成本、价值的特定含义。
3. 掌握价值工程的工作程序以及确定价值工程对象的主要方法。
4. 掌握功能分析、功能评价的各种方法。
5. 学习如何选择价值工程改善方案实施和经济效果评价。
6. 理论联系实践,运用价值工程技术解决实际问题。

章前引例

美国通用电气公司"石棉板事件"

第二次世界大战期间,美国的军火工业有了很大发展,同时出现了资源的紧张和短缺。美国通用电气公司在生产中所需要的防护用品石棉板,该材料短缺,价格昂贵。而按照美国消防法的规定,生产中的喷漆车间,其地面和墙壁必须依法安装石棉板,以达隔热、防火的条件方可进行生产。该公司设计师 L.D.麦尔斯先生对石棉板产品的成本和原材料的选用发生了兴趣。他分析了石棉板的功能,找到了一种在功能上完全起到石棉板的隔热、防火作用且廉价的纸板,用此代替石棉板,既保证了现场生产隔热、防火要求,又节约了大量费用开支。此事遭到美国消防部门的制止,双方争执激烈,竟发展成诉讼,提交法律部门处理。经麦尔斯据理力争,取得胜利。"石棉板事件"后,麦尔斯想到,我们使用原材料的目的是什么?目的是使原材料满足产品的某种功能要求。麦尔斯把这一思想应用于产品的设计并设法降低成本,取得了很大成功。他发现,用户购买产品时,不是购买产品本身,而是购买产品的功能以满足某种需要,而且购买时都希望费用低些为好。麦尔斯把这个发现归结为用最低成本费用向用户提供所需功能的问题。因为用户是按照产品的功能满足程度付款购买商品的,并把它看成产品的价值。麦尔斯把他创造的方法叫做"价值分析"(Value Analysis,VA),并于1947年正式发表。1954年,美国海军舰船局把这种方法定名为"价值工程",简称VE。

麦尔斯的价值分析与价值工程理论在美国很快就被众多公司和企业所采用而得到迅速的推广和应用;同时,又在应用的过程中不断地得到完善和发展。美国通用电器公司在推行价值工程的最初17年中耗费资金80万美元,而创造价值则高达2亿美元。20世纪六七十年代,全世界工业化国家和地区积极引进和推广价值工程方法。日本、西欧、苏联等都是起步较早的国家和地区。1979年价值工程被引入我国,在很多行业得到推广和使用,均取得了显著的经济效果。

资料来源:王乃静.价值工程概论.北京:经济科学出版社,2006.

第一节 价值工程概述

价值工程以提高产品价值为目的。提高价值,既是用户的需要,又是生产经营者追求的目标,两者的根本利益是一致的。企业应当研究产品功能与成本的最佳匹配。价值工程的基本原理公式 V=F/C,深刻地反映出产品价值与产品功能和实现此功能所耗成本之间的关系。

一、概念

价值工程(Value Engineering,VE),是一种技术与经济相结合的现代工程方法。VE是以提高产品价值和有效利用资源为目的,通过有组织的创造性的工作,寻求用最低的寿命周期成本,可靠地实现所研究对象的必要功能,从而提高对象价值的思想方法和管理技术。VE是1947年由美国通用电气公司拉里·麦尔斯提出并研究的。价值工程的主要思想是,通过对选定研究对象的功能及费用分析,提高对象的价值,这里的价值,指的是反映费用支出与获得之间的比例,用数学公式表达如下:

$$V = \frac{F}{C} \tag{9-1}$$

式中:V 表示价值;
F 表示功能评价值;

C 表示总成本。

价值工程的概念当中涉及三个基本而又极其重要的概念：价值、功能和成本。

1. 价值（Value）

价值工程中价值的含义与经济学中的价值意义不同，政治经济学中对价值的定义为"凝结在商品中的一般人类劳动"，在经济学中，凝结在产品中的社会必要劳动时间越多，产品在市场上越是供不应求，其交换价值就越大；使用价值是对象能够满足人们某种需要的程度，即效用，效用越大，使用价值越大。价值工程中的价值是比较价值，是作为评价事物有效程度的一种尺度而被提出来的。它更接近于人们日常生活中常用的"值不值得"的意思，是指事物的有益程度，它反映了功能和成本的关系，为分析与评价产品的价值提供了一种科学的标准。例如，人们在购买商品时，总是希望"物美而价廉"，即花费最少的代价换取最多、最好的商品。

价值工程把"价值"定义为：对象所具有的功能与获得该功能的全部费用之比。功能是指产品的功能、效用、能力等，即产品所担负的职能或者说是产品所具有的性能。成本指产品周期成本，即产品从研制、生产、销售，到使用过程中全部耗费的成本之和。麦尔斯说过："一切费用都是为了功能。"衡量价值的大小主要看功能（F）与成本（C）的比值如何。人们一般对商品都有"价廉物美"的要求，"物美"实际上就是反映商品的性能、质量水平，"价廉"就是反映商品的成本水平，顾客购买时考虑"合算不合算"就是针对商品的价值而言的。

提高价值的基本途径有五种：

（1）功能不变，成本降低，价值提高。

$$V\uparrow = \frac{F\rightarrow}{C\downarrow} \tag{9-2}$$

（2）成本不变，功能提高，价值提高。

$$V\uparrow = \frac{F\uparrow}{C\rightarrow} \tag{9-3}$$

（3）功能提高的幅度高于成本增加的幅度。

$$V\uparrow = \frac{F\uparrow\uparrow}{C\uparrow} \tag{9-4}$$

（4）功能降低的幅度低于成本降低的幅度。

$$V\uparrow = \frac{F\downarrow}{C\downarrow\downarrow} \tag{9-5}$$

（5）功能提高，成本降低，价值大大提高。

$$V\uparrow\uparrow = \frac{F\uparrow}{C\downarrow} \tag{9-6}$$

2. 功能（Function）

功能是对象能满足某种需求的一种属性，功能对于不同的对象有着不同的含义：对于物品来说，功能就是它的用途或效用；对于作业或方法来说，功能就是它所起的作用或要达到的目的；对于人来说，功能就是他应该完成的任务；对于企业来说，功能就是它应为社会提供的产品和效用。总之，功能是对象满足某种需求的一种属性，是使用价值的具体表现形式。任何功能无论是针对机器还是针对工程，最终都是针对人类主体的一定需求目的，最终都是为了人类主体的生存与发展服务，因而最终将体现为相应的使用价值，因此，价值工程所谓的"功能"实际上就是使用价值的产出量。

（1）功能的分类。

1）按满足要求性质的标准分为使用功能和美观功能。使用功能是指提供的使用价值或实际用途。美观功能主要是提供欣赏价值，可以起到扩增价值的作用，与使用者的精神感觉、主观意识有关。不同的产品对二者有不同的要求和侧重。例如，建筑物中使用的输电暗线和地下管道等，只需要有使用功能，而完全不需要美观功能，因此，不应该在外观功能上多花资金。相反，工艺品和装饰品就要求美观、豪华等功能。另外，某些产品还要求使用功能与美观功能共存，例如，服装、家具和灯具等。

2）按重要程度标准分为基本功能和辅助功能。基本功能是指实现该事物的用途必不可少的功能，是决定产品性质和存在的基本要素。例如，石英钟的基本功能是显示时间，基本功能改变了，产品的用途也就随之改变了。辅助功能是为了更有效地实现基本功能而附加的因素，还是以石英钟为例，它的基本功能是显示时间，但是有的附加了声音、时期等辅助功能。辅助功能可以依据用户的需求而改变。

3）按用户用途的标准分为必要功能和不必要功能。必要功能是指用户要求的需要功能，如石英钟的"走时"功能是必要功能。产品若无此功能，也就失去了价值。必要功能包括基本功能和辅助功能，但是辅助功能不一定是必要功能。不必要功能是与满足使用者需求无关的功能，多余功能、重复功能和过剩功能均属于不必要功能。

（2）功能的度量。价值工程是一种定量化分析技术，需要对功能进行定量衡量。衡量功能大小有两种方法：

1）用性能指标衡量。可以用定量化的性能指标衡量功能的大小，如产品的规格标准，达到的质量和性能指标等。这种方法虽然既简单又直观，但指标千差万别，不同产品的功能无法相互比较，同一产品不同零件的功能无法汇总计量，这种功能衡量方法在价值分析中很难应用。

2）用货币单位衡量功能。若用货币单位衡量便可实现不同产品之间的功能比较和不同零部件功能值的汇总计算，价值分析用实现功能必须支付的最低费用来衡量功能大小。换个说法可表示为：用产品的理想成本来表示功能大小。这样就把功能与成本联系起来，功能与生产成本的比较变为理想成本与生产成本的比较，功能分析就更实际、更具体了。

（3）功能的特性。功能特性包括如下内容：

1）性能。通常表示功能的水平，即实现功能的品质。

2）可靠性。实现功能的持续性。

3）维修性。功能发生故障后修复的难易度。

4）安全性。实现功能的安全性。

5）操作性。实现功能的操作或作业的方便性与少故障性。

6）易得性。实现功能的难易度。

3. 成本（Cost）

价值工程中的"成本"，是指实现功能所支付的全部费用，即全寿命周期成本（Life Cycle Cost）。对产品来说，是以功能为对象而进行的成本核算，是一个产品从开发、设计、制造到使用全过程的耗费，分为生产费用和使用费用。具体来说，生产费用是指为实质产品的调研、立项、设计、生产及使用的原材料、机器设备和劳动力等物化劳动和活劳动所支付的费用；而使用费用指产品在流通、运输、销售、储存、使用、维护与维修以及报废后处理等物化劳动和活劳动所支付的费用。如图 9-1 所示。

图 9-1　寿命周期与寿命周期成本关系图

因此，寿命周期费用 = 生产成本 + 使用成本，即

$$C = C_1 + C_2 \tag{9-7}$$

与一般意义上的成本相比，价值工程的成本最大的区别在于：将消费者或用户的使用成本也计算在内。这使得企业在考虑产品成本时，不仅要考虑降低设计与制造成本，还要考虑降低使用成本，从而使消费者或用户既买得合算又用得合算。产品的寿命周期与产品的功能有关，这种关系的存在，决定了寿命周期费用存在最低值。

扩展阅读

用马克思价值论解释 VE 价值观

根据马克思在《资本论》中的论述，人们懂得商品有两个因素：使用价值和交换价值。使用价值是指商品满足人的需要的属性，与 VE 的功能定义相同。交换价值是一种使用价值同另一种使用价值相交换的量的比例。通常人们习惯讲：商品是使用价值和交换价值，但马克思认为，严格说来，这是不对的。商品是使用价值或使用物品和"价值"。因为孤立地考察，商品有"价值"，而当交换发生时才有"交换价值"。人们看到马克思使用商品"价值"一词，要想到他指的是"交换"的"价值"，而不是指"使用价值"。

按照马克思的观点，商品的价值是由耗费的社会必要劳动时间决定的。劳动包括体力的劳动和脑力的劳动。劳动又包括活的劳动和物化的劳动（生产资料）。上面扼要介绍马克思的价值术语，是便于理解将要引用的论述。

马克思《资本论》第一卷第一章《商品》中，有一段随着生产力的升或降，商品的两个因素的量值有怎样变化趋势的精辟语句，可以解答我们这个议题。马克思说："不管生产力发生了什么变化，同一劳动在同样的时间内提供的价值量总是相同的。但它在同样的时间内提供的使用价值量会是不同的：生产力提高时就多些，生产力降低时就少些。因此，那种能提高劳动成效从而增加劳动所提供的使用价值的生产力变化，如果会缩减生产这个使用价值量所必需的劳动时间的总和，就会减少这个增大的总量的价值量。反之亦然。"（《资本论》第一卷第 60 页）

简单地讲，马克思这段话，就是指当生产力提高时，可以增加提供的使用价值量，同时又减少必需的劳动耗费即价值量。现代社会在理想的状况下，企业的生产力可以长期稳定地提高，便形成各类商品功能提高而价值减少的总趋势。

价格是商品价值量的指数。在市场中人们看到的、交易的是价格，而不是价

值。所以，VE的价值概念只能使用以货币计量的价格（或成本），而无法使用以劳动时间计量的价值。把价值换成价格之后，就已经全部演变成VE术语：商品功能与成本（价格）比有上升总趋势。功能随生产力提高而提高，而同时价格减低，于是功能与成本比就有上升总趋势。

资料来源：谭浩邦，杨明. 新编价值工程. 广州：暨南大学出版社，1996.

二、主要特点

价值工程的主要特点是：以提高价值为目的，要求以最低的寿命周期成本实现产品的必要功能；以功能分析为核心，以有组织、有领导的活动为基础，以科学的技术方法为工具。

1. 价值工程以提高对象价值为目的

价值工程的目标，是以最低的寿命周期成本，使产品具备其所必须具备的功能。通过降低成本来提高价值的活动应贯穿于生产和使用的全过程。

2. 价值工程以功能分析为核心

价值工程的核心，是对产品进行功能分析。价值工程中的功能是指对象能够满足某种要求的一种属性，具体来说，功能就是效用。例如，手表有计时功能，电冰箱有冷藏功能。用户向生产企业购买产品，是要求生产企业提供这种生产功能，而不是产品的具体结构。企业生产的目的，也是通过生产获得用户所期望的功能，而结构、材质等是实现这些功能的手段，目的是主要的，手段可以广泛选择。因此，运用价值功能分析产品，是在分析功能的基础上再去研究结构、材质等问题。

3. 活动领域上价值工程侧重于产品的研制设计阶段

价值工程侧重于在产品的研制与设计阶段开展工作，寻求技术上的突破。技术上的突破从一定的程度上对社会生产力有推动作用，所以价值工程也是社会科学上一种重要的管理分析工具。

4. 价值工程强调不断改革和创新

价值工程强调开拓新构思和新途径，获得新方案，创造新功能载体，从而简化产品结构，节约原材料，提高产品的技术经济效益。

5. 价值工程强调将产品价值、功能和成本作为一个整体考虑

价值工程中对价值、功能、成本的考虑，是在确保产品功能的基础上综合考虑生产成本和使用成本，兼顾生产者和用户的利益，创造出总体价值最高的产品。

第二节 价值工程分析方法

价值工程是采用系统的工作方法，分析功能与成本、效益与费用之间关系的管理技术。它不仅广泛应用于产品设计和产品开发，而且应用于各种建设工程项目，甚至应用于组织机构的改革。价值工程在建设工程项目中主要应用在规划和设计阶段，因为这两个阶段是提高建设工程项目经济效果的关键环节。

价值工程对象选择的方法有很多种，不同方法适宜于不同的 VE 对象，根据企业条件选用适宜的方法，就可以取得较好效果。常用的方法有因素分析法、ABC 分析法、强制确定法、百分比分析法，还有价值指数法等。

一、原则以及工作程序

价值工程分析是一项复杂的系统工程，是对对象的深入研究，涉及因素众多，因而价值工程分析必须满足一定的原则。同时，价值工程也像其他技术一样具有自己独特的一套工作程序。价值工程的工作程序，实质上就是针对产品的功能和成本提出问题、分析问题、解决问题的过程。

1. 指导原则

价值工程的特点是有组织的活动，要按照工作程序有组织地展开集体活动。开展价值工程的过程实际上是一个发现问题、分析问题、解决问题的过程。麦尔斯在长期实践中总结了一套开展价值工程的原则，用于指导价值工程活动各步骤的工作。这些原则是：

（1）分析问题要具体，避免一般化和概念化。
（2）收集一切可用的成本资料。
（3）使用最好、最可靠的情报。
（4）打破现有框框，进行创新和提高。
（5）发挥真正的独创性。
（6）找出障碍，克服障碍。
（7）充分利用有关专家，扩大专业知识面。
（8）对于重要的公差，要换算成加工费用来认真考虑。
（9）尽量采用专业化工厂的生产技术。

（10）利用和购买专业化工厂的生产技术。

（11）采用专门生产工艺。

（12）尽量采用标准。

（13）以"我是否这样花自己的钱"作为判断标准。

2. 工作程序

价值工程已发展成为一门比较完善的管理技术，在实践中已形成了一套科学的工作实施程序。这套实施程序实际上是发现矛盾、分析矛盾和解决矛盾的过程，通常是围绕以下 7 个合乎逻辑程序的问题展开的：

（1）这是什么？

（2）这是干什么用的？

（3）它的成本是多少？

（4）它的价值是多少？

（5）有其他方法能实现这个功能吗？

（6）新的方案成本是多少？功能如何？

（7）新的方案能满足要求吗？

按顺序回答和解决这 7 个问题的过程，就是价值工程的工作程序和步骤。即：选定对象→收集情报资料→进行功能分析→提出改进方案→分析和评价方案→实施方案→评价活动成果。

价值工程的一般工作程序如表 9-1 所示。由于价值工程的应用范围广泛，其活动形式也不尽相同，因而在实际应用中，可参照工作程序，根据对象的具体情况，应用价值工程的基本原理和思想方法，考虑具体的实施措施和方法步骤。但是对象选择、功能分析、功能评价和方案创新与评价是工作程序的关键内容，体现了价值工程的基本原理和思想，是不可缺少的。

表 9-1 价值工程的一般工作程序

价值工程工作阶段	设计程序	工作步骤		价值工程对应问题
		基本步骤	详细步骤	
准备阶段	制定工作计划	确定目标	1. 对象选择	1. 这是什么？
			2. 信息搜集	
分析阶段	规定评价（功能要求事项实现程度的）标准	功能分析	3. 功能定义	2. 这是干什么用的？
			4. 功能整理	
		功能评价	5. 功能成本分析	3. 它的成本是多少？
			6. 功能评价	4. 它的价值是多少？
			7. 确定改进范围	

续表

价值工程工作阶段	设计程序	工作步骤		价值工程对应问题
		基本步骤	详细步骤	
创新阶段	初步设计（提出各种设计方案）	制定改进方案	8. 方案创造	5. 有其他方法实现这一功能吗？
	评价各设计方案，对方案进行改进、选优		9. 概略评价	6. 新方案的成本是多少？
			10. 调整完善	
			11. 详细评价	
	书面化		12. 提出提案	7. 新方案能满足功能要求吗？
实施阶段	检查实施情况并评价活动成果	实施评价成果	13. 审批	8. 偏离目标了吗？
			14. 实施与检查	
			15. 成果鉴定	

二、对象选择与信息收集

开展价值工程活动首先要解决的就是价值工程的对象是什么。企业生产产品的种类很多，而每种产品又由许多零部件构成，因而在对价值工程的对象进行选择时，应抓住主要矛盾。其原则是：优先考虑对企业生产经营有重要影响或对国计民生有重大影响的产品或项目；在改善价值上有较大潜力、可取得较大经济效益的产品或项目。

收集信息对开展价值工程具有重要的意义。价值工程的整个实践过程，就是运用各种信息的过程。围绕价值工程所选对象和活动过程了解有关信息和收集有关信息，是价值工程活动的前提；收集信息是摸准对象、熟悉对象的必要手段，信息是价值工程分析的材料，是价值工程选择方案和创新的资源，是决定价值工程活动成果大小的关键；价值工程成果在一定程度上取决于信息收集的数量和质量以及是否及时可靠。

1. 研究对象的选择

在一个企业或项目里并不是对所有产品都要进行价值分析，而是有一定选择的。能否找准价值工程的研究对象，将直接关系到价值工程的成败。因此，价值工程的第一步就是正确确定研究对象。由于企业的产品和零件种类复杂、工序繁多，不可能将所有的产品都作为研究对象，因而，企业往往将精力投入到重点产品上。实际做法是：企业首先就研究对象的特性达成共识，再采取一定的方法，进行定量、定性分析，依据分析和计算的结果确定研究目标。

（1）选择的一般原则。选择对象的原则是：根据企业的发展方向、经营目的、存在的问题等，以提高生产率、提高产品质量、降低成本、提高经济效益为目标来决定对象。一般按以下步骤选择研究对象：

1）对国计民生及实现企业经营目标影响较大的产品。

2）社会需求量大、竞争激烈及有良好的发展前景的产品。

3）结构复杂、零件较多的产品，工艺、生产技术落后、在同类产品中技术指标较差的产品。

4）情报资料易收集齐全，投入较少且收效快的产品及设计生产周期短的产品。

5）成本高的产品及占产品成本比重大的零部件，价格较贵且有代用可能的产品。

6）零部件及成品率较低的产品及零部件。

7）用户意见大、退货多及功能差的产品。

8）产量大的产品。

（2）价值工程对象选择的方法。

1）经验分析法。经验分析法（Factor Analysis）是一种对象选择的定性分析方法，是目前企业较为普遍使用的、简单易行的价值工程对象选择方法。可以根据有丰富实践经验的专业人员和管理人员对企业存在问题的直接感受，经过主观判断确定价值工程对象。可以从设计、施（加）工、制造、销售和成本等方面的各种影响因素进行综合分析，区分主次轻重，既考虑需要，也考虑可能，以保证对象选择的合理性。

2）ABC分析法。这是一种运用数理统计的分析原理，按照局部成本在总成本中比重的大小来选定价值工程对象的方法。通过对某一产品的全部零部件的成本比重进行分析，往往发现有少数几种零件在产品总成本中占的比重很大，即所谓"关键的少数"。如果将零件种数（或比率）与相应的累计成本值（或比率）的关系一一对应画在坐标轴上，就形成一条零件成本分配曲线。再运用ABC分类原则，将曲线图分为A、B、C三个区域，就可相应地将零件分为A、B、C三类。A类零件种数少而成本比重大，是对产品成本举足轻重的关键零件类，应列为VE对象；B类零件是次要零件类，有时亦可选（A+B）类作为VE对象；C类零件虽然种数很多，但对整体成本影响不大，暂可不作专门研究；这一曲线图能直观地表达产品成本中的主次因素，所以，也称主次因素图或ABC分析图。这种分析方法又称为成本比重分析法。ABC的划分原则要按产品及成本的具体情况而定，大致可参照表9-2划分。

表 9-2 ABC 分析法原则

零件种类	零件数量 n (%)	零件成本 C (%)	研究对象的选择
A	少 10%~20%	高 70%~80%	重点对象
B	其余	其余	一般对象
C	多 70%~80%	低 10%~20%	不作为对象

下面以自行车书包架为例。书包架的零件成本分析表如表 9-3 所示，零件成本分配比重曲线图如图 9-2 所示。

表 9-3 零件成本分析表

序号	零件名称	零件数量（件）	成本			分类
			成本额（元）	成本比率（%）	累计成本比率（%）	
1	外框	1	0.9132	41.98	41.98	A 类
2	支撑	2	0.5924	27.24	69.22	
3	横撑	4	0.2256	10.37	79.59	B 类
4	托架	1	0.1926	8.86	88.45	
5	接片	2	0.0870	4.00	92.45	C 类
6	夹杆	1	0.0740	3.40	95.85	
7	心轴	1	0.0530	2.44	98.29	
8	弹簧	2	0.0178	0.82	99.11	
9	5×12 铆钉	2	0.0178	0.82	99.93	
10	3×15 铆钉	2	0.0017	0.07	100	
	共计	18	2.1751	100		

以零件种数累计比率（%）为横坐标，成本累计比率为纵坐标，将 10 种零件按零件的成本比率的高低，依次标在坐标图上，连接各点就得到成本分配曲线。如果对象是不可分的连续产品或工艺时，可按成本的构成分类，如材料费、燃动费、工时费、管理费等，画出 ABC 曲线图。

外框及支撑的成本共占总成本的 69.22%，而零件种数仅占全部零件种数的 20%，故列为 A 类零件，接片、夹杆、心轴、弹簧、铆钉 5 类零件数之总和占全部零件种数的 60%，而累计成本仅占总成本的 11.55%，故列入 C 类零件。横撑与托架介于 A 类零件与 C 类零件之间，可列为 B 类零件。

A 类和 B 类两类零件的成本之和占总成本的 88.45%，是影响书包架成本上升的关键零件，降低成本的潜力较大，故此在有足够力量的情况下，将 A 类及 B 类零件同时列为书包架价值工程的分析对象。

ABC 分析法可层层反复运用，比如，可先用以找出 A 类部件，再从 A 类部

图 9-2 零件成本分配比重曲线图

件中找出 A 类零件，进而找出 A 类零件中的 A 类费用。在产品品种多或零件种类多的情况下使用主次因素图，更显得迅速、醒目、省事。ABC 分析法的应用范围不限于产品分析，在物资管理、编制生产作业计划等方面运用此法同样能找出重点，便于分类控制。ABC 分析法的缺点是：仅从成本比重大小的角度找 VE 对象，没有考虑功能因素，某些功能高而实际成本较低的零件，有可能因成本比率小而被列入 B 类零件或 C 类零件，因此，往往会漏掉成本上升虽比较小，但却需要改善功能的对象。

ABC 分析法的基本程序可分为开展分析和实施对策两个阶段。

第一阶段：开展分析。这是"区别主次"的过程。它包括以下步骤：

a. 收集数据。即确定构成某一管理问题的因素，收集相应的特征数据。

b. 计算整理。即对收集的数据进行加工，并按要求进行计算，包括计算特征数值、特征数值占总计特征数值的百分数、累计百分数、因素数目及其占总因素数目的百分数、累计百分数。

c. 根据一定分类标准，进行 ABC 分类，列出 ABC 分析表。各类因素的划分标准并无严格规定。习惯上常把主要特征值的累计百分数在 70%~80% 的若干因素称为 A 类，累计百分数在 10%~20% 的若干因素称为 B 类，累计百分数在 10% 左右的若干因素称为 C 类。

d. 绘制 ABC 分析图。以累计因素百分数为横坐标，以累计主要特征值百分数为纵坐标，按 ABC 分析表所列示的对应关系，在坐标图上取点，并联结各点成曲线，即绘制成 ABC 分析图。

第二阶段：实施对策。这是"分类管理"的过程。根据 ABC 分类结果，权衡管理力量和经济效果，制定 ABC 分类管理标准表，对三类对象进行有区别的管理。

3）强制确定法。强制确定法简称 FD 法。这种方法抓住每一事物的评价特性，然后把这些因素组合起来进行强制评价。该方法兼顾功能与成本，具体做法是先求出分析对象的成本系数、功能系数，得出价值系数，揭示出分析对象的功能与花费的成本是否相符，不相符、价值低的被选为价值工程的研究对象。该方法的理念是产品的功能和成本应当相互协调一致，即某产品某零部件的成本应与其功能的重要性相对应。

如果零部件的成本很高，而其功能在零部件中所处的重要性又较低，或者反之，成本与功能不相匹配，就可利用强制确定法，通过求算功能评价系数、成本系数、价值系数来判断对象的价值，选出 VE 的对象。

强制确定法除用于选择对象外，还可用来进行功能评价和方案评价。

其应用步骤如下：

a. 将构成产品的零部件按顺序排列出来。

b. 将各零部件逐一进行比较、打分，重要的多得分，不重要的少得分或不得分。

c. 将每个零部件所得分数除以各零部件的总和分数，求出每个零部件的功能评价系数。

d. 将每个零部件的目前成本系数除以全部零部件的总成本数，求出每个零部件的成本系数。

e. 将每个零部件功能评价系数除以成本系数，得出各零部件的价值系数。

f. 选取价值系数偏离 1 较多的零部件作为 VE 对象。

4）价值比较法。依据 $V = F/C$，在产品成本已知的基础上，将产品功能定量化，计算出产品价值，然后选取价值小的产品或零部件作为价值工程对象。

【例 9-1】某成片开发的居住区，提出了几种类型的单体住宅的初步设计方案，各方案的单体住宅居住面积及相应概算造价如表 9-4 所示，试选择价值工程研究对象的部分。

表 9-4　概算造价表

方案	A	B	C	D	E	F	G
功能：单位住宅居住面积/平方米	9900	3500	3200	5500	8000	7000	4500
成本：概算造价/万元	1100	330	326	610	1000	660	400
价值指数：V = F/C	9.00	10.61	9.82	9.02	8.00	10.61	11.25

结论：A、D、E 方案价值指数偏低，应选为价值工程的研究对象。

5）百分比法。百分比法是通过分析产品的两次技术经济指标所占的百分比来确定价值工程对象的一种分析方法。

【例 9-2】某企业有 6 种产品，与同行业相比之下，发现企业的成本偏高而利润偏低。运用百分比法分析这 6 种产品的成本及利润，从中找出成本高利薄的产品进行分析（表 9-5）。

表 9-5　百分比法

项目产品	成本		利润		本利对比	VE 选择
A	80	60.7	28	60.9	相当	
B	10	7.1	4	8.7	接近	
C	5	3.6	2	4.3	接近	√
D	25	17.9	3	6.5	本高利薄	
E	3	5.7	5	10.9	本低利厚	
F	7	5.0	4	8.7	本低利厚	
合计	140	100	46	100		

本例对比结果表明，产品 D 的成本比重大而利润比重小，是问题的症结，应作为价值工程对象。企业中各种费用，如运输费、燃料费、材料费、工具费、管理费等，都可用百分比法来发现问题，确定对象。这种方法具有较强的针对性和实用性。

百分比法亦可与 ABC 分析法联用。比如，先用 ABC 分析法找出 A 类费用之后，再用百分比法找出其中某项费用作为 VE 对象。

2. 收集情报

收集情报是价值判断的一个重要环节，没有准确可靠的情报，价值的分析将是空洞和错误的，与情报收集相关的内容如下：

（1）情报收集的原则。目的性、完整性、准确性、适时性、计划性、条理性。

（2）情报的主要内容。

1）使用和销售方面的内容。充分理解用户对对象产品的期待、要求。

2) 技术方面的内容。可以明白如何进行产品的设计改进才能更好地满足用户的要求，根据用户的要求内容如何进行设计和改进。

3) 经济方面的内容。成本是计算价值的必需依据，是功能分析的主要内容。在实际产品中，往往由于设计、施工、运营等方面的原因，其成本存在着较大的改善潜力。在广泛占有经济资料的基础上，通过实际成本与标准成本的比较、不同企业之间的比较，可以找出问题，分析差距，降低成本，提高产品价值。

4) 企业生产经营方面的内容。可以明白价值工程活动的客观制约条件，使创造出的方案既先进又切实可行。包括企业设计研究能力、施工生产能力、质量保证能力、采购、供应、运输能力、筹措资金的能力等。

（3）对情报的要求。

首先，情报要准确可靠。不准确、不可靠的情报，会给价值工程活动造成困难和错误，价值工程活动达不到预期效果，甚至失败。因此，对收集的情报必须仔细分析，加以判断，剔除不可靠的和错误的，将可靠的整理分类列出，对于需要而尚未收集到的情报应列出备忘，以便在价值工程活动过程中继续收集。

其次，情报必须提供及时。即使能得到大量准确可靠的情报，如果提供得不及时，也不能使价值工程活动得到应有的效果。情报的价值不仅取决于其数量和质量，还取决于提供的时间。情报只有在最需要的时候提供才有价值。

最后，情报的全面性。收集情报必须全面、系统、完整，方能有实际意义。

收集情报是价值工程实施过程中不可缺少的重要环节。通过资料、信息的收集、整理和汇总、分析，使人们开阔思路、发现差距、开拓创新，使价值工程活动加快速度、提高效率、减少费用、增大效益。因此，收集信息情报的工作不仅是选择对象的需要，而且是整个价值工程活动的基础。

为了确保实现情报收集的目的性、可靠性、全面性、及时性，需要加强情报收集的计划性，认真编制情报收集计划。情报收集计划一般包括：情报内容、情报来源、收集情报的时间、收集情报的方法和确定收集情报的人员等。

（4）收集情报资料的方法。询问法、查阅法、观察法、购买法、试销试用法。

扩展阅读

红指针和红油墨

在调节器上光亮的金属片上，镶嵌着红色指针，它的功能是，紧固在夹持螺杆的调节器的一端，这样，不外露螺杆同时又提供了顾客所要求的外观。

每年 100 万件产品的花费，审定为 20000 元。造型设计师被召去咨询，寻求推进开发方案的指导性建议。抛光过的不锈钢件是一种方案，它将同样完成该客户所爱好的功能，当然，还可以有别的方案。

工程设计师问："为什么红色指针的成本升高那么多？"回答是：它使得这小零件变成了一种"（商标）铭牌"，它强加了一定的成本及制造与采购的限制。别的一些方案，例如，抛光过的不锈钢，只是小小的标志而不采用（商标）铭牌的工艺，同时亦不限制制作铭牌的资源供应。

设计师果断地决定排除红色指针，而采用抛光过的不锈钢，他认为红色箭头的方案是不够好的，它使产品显得更像一种小玩具而不像应有的成熟可靠的产品，他从不喜欢在他的产品中涂上红色。但是又想不出另外的方案。这一改革的实施，既改善了顾客所要求的产品的外观价值，又使非必要的成本减少 15000 元。

尽管这个曾经用过的答案以及这个思维过程似乎很简单，但是一旦实行，按三到四年的设计寿命每年兑现 15000 元（每月 1250 元），显示了用于简单以及复杂问题的一项最合适的问题解决系统的效益。

资料来源：[美] 麦尔斯. 价值工程教程 [M]. 长少：湖南大学出版社，1987.

三、功能分析

功能分析是价值分析的核心，它针对产品及零部件，系统地分析和比较它们的功能，除掉不必要的功能和过剩功能，改善必要功能，从而达到以最少的成本、可靠地实现必要功能的目的。

价值工程的活动成果大小取决于价值分析，功能分析是价值工程活动的核心，通过功能分析，确定分析对象的功能和成本，进而计算其价值。功能分析包括功能定义、功能分类、功能整理等几项内容。

1. 功能定义

任何产品都具有特定的功能，这是产品之所以存在的理由，也是产品之间相互区别的基本特征。用简明准确的语言来描述，价值工程中的功能定义是指功能对价值工程对象及其构成要素的作用。

（1）功能定义的目的。价值工程的特点是从对象的功能出发对事物的功能进行本质的思考。在评价方案时，是以最低成本为尺度，衡量产品是否实现了用户所要求的功能。功能定义的目的是为了抓住功能的本质，把握住用户的要求，简洁地、定量地表达功能，以利扩大思路，为功能评价与方案创造打好基础。

（2）功能定义的方法。要用简明准确的语言来描述分析对象的功能。功能定义一般由一个动词和一个名词组成。

（3）功能定义的要求。在功能定义时，并非完全拘泥于简单的谓—宾结构，必要时也可加些限制词，但不要过于复杂，应以简明扼要为准则。表述功能定义有下述三点基本要求：

1）功能定义必须简明准确。功能定义必须简明准确，而不复杂、冗长，更不可模棱两可。通过准确的功能定义可以将产品的性能直接与用户购买产品的动机联系起来。

2）功能定义的表达要适当地抽象。功能定义的表达要有利于打开设计思路、开拓解决问题空间，应适当地加以抽象。

3）功能定义中的名词宜定量化。名词定量化是指尽量使用可测定数量的词汇来表示功能定义。只有定量地表达功能定义，才有可能区别性质上相同而数量标准不同的功能。

2. 功能整理

功能整理是用系统的思想分析各功能间的内在联系，并按照一定的逻辑关系，将众多的功能组成一个体系，给出功能体系图，发现和删除多余的功能，把握住功能改善区域，确定功能等级，从而确定价值工程的工作范围。

产品的功能是由产品的整体结构来实现的。每种产品往往可以分成许多不同的组成部分，各个组成部分又各自具有不同的功能。为了便于分析研究，必须将各种功能加以系统整理。功能整理的目的是找出并排除不必要功能，补充不足功能，进一步明确和修正功能定义。

功能整理是价值工程的重要环节，针对各具体产品，可以选择相应的功能整理方法。功能分析系统技术（Function Analysis System Technique，FAST）是一种常用方法。其主要步骤如下所述。

（1）确定基本功能。可以通过回答三个问题来拟定基本功能：①它的作用是必不可少的吗？②是主要目的吗？③如果它的作用改变了，它的制造工艺和零部件是全部改变了吗？

假若回答是肯定的，则这个功能就是基本功能。

（2）逐个明确功能逻辑关系。一个产品的许多功能之间存在着所属关系和并列关系。在功能整理中，要逐个明确各功能间的逻辑关系。

功能的所属关系亦称上下关系，即上位功能与下位功能的关系。一般来说，统一功能区中左右相邻的上位功能是下位功能的目的，而下位功能是上位功能的手段。

功能的并列关系是指对于较为复杂的功能系统，在上位功能之后往往有几个并列的功能存在，这些功能处于同等地位，都是为了实现共同目的而必须具备的手段。

（3）绘制功能系统图。无论功能关系简单或复杂，任何产品的功能都是成系统的。在产品内部存在着大大小小的功能，按照一定的内在逻辑关系结合在一起，就形成了功能系统，将功能之间的上下或并列关系顺序排列下去，上位功能在左，下位功能在右，就得到表示功能关系的功能系统图。

功能系统图的一般模式如图 9-3 所示。

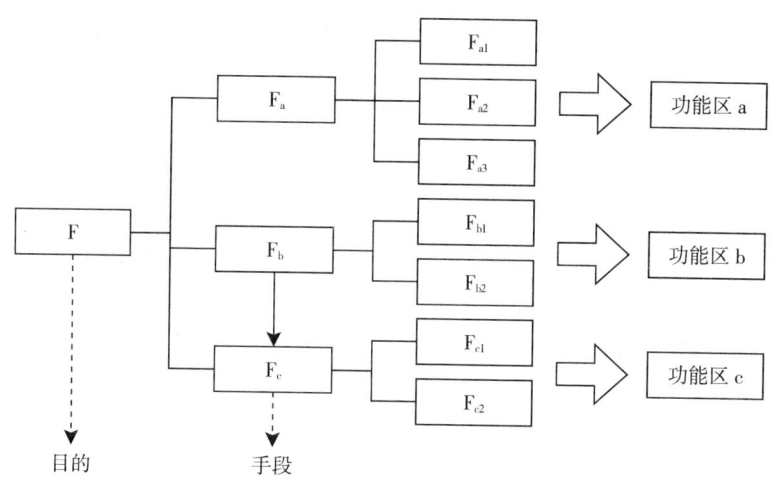

图 9-3　功能系统图的一般模式

功能系统图的作用很大，在功能评价和研究改进方案时，可以沿着图中各功能的顺序，逐个功能地予以分析和评价。

例如，老式打火机的功能系统图如图 9-4 所示。

图 9-4　老式打火机的功能系统图

四、功能评价

通过功能分析与功能整理明确必要功能后，价值工程的下一步工作就是功能评价。功能评价，即评定功能的价值，是指找出实现功能的最低费用作为功能的目标成本（又称功能评价值），以功能目标成本为基准，通过与功能现实成本的比较，求出两者的比值（功能价值）和两者的差异值（改善期望值），然后选择功能价值低、改善期望值大的功能作为价值工程活动的重点对象。功能评价工作可以更准确地选择价值工程研究对象，制定目标成本有利于提高价值工程工作效率、增加工作人员的信心。

1. 功能评价的程序

基本工作步骤如下：

第一步：计算功能现实成本。其方法是根据传统的成本核算资料，将产品或零件的现实成本按功能进行分配，换算成功能的现实成本。

第二步：求功能评价值。功能评价值是指可靠地实现用户要求功能的最低成本，它可以理解为是企业有把握，或者说应该达到的实现用户要求功能的最低成本。从企业目标的角度来看，功能评价值可以看成是企业预期的、理想的成本目标值。功能评价值一般以功能货币价值形式表达。

功能重要性系数评价法是一种根据功能重要性系数确定功能评价值的方法。这种方法是把功能划分为几个功能区（即子系统），并根据各功能区的重要程度和复杂程度，确定各个功能区在总功能中所占的比重，即功能重要性系数。然后将产品的目标成本按功能重要性系数分配给各个功能区作为该功能区的目标成本，即功能评价值。

第三步：计算功能价值和改善期望值，选择研究对象。功能价值计算公式为：$V = F/C$，式中，V 为功能价值（系数），F 为功能评价值，C 为功能现实成本，$F-C$ 为改善期望值，即成本降低幅度，F 为目标成本。

功能价值 V 的计算方法可分为两大类——功能成本法与功能指数法。

（1）功能成本法。功能成本法又称为绝对值法，它是通过一定的测算方法，测定实现应有功能所必须消耗的最低成本，同时计算为实现应有功能所耗费的现实成本，经过分析、对比，求得对象的价值系数和成本降低期望值，确定价值工程的改进对象。

功能的价值系数计算结果有以下三种情况：

1) $V = 1$。即功能评价值等于功能现实成本，这表明评价对象的功能现实成本与实现功能所必需的最低成本大致相当。此时评价对象的价值为最佳，一般无须改进。

2）$V<1$。即功能现实成本大于功能评价值。表明评价对象的现实成本偏高，而功能要求不高，这时一种可能是由于存在着过剩的功能，另一种可能是功能虽无过剩，但实现功能的条件或方法不佳，以致使实现功能的成本大于功能的实际需要。这两种情况都应列入功能改进的范围，并且以剔除过剩功能及降低现实成本为改进方向，使成本与功能比例趋于合理。

3）$V>1$。说明该部件功能比较重要，但分配的成本较少，即功能现实成本低于功能评价值。此时应进行具体分析，功能与成本的分配可能已较理想，或者有不必要的功能，或者应该提高成本。

应注意一个情况，即 $V=0$ 时，要进一步分析。如果是不必要的功能，该部件则取消；但如果是最不重要的必要功能，则要根据实际情况处理。

（2）功能指数法。功能指数法又称相对值法，在功能指数法中，功能的价值用价值指数来表示，它是通过评定各对象功能的重要程度，用功能指数来表示其功能重要程度的大小，然后将评价对象的功能指数与相对应的成本指数进行比较，得出该评价对象的价值指数，从而确定改进对象，并求出该对象的成本改进期望值。

价值指数的计算结果有以下三种情况：

1）$V=1$。此时评价对象的功能比重与成本比重大致平衡，合理匹配，可以认为功能的现实成本是比较合理的。

2）$V<1$。此时评价对象的成本比重大于其功能比重，表明相对于系统内的其他对象而言，目前所占的成本偏高，从而会导致该对象的功能过剩。应将评价对象列为改进对象，改善方向主要是降低成本。

3）$V>1$。此时评价对象的成本比重小于其功能比重。出现这种结果的原因可能有三种：第一，由于现实成本偏低，不能满足评价对象实现其应具有的功能要求，致使对象功能偏低，这种情况应列为改进对象，改善方向是增加成本；第二，对象目前具有的功能已经超过了其应该具有的水平，也即存在过剩功能，这种情况也应列为改进对象，改善方向是降低功能水平；第三，对象在技术、经济等方面具有某些特征，在客观上存在着功能很重要而需要消耗的成本却很少的情况，这种情况一般就不应列为改进对象。

如图9-5所示，与横轴成45°的一条直线为理想价值线（$V=1$）。围绕该线有一个由两条曲线围成的喇叭形区域，叫做最适合区域。在此区域中的点是功能与成本较适合的点,可不作重点改善的目标。而在区域外的点,不管是落在喇叭形区域上方（V > 1）,还是在落在喇叭形区域下方的点（V < 1）都属于功能改善目标。

图 9-5 最适合区域图

第四步：确定功能改善对象,这是价值工程功能分析与评价的最后一个步骤,通过这一步,确定哪些因素是改进的对象以及改进的目标,为改进方案的提出、产品价值的提高提供依据。确定对象改进范围应遵循如下原则：

(1) C 值低的功能区域。计算出来的 V < 1 的功能区域,基本上都应进行改进,特别是 V 值比 1 小得较多的功能区域,应力求使 V = 1。

(2) C - F 值大的功能区域。当 n 个功能区域的价值系数同样低时,就要优先选择 C - F 数值大的功能区域作为重点对象。一般情况下,当 C - F 大于零时,C - F 大者为优先改进对象。

(3) 复杂的功能区域。复杂的功能区域,说明其功能是通过采用很多零件来实现的。一般说来,复杂的功能区域其价值系数也较低。

2. 功能评价的方法

主要评价方法有：经验估算法、理论价值标准法、实际价值标准法、逻辑判断法、实际统计值评价法、功能重要性系数法、最合适区域法等。下面介绍其中的几种。

(1) 经验估算法。这种方法是由价值工程人员以及一些邀请的有经验的技术人员、专家对实现某一功能的几个方案进行成本估算,取成本最低的为目标成本。在要求精度不高的情况下,这是一种简便有效的方法。

(2) 理论价值标准法。有些功能成本可以根据物理学、材料力学和其他的工程计算方法进行计算，直接求出实现该功能的最低成本，进行功能评价。理论价值标准法比较科学可靠，应用简便，不需要评价的特殊技巧及熟练程度。但是该方法仅限于能够用物理学、材料力学等工程计算公式计算的，而且用理论公式计算往往考虑不到实际情况，所以作为研究对象的现实目标成本还要进一步结合市场行情、企业状况、国家政策等综合考虑。

（3）实际价值标准法。实际价值标准法，是指广泛收集企业内外实现同样功能的已有产品资料，从中选择成本最低的产品作为价值标准。实际价值标准法的实施步骤如下：

第一步：广泛收集企业内外实现同样功能的已有产品资料，包括其功能、功能的实现程度、产品成本资料以及实现功能的约束条件（如可靠性、操作性、质量、维修性等）。

第二步：将所收集的产品资料按功能实现程度进行分类并排列顺序。

第三步：根据实际价值标准决定产品目标成本。

采用实际价值标准法制定目标成本的价值标准现实存在，有说服力。但是现在的产品功能真的尽善尽美了吗？仍有可能存在过剩功能或功能不足，而且产品的功能与成本是不断变化的，所以选择实际价值标准时，一定要注意变化的情况，进行适当修正。

（4）逻辑判断法。逻辑判断法也是一种相对评分方法，对研究对象各个功能区域进行功能评分，进行逻辑判断活动并给出功能评价系数。这种方法可以在强制确定法和 DARE 法的基础上进行。其评价步骤为：

第一步：进行定性评价，由上而下依次排出各零件功能重要程度的顺序。

第二步：自上而下进行对比，分析功能之间的关系，给出逻辑判断。

第三步：暂定最下一项的功能分值为某一数值，按照逻辑判断的数量界限依次打分。

第四步：每一功能的功能值除以得分总合，即得该零件功能评价系数。

逻辑流程判断法确定的功能评价系数，更能准确反映各个零件功能的实际情况，按功能评价系数分配的目标成本比较切合实际。但功能评价时，逻辑判断有一定主观色彩。

（5）实际统计值评价法。这种方法是根据大量统计资料，依据产品的基本功能成本、辅助功能成本，预测价值工程研究对象总成本中实现基本功能的成本和实现必要的辅助功能所需要的成本以及二者之间的比例，运用该比例关系决定研究对象的功能评价值。随着经济的发展和市场竞争的激烈，产品的竞争日益集中在辅助功能的竞争，所以产品价值改善的很大一部分取决于产品的辅助功能，预测产品的功能评价值时要考虑必要的辅助功能。

实际统计值法在展开评价工作时，首先收集若干同类产品的资料，经分析研究把现实成本分为三个部分：基本功能成本 F_b、必要的辅助功能成本 F_s、不必要的辅助功能成本 F_u，求出必要的辅助功能成本与基本功能成本的比例 R，$R = F_s/F_b$。然后求出价值工程研究对象的基本功能评价值，再利用已求出的（根据统计资料）R，根据公式：$F = F_b(1 + R)$，求出研究对象的全部功能评价值。

实际统计值评分法简便易行，可以在短时间内进行评价，缺点是必要辅助功能成本比例难以准确确定。

随着科学技术的发展和价值分析的多次循环不断深入，在必要的辅助功能中会进一步分离出某些不必要的辅助功能，而必要的辅助功能有不断下降的趋势。R 的数值也会相应变化，需要适时修正。

五、方案创造与方案评价

方案创造与方案评价是价值工程第三阶段的两项主要工作。

1. 方案创造

方案创造是从提高对象的功能价值出发，在正确的功能分析和功能评价的基础上，针对应改进的具体目标，通过创造性的思维活动提出能够可靠地实现必要功能的新方案。方案创造的方法有很多种，下面介绍几种常用方法。

（1）头脑风暴法（BS 法）。BS 是 Brain Storming 的缩写，是指自由奔放、打破常规、创造性地思考问题。我国的"诸葛亮会"与此类似。一般由 5~13 个人参与为宜，主持人要熟悉价值工程研究对象、善于引导，参加人员要有企业内外部的专业人员。BS 法有四条规则：①不互相指责；②鼓励自由地提出想法；③欢迎提出大量方案；④欢迎完善别人提出的方案。在会议上对表达的设想，不必追求全面系统，但记录工作一定要认真。国外经验证明，采用头脑风暴法提出方案比同样的人单独提出方案的效果要大 65%~93%。

（2）哥顿法。哥顿法是 1964 年由美国人哥顿提出来的。在会议上，主持人仅把要解决的问题抽象介绍，使会议参加者并不明白会议的研究问题，以开拓思路。以有名的稻谷脱粒机案例为例，主持人首先提出如何使物体"分离"，与会者可以回答"切断"、"锯断"、"剪断"、"烧断"等方法，会议主持人再进一步提出如何使稻谷与稻草分离的问题，最后会议形成一种高效率圆筒式稻谷脱粒机的方案。哥顿法的优点是将问题抽象化，有利于减少束缚、产生创造性想法，难点在于主持者如何引导。

（3）德尔菲法。德尔菲法的工作方法是将要解决的问题进行分解，选择一定数量的专业人士，将提案要求寄出去，各专业人士分别提出自己的设想方案并寄回，组织者把各方面意见加以整理汇总，形成不同的改进方案，再次寄出去供提案人员（专业人士）分析，组织者再次收到意见后选出少数方案后再寄出去。如此反复，最后形成最优方案。德尔菲法的优点是成员之间互不见面，可以排除权威、资历、多数意见等心理因素影响，有利于方案创造，缺点是时间较长。

（4）T·T-STORM 法。STORM 是 Systematic Thinking of Objective Realizing Method 的缩写，意思是实现目标的思考方法。该法是由日本经营合理化中心武知考夫提出的，T·T 是武知考夫罗马字母拼音的字头。该方法的具体步骤如表 9-6 所示。

表 9-6　T·T-STORM 法的具体步骤

步骤	内容
集中目标	深刻领会对象问题的真正目的，明确定义
广泛思考	自由联想，提出多种新方案
搜索相似点	抽出新方案的关键词作强制联想，使这些方案得到发展
系统化	把实现目的的各方案系统化，并把这些方案添加到产品设计上
排队	把提出的方案按价值大小排列顺序，进行选择分析
具体化和提炼	把各种设想方案具体化，并同其他功能和对象问题联系起来，以求把解决问题的方案具体化
制定模式	确定新方案的细节问题，确定能实现功能的最有价值的具体方案

（5）输入输出法。该方法是美国通用电气公司用于产品设计的一种方法，将用户需要解决的问题作为"输入"，把企业满足用户要求的目标作为"输出"，将"功能要求事项"作为"制约条件"进行方案创造。

（6）类比法。类比法是哥顿的又一研究成果，又称 Synectics，意思是把不同的、看起来毫无联系的因素进行联想，类比得出方案。类比法有三种：

1）直接类比。例如：有没有在水中和陆地都能走的动物？

龟→龟的机理→水陆两用汽车。

2）象征类比。例如：用神话进行类比，开发一种新型钥匙。

（故事）念咒→声音→声波→电信号交换装置→（产品）根据电气原理制成的钥匙。

3) 拟人类比。例如，对于传递力矩的轴。

把自己设想为一根轴时所具有的心情 { 两边受力太大了 ——→ 试图改进安装、改进材料
阻力太大了 ——→ 试图改进有障碍的地方
空间狭窄，挤得难受 ——→ 试图改进空间布置 }

2. 方案评价

方案评价是在方案创造的基础上对新构思方案的技术、经济、社会和环境效果等几方面进行估价，以便于选择最佳方案，最后予以实施。方案评价包括概略评价和详细评价两个阶段。其评价内容和步骤都包括技术评价、经济评价、社会评价以及综合评价。概略评价是对方案创造阶段提出的各个方案设想进行初步评价，目的是淘汰那些明显不可行的方案，筛选出少数几个价值较高的方案，以供详细评价作进一步的分析。详细评价是在掌握大量数据资料的基础上，对通过概略评价的少数方案，从技术、经济、社会三个方面进行详尽的评价分析，为提案的编写和审批提供依据。

在对方案进行评价时，无论是概略评价还是详细评价，一般可先做技术评价，再分别进行经济评价和社会评价，最后进行综合评价。

（1）技术可行性评价。技术可行性评价是评价方案实现必要功能的程度，以价值工程研究对象是产品为例，其技术可行性可从如下几个方面进行评价：①功能的实现程度（性能、质量、寿命等）；②可靠性；③可维修性；④操作性；⑤安全性；⑥整个系统的协调性；⑦与环境的协调。技术可行性评价，力求把技术指标定量化，以便进行比较选择。技术经济价值量计算公式为：

$$X = \frac{\overline{P}}{P_{max}} \tag{9-8}$$

式中：X 表示技术价值；

$\overline{P}$ 表示各项技术项目得分的算术平均值；

P_{max} 表示评分标准的最高得分。

理想方案是技术价值为1，一般 X > 0.8 是很好的方案，X < 0.6 为不可行方案。

（2）经济可行性评价。经济可行性评价从成本与利润两个方面进行综合考虑，侧重以成本为指标进行评价，综合考虑企业经营需要、实施改进方案的费用情况、适用时期、方案实施条件等。经济可行性评价的公式为：

$$Y = \frac{H_i}{H} \tag{9-9}$$

式中：Y 表示经济效益；

H_i 表示目标成本（理想成本）；

H 表示新方案制造成本。

理想方案是经济效益为 1，一般 $Y>0.7$ 是很好的方案，$Y<0.5$ 应舍弃。

经济可行性评价的方法一般有以下几种：

1）变动成本法，是指将成本划分为固定成本与变动成本，计算盈亏平衡点。其基本公式为：

$$X = \frac{C}{P-V} \quad (9-10)$$

式中：X 表示盈亏平衡点产量；

C 表示固定成本；

P 表示产品单价；

V 表示单位产品变动成本。

2)"总额"法与"差额"法。总额法，是指对影响利润或成本的全部因素加以计算，求出总利润或总成本进行比较的一种方法。差额法，是指只对影响利润或成本有差异的因素加以计算，进行差额比较的一种方法，这种方法简便、节省时间。

（3）社会评价。社会评价，是指方案的社会效果的评价。企业作为社会的成员，有其社会属性，要谋求企业的利益与社会利益的一致。社会评价主要包括以下几方面内容：①方案是否符合国家规划；②方案实施资源利用是否合理；③方案实施是否达到国家颁布的关于环境保护的有关规定；④方案是否符合国家、社会的其他要求。

（4）方案综合评价。方案综合评价是在上述三种评价的基础上，对整个方案做出综合的、整体的评价。综合评价时要综合考虑各指标因素之间的重要性比重、各方案对评价指标的满足程度，从而判断和选择出最优方案。用于方案综合评价的方法很多，从整体上说，可区分为定性评价法和定量评价法。定性评价法简单且全面，但是这种方法缺乏定量依据，容易把一些相近的方案全部排除或对于相近的方案难以选择，常用的定性方法有德尔菲（DelPhi）法、优缺点列举法等。定量评分法是指用评分法评价每一方案的得分来选择方案的方法，常用的定量方法有直接评分法、加权评分法、比较价值评分法、环比评分法、强制评分法、几何平均值评分法等。下面介绍几种常用的具体定量评分方法。

1）DARE 法，是指根据评价指标重要性程度（W_i）和方案对评价指标的满足程度（S_i）进行综合评价的方法。其具体步骤为：

第一步，确定重要性系数 W_i。

第二步，确定方案对评价指标的满足程度系数。

第三步，确定方案的评分值，计算公式为：

$$A_i = \sum W_i S_i \qquad (9-11)$$

最后，根据 A_i 数值，选择总评分值最高的方案为最优方案。

2) 加法评分法与乘法评分法，这两种方法都是将评价项目按满足程度分为若干等级，确定各级评分标准并进行评分。加法评分法如表 9-7 所示。

表 9-7 加法评分法

评价项目			对比方案			
内容	评价等级	评分标准	A	B	C	D
功能	绝对必要	30	30			
	一般	20		20		20
	较小	10			10	
竞争能力	强	10	10			
	中	8		8		8
	弱	5			5	
市场规模	大	8		8		
	中	6	6			
	小	3			3	3
生产能力	充分利用现有基础	15	15			
	增加设备，少量投入	10		10	10	
	增加大量收入	6				6
评分总数		25~63	61	46	28	37

从表中可以看出，A 方案的评分值最高，可确定为最优方案。

乘法评分法与加法评分法类似，各方案的每一个评价指标得分累计相乘。由于总分值由乘积确定，因而方案之间分值差距较大，对比醒目。

第三节　价值工程的应用实例

进行一项价值分析，首先需要选定价值工程的对象。一般说来，价值工程的对象是要考虑社会生产经营的需要以及对象价值本身有被提高的潜力。例如，选择占成本比例大的原材料部分，如果能够通过价值分析降低费用提高价值，那么这次价值分析对降低产品总成本的影响也会很大。当我们面临一个紧迫的境地，例如，生产经营中的产品功能、原材料成本都需要改进时，研究者一般采取经验分析法、ABC 分析法以及百分比分析法。选定分析对象后需要收集对象的相关情报，包括用户需求、销售市场、科学技术进步状况、经济分析以及本企业的实际能力等。价值分析中能够确定的方案的多少以及实施成果的大小与情报的准确程度、及时程度、全面程度紧密相关。有了较为全面的情报之后就可以进入价值工程的核心阶段——功能分析。在这一阶段要进行功能的定义、分类、整理、评价等步骤。经过分析和评价，分析人员可以提出多种方案，从中筛选出最优方案加以实施。在决定实施方案后应该制定具体的实施计划，提出工作的内容、进度、质量、标准、责任等方面的内容，确保方案的实施质量。为了掌握价值工程实施的成果，还要组织成果评价。成果的鉴定一般以实施方案的经济效益、社会效益为主。作为一项技术经济的分析方法，价值工程做到了将技术与经济紧密结合，此外，价值工程的独到之处还在于它注重与提高产品的价值、注重在研制阶段开展工作，并且将功能分析作为自己独特的分析方法。

下面以公路建设方案为例来说明价值工程在工程项目建设方面的指导作用。

1. 老线方案（即部分沿老路改建的方案）

该方案的特点是将原有公路在符合路线总方向且前后无其他限制的路段加宽利用，不能利用的路段则进行改线，此方案长 181.2km，比原有公路短 5.4km。其中，利用老路加宽的共长 82.6km，改线长 98.6km。

与新线方案比较，老线方案主要有以下缺点：

里程长 6km，将会长期浪费运力和能源，增加用路者费用；改建不利于将来进一步提高等级；不可避免穿过集镇和居民区，事故隐患大；拆迁面大，给施工增加困难；利用老路地段路基标高不能提高到要求高度，故不能保证强度，从而减少使用寿命；由于平交多无法对来往车辆收取过路费，使资金筹措发生问题等。

2. 新线方案

该方案的特点是全部新建一条 I 级公路，并保留老路作慢车道和区间交通用，此方案路长 175.2km，比原有公路短 11.4km，比老线方案短 6km。其基本走向与老线方案平行。

老线方案的缺点是新线方案的优点，但新线方案也有一些问题：通过地形比老线方案低 1m 左右，土方工程量大；占用土地多；建设期投资比老线方案大，但经济效益大。

各方案投资如表 9-8 所示。

表 9-8　各方案投资

方案名称	老线方案	新线方案
建设期投资（万元）	50074	55175
使用期投资（万元）	4690.8	7157
寿命期总成本（万元）	54764.8	62332
各方案总里程（km）	181.2	175.2
每千米寿命期总成本（万元）	302.234	355.776

问题：请运用价值工程对设计方案进行评价。

解：

首先，重点计算各方案的功能指数。

（1）通过功能分析，得出公路的各项功能相对重要性系数（即各项功能的权重）。

（2）按照功能要求由专家对各方案所满足的各项功能进行 10 分制评分，进而采用加权评分法计算各方案的功能指数。

其次，有了各方案的功能指数，再分别计算各方案的成本指数和价值指数。

最后，根据价值指数选择最优方案。

（1）功能分析。

1）功能定义：公路的功能可以定义为通行车辆。

2）功能整理：公路的功能可以整理为基本功能和辅助功能，排列如图 9-6 所示。

3）通过功能整理把公路的功能归类为两类八种，这八种功能在公路功能中占有不同的地位。因而需要确定公路的各项功能相对重要性系数（即各项功能的权重）。

这里采用用户、设计、施工单位三家加权评分法，三者的权数分别设定为 60%、30%、10%（见表 9-9）。

（2）计算各方案的功能指数（见表 9-10）。

按照功能要求由专家对各方案所满足的各项功能进行 10 分制评分，进而采用加权评分法计算各方案的功能指数。

（3）成本评价系数的计算（见表 9-11）。

（4）价值系数的计算（见表 9-12）。

结论：由表 9-12 的计算结果可知，新线方案的价值指数最高，为最优方案。

图 9-6 功能整理图

表 9-9 加权评分表

功能		用户评分		设计人员评分		施工人员评分		功能权重
		得分①	①×0.6	得分②	②×0.3	得分③	③×0.1	
基本功能	F_1	40.55	24.33	30.67	9.201	31.75	3.175	0.3671
	F_2	10.25	6.15	13.45	4.035	13.25	1.325	0.1151
	F_3	8.15	4.89	12.25	3.675	15.45	1.545	0.1011
	F_4	9.25	5.55	5.55	1.665	10.55	1.055	0.0827
辅助功能	F_5	10.75	6.45	10.18	3.054	10.90	1.09	0.1059
	F_6	10.25	6.15	12.35	3.705	5.25	0.525	0.1038
	F_7	5.30	3.18	5.33	1.599	10.35	1.035	0.0581
	F_8	5.50	3.30	10.22	3.066	2.50	0.25	0.0662
合计		100	60	100	30	100	10	1

表 9-10 各方案的功能指数

评价因素		方案功能得分	
功能因素	功能权重	新线方案	老线方案
F_1	0.3671	10	7
F_2	0.1151	10	8
F_3	0.1011	10	10
F_4	0.0827	9	7
F_5	0.1059	9	6
F_6	0.1038	10	6

续表

评价因素		方案功能得分	
功能因素	功能权重	新线方案	老线方案
F_7	0.0581	8	9
F_8	0.0662	9	6
方案总分		9.6290	7.2587
功能指数		0.5702	0.4298

注：$9.6290 = 0.3671 \times 10 + 0.1151 \times 10 + 0.1011 \times 10 + 0.0827 \times 9 + 0.1059 \times 9 + 0.1038 \times 10 + 0.0581 \times 8 + 0.0662 \times 9$

$0.5702 = 9.6290 / (9.6290 + 7.2587)$

表 9-11　成本评价系数计算表

方案名称	单位总成本（万元）	成本系数
老线方案	302.234	$0.4593 = 302.234/658$
新线方案	355.776	0.5407
合计	$658 = 302.234 + 355.776$	1

表 9-12　价值系数

方案名称	功能评价系数	成本系数	价值系数	最优
老线方案	0.4298	0.4593	$0.9358 = 0.4298/0.4593$	
新线方案	0.5702	0.5407	1.0546	√

本章小结

价值工程是一种在各个行业广泛运用的工程经济方法，它用"价值"的概念，把技术和经济统一起来，通过对功能的分析量化和对比，确定需要改进的对象和需要达到的预期目标；谋求以最低的成本实现必要的功能，力求在满足使用者要求的同时，可以使企业和社会都获得最佳的经济效益，充分合理地利用有限的资源。

对于价值工程的关键技术，在于深刻理解价值、功能和成本之间的相互关系，在于功能分析方法、功能评价方法的灵活掌握。关于方案创造与实施评价则是需要对改善目标正确认识和与团队成员间的默契配合。

在经济全球化的历史大背景下，我国要保持有利的竞争优势；充分合理利用资源，有利于我国实现可持续发展。价值工程思想和价值工程技术在我国的推广和使用有着不可忽视的社会意义。

概念回顾

价值工程（Value Engineering）：以提高产品价值和有效利用资源为目的，通过有组织的创造性的工作，寻求用最低的寿命周期成本，可靠地实现所研究对象的必要功能，从而提高对象价值的思想方法和管理技术。

寿命周期成本（Life Cycle Cost）：从对象被研究开发、设计制造、用户使用直到报废为止的经济寿命期间所发生的各项成本费用之和，其中包括生产成本和使用成本。

功能分析（Functional Analysis）：功能分析是价值分析的核心，它针对产品及零部件，系统地分析和比较它们的功能，除掉不必要的功能和过剩功能，改善必要功能，从而达到以最少的成本、可靠地实现必要功能的目的。

功能评价（Function Evaluation）：即评定功能的价值，是指找出实现功能的最低费用作为功能的目标成本（又称功能评价值），以功能目标成本为基准，通过与功能现实成本的比较，求出两者的比值（功能价值）和两者的差异值（改善期望值），然后选择功能价值低、改善期望值大的功能作为价值工程活动的重点对象。

最适合区域（The Most Suitable Area）：以成本系数为横坐标，功能评价系数为纵坐标，与横轴成45°的一条直线为理想价值直线，由围绕该直线的两条双曲线围成的喇叭形区域叫做最适合区域，即功能与成本比较合理的区域。

练习题

1. 价值工程是什么？价值、功能、成本又是什么关系？提高价值有哪些途径？
2. 什么是寿命周期和寿命周期成本？寿命周期成本在价值工程中的意义有哪些？
3. 什么是功能？功能如何分类？
4. 功能分析的目的是什么？什么是上位功能和下位功能，它们之间有什么关系？
5. 什么是功能评价？常用的评价方法有哪些？
6. 什么是价值工程对象的选择？什么是ABC分析法？
7. 如何进行功能整理？怎样绘制功能系统图？

8. 如何创造方案和实施方案？如何进行方案的评价？

案例分析

价值工程应用案例

某市高新技术开发区有两幢科研楼和一幢综合楼，其设计方案对比项目如下：

A 楼方案：结构方案为大柱网框架轻墙体系，采用预应力大跨度叠合楼板，墙体材料采用多孔砖及移动式可拆装式分室隔墙，窗户采用单框双玻璃钢塑窗，面积利用系数为 93%，单方造价为 1438 元/m^2；

B 楼方案：结构方案同 A 方案，墙体采用内浇外砌，窗户采用单框双玻璃腹钢塑窗，面积利用系数为 87%，单方造价为 1108 元/m^2；

C 楼方案：结构方案采用砖混结构体系，采用多孔预应力板，墙体材料采用标准黏土砖，窗户采用单玻璃空腹钢塑窗，面积利用系数为 79%，单方造价为 1082 元/m^2。

方案各功能和权重及各方案的功能得分如表 9-13 所示。

表 9-13 各方案得分表

方案功能	功能权重	方案功能得分		
		A	B	C
结构体系	0.25	10	10	8
模板类型	0.05	10	10	9
墙体材料	0.25	8	9	7
面积系数	0.35	9	8	7
窗户类型	0.10	9	7	8

案例来源：http://wenku.baidu.com/view/1e6cf9e9172ded630b1cb6ab.html.

思考题：

1. 试应用价值工程方法选择最优设计方案。

2. 为控制工程造价和进一步降低费用，拟针对所选的最优设计方案的土建工程部分，以工程材料费为对象开展价值工程分析。将土建工程划分为四个功能项目，各功能项目评分值及其目前成本如表 9-14 所示。按限额设计要求，目标成本额应控制为 12170 万元。试分析各功能项目和目标成本及其可能降低的额度，并确定功能改进顺序。

表 9-14 各功能项目评分值及其目前成本

功能项目	功能评分	目前成本（万元）
A. 桩基围护工程	10	1520
B. 地下室工程	11	1482
C. 主体结构工程	35	4705
D. 装饰工程	38	5105
合计	94	12812

第十章 项目后评价

☞ **学习目标**

1. 了解项目后评价的概念、产生与发展历程。
2. 理解项目后评价的特点以及作用。
3. 掌握项目后评价的内容与方法。
4. 学会项目后评价报告的撰写。

☞ **章前引例**

济宁三号矿井建设项目后评价

21世纪第一年,我国正式加入世界贸易组织,标志着我国经济进一步融入国际社会。而建设项目的评价则是与世界经济接轨的内容之一。20世纪70年代,世界银行和一些发达国家就普遍开展了建设项目的项目前评估和项目后评价工作,其目的就是强化项目投资管理,提高决策水平,检验投资效果。

我国项目后评价的研究和试点始于20世纪80年代。国家有关部门参照世界银行和工业发达国家项目后评价的理论和方法,对国家重点建设项目的实施进行了研究和探讨,并对国家利用外资的项目进行了项目后评价试点,取得了初步成果和经验。在此基础上,1990年,国家计委发布了《关于开展国家重点建设项目后评价工作的通知》,把项目后评价正式纳入基本建设程序,并下达了第一批进行项目后评价的国家重点建设项目的单位名单,兖矿集团公司的鲍店煤矿就是其中之一。1991年,国家计委又下达了第二批进行项目后评价的国家重点建设项目的单位名单,兖州矿区也在其列。

其中,济宁三号矿井是"八五"至"九五"期间国家重点建设项目,也是我国建设的最大立井,其设计规模、技术装备和基建投资都是全国煤矿前所未有的。对于这样一座特大型煤矿,从地质勘探、矿井设计、建设施工、资金利用到生产状况进行全面、科学、客观、公正的评价是十分必要的。

矿井后评价的主要目的是通过剖析、评述和论证，对项目的立项、设计、建设施工和生产等过程做全面系统的分析，肯定成绩、总结经验、以供后用；找出问题、吸取教训、以资借鉴。为今后建设矿井提供有价值的参考，以提高决策水平、设计水平、施工水平和投资效果。

济宁三号矿井的建设项目后评价的主要内容包括四大部分：

第一部分为矿井概况与现状。其中包括矿区的建设与现状，济宁三号矿井建设概况，诸如地质概况、立项经过、建设概况和验收及交接情况，投产及其之后的生产状况等内容。

第二部分为矿井建设项目的立项、设计、施工和生产情况分析与评价。主要内容包括前期准备工作评价、矿井设计评价、建设施工评价和经济效益评价。

第三部分为专题研究。为使济宁三号煤矿今后更加健康、稳定和持续发展，也为今后建设煤矿从中吸取经验和教训，撰写了具有现实和长远价值的11个专题。

第四部分为矿井前景展望，政策与建议。

本书在前面的章节分别讲述了项目的方案比选和工程项目财务评价、项目的不确定性分析。本章主要介绍项目后评价，上述案例即为项目后评价的典型运用。项目后评价虽然有别于项目评价，但又与项目评价有着诸多的联系。项目后评价是检验工程项目管理工作质量、总结工程项目决策的经验和教训、提高项目决策和实施管理水平的有效方法，对实现投资决策的程序化、科学化、民主化和规范化具有十分重要的意义。

资料来源：兖矿集团有限公司. 济宁三号矿井建设项目后评价与展望［M］. 北京：煤炭工业出版社，2002.

第一节　项目后评价概述

投资项目后评价不同于投资项目前评价与可行性研究，它是在投资项目建成投产并运行一段时间（一般为2年或达到设计生产能力的年份）以后，对项目立项、准备、决策、实施到投产运营的全过程投资活动进行综合评价，从而判别项目投资目标的实现程度。项目后评价的具体实施过程就是对项目前评价与可行性研究报告及其设计文件中规定的技术经济指标进行再评价。项目后评价考察项目环境影响情况和社会影响情况,并通过对整个投资项目建设过程各阶段工作的回顾,对项目投资全过程的实际情况(施工、建设、投产经营等)与预计情况进行比较研究,衡量和分析实际情况与预测情况偏离的程度,说明项目成功与失败的原因,全面总结投资项目管理的经验和教训并将总结的经验和教训反馈到将来的项目中去,作为其参考和借鉴,为以后的项目管理工作改善和制定合理科学的投资计划及各项规定提供重要依据,从而达到提高项目投资决策水平、管理水平和投资效益的目的。

一、项目后评价概述

国外工程建设项目后评价几乎与项目前评价同时产生。最早产生于20世纪30年代的美国,主要为了适应当时罗斯福政府对重大社会计划项目管理的需要,作为监督政府"新政"政策性投资的手段。到20世纪60年代,美国、英国等发达国家的财政、审计机构及援外单位已开始进行项目后评价工作,其代表是美国联邦政府动用数亿美元的公共资金投入到"向饥饿宣战"(Waron Poverty)计划中,新建了大批大型公益项目。国会和公众对资金的使用、效益及影响表现出极大的关注。

因此,在计划实施的同时进行以投资建设项目效益评价为核心的后评价这种效益评价的原则延续至今,并为各国所接受和采纳。直到20世纪70年代,项目后评价才广泛地被许多国家和世界银行、亚洲开发银行等双边和多边援助组织重视和应用,并成为西方发达国家以及一些发展中国家政府管理的必不可少和不可分割的一个组成部分。后评价提供的信息作为提供国民经济效益和社会效益的决策依据,后评价为制定经济政策服务,成为政府计划决策和宏观管理的一种重要工具。在发达国家,后评价主要是对国家的预算、计划和项目进行评价。一般说来,这些国家有评价的法律和系统的规则、明确的管理机构、科学的方法和程序。目前,后评价的发展趋势是将资金预算、监测、审计和评价结合在一起,形成一个有效的和完整的管理循环和评价体系。

我国的投资项目后评价始于20世纪80年代中后期。1998年原国家计委正式委托中国国际工程咨询公司进行第一批国家重点投资项目的后评价,这标志着投资项目后评价在我国的正式开始。

随后在我国的一些金融部门,如建设银行、国家发展银行等,和一些政府部门,如交通部、铁道部、农业部也相继开展了自己的项目后评价工作。虽然近年来我国的项目后评价工作发展较快,但与其他国家相比仍相对滞后,特别是还未形成完整的后评价体系。然而，随着我国经济体制的改革，尤其是投资体制改革的深入和发展，后评价已越来越受到我国经济界和投资界的重视。因此，投资项目后评价活动将日益完整而规范。

1. 项目后评价概念

工程项目后评价又称事后评价，它是指对已实施或完成的项目（或规划）的目标、执行过程、效益和影响进行系统、客观的分析、检查和总结，以确定目标是否达到，检验项目或规划是否合理和有效率，并通过收集可靠、有用的信息资料为未来的决策提供经验和教训，从而作为判别项目投资目标实现程度的一种方法。

工程项目的后评价是对项目决策前的评价报告及其设计文件中规定的技术经济指标进行再评价，并通过对工程项目建设过程中涉及到的各阶段的工作进行整体回顾，将工程项目全过程的实际情况（施工建设、投产经营等）与预期情况进行对比研究，衡量分析实际情况与预期情况的偏离程度，分析说明项目成功与失败的原因，全面总结工程项目管理的经验和教训。具体来讲，后评价是一种活动，它从未来的、正在进行的或过去的一个或一组活动中评价出结果并吸取经验，将经验和教训反馈到将来的项目中去，作为参考和借鉴，为改善项目管理工作和制定科学合理的工程计划及各项规定提供重要依据和改进措施，有利于提高项目投资决策水平、管理水平和投资效益。工程项目后评价不仅是工程项目建设程序中的一个重要工作阶段，还是项目管理工作中不可缺少的组成部分和重要环节。

我们可以从各个角度来理解项目后评价。从微观角度看，项目后评价与单个或多个项目，或者与一个规划有关；从宏观角度看，它可以是对整个经济、某一部门的经济或经济中某一方面的活动情况进行审查；从空间的含义看，后评价还可以是对某一地区发展趋势的评价。在项目级，后评价在项目进行一定时期后，对其进行全面综合的评价，分析项目实施的实际经济效果和影响力，以论证项目的持续能力，判断最初的决策是否合理，为以后的决策提供经验和参考。

2. 工程项目后评价的产生和发展

就世界范围而言，从20世纪30年代美国政府第一次有目的地开始对项目进行后评价以来，已有几十年的历史，然而直到20世纪70年代中期，后评价才广泛地被许多国家和世界银行、亚洲开发银行等双边和多边组织在评价其世界范围的资助活动结果中使用。各国的后评价机构各不相同，而且随着其社会和经济的发展而变化。

（1）发达国家的后评价。在发达国家，后评价主要是对国家的预算、计划和项目进行评价。一般来说，这些国家有评价的法律和健全的规则、明确的管理机构、系统的方法和程序。目前，后评价的发展趋势是将资金预算、监测、审计和评价结合在一起，形成一个有效的、完整的管理循环和评价体系。

1）发达国家国内工程活动的评价体系。美国是后评价做得比较好的国家之一，本书以美国为例，介绍发达国家国内工程活动的后评价体系。在过去的60年中为促进社会和经济的发展，美国两次对主要由政府控制的工程计划进行过后评价。第一次是在20世纪30年代经济大萧条时期所进行的"新分配"计划。当时的后评价仅为少数人的行为。第二次是在20世纪60年代，在被称为"向饥饿宣战"的计划中，美国联邦政府为新建一大批大型公益项目投入了数亿美元的资金，国会和公众对资金的使用、效益和影响表现出极大的关注，于是在计划实施的同时进行了以投资效益评价为核心的后评价。这种效益评价的原则延续至今。

20世纪70~80年代，某些公益性项目的决策由美国联邦政府下放到州政府或地方政府，后评价的过程也相应扩展到地方。后来不少州在后评价方法体系中有许多创新。例如，州政府对主要社会福利项目的评价更为密切和直接；评价更注重对项目的过程的研究，而不是等到项目结束时才进行。这些创新得到了美国联邦政府评价执行部门的全力支持。公众关注项目效益的趋势，要求增加对国家各级政府管理的透明度，对政府是否"尽职"提出质疑，其范围涉及社会的各个方面，诸如从环境保护到教育及创造就业机会等，其内容涉及政府机构管理公共资源和工程的状况、管理是否充分和有效、评价项目的结果和效益如何等。

在经济衰退和紧缩时期，更增加了对后评价的要求。预算来源的挑战往往对后评价起到了推动作用。近年来，执行部门中的管理和预算办公室越来越强调对计划执行情况的评价，并把评价结果作为决定国家预算分配的一个重要因素。该办公室对计划执行情况的评价有极强的兴趣。在立法部门中，美国国会将其后评价研究作为一种监督功能。中央政府机构中总监督的作用原先仅限于一般的审计和检查活动，而今已经扩展到计划的评价领域。

在私营体系中，即私有公司和企业中，也有增强后评价的趋势。一些私有公司开始使用被称为"战略计划"的方式，通过所确立的发展目标，公司可以不断地检查计划，不断地调整和修订其目标和策略。这些原属于私营企业的计划评价模式，现在开始推广到公共部门。政府逐渐增强了对公共部门工程计划和项目的效益和结果进行不断监测和评价的能力。

2）发达国家援外机构的后评价。大部分发达国家在其国家预算中都有一部分资金用于第三世界工程，这些资金的使用由一个单独的机构管理，如美国国际开发署、英国海外开发署、加拿大国际开发署、日本海外经济协力基金等。为保证资金使用的合理性和效益性，各国在这些部门中一般设立一个相对独立的办公室专门从事海外援助项目的后评价。以英国为例，英国海外开发署是设立在英联邦外交办公室的一个政府部门，它每年有约 100 个国外工程项目，工程金额达数亿英镑。该部门从 1975 年开始进行项目的影响评价，并于 1982 年正式在署内设立后评价局，主要负责项目后评价的政策、计划、执行、报告和反馈，每年花费大约 80 万英镑对 10~15 个项目进行后评价。

（2）发展中国家的后评价。近年来，发展中国家的后评价已经有了很大的发展。据联合国开发署 1992 年的资料介绍，85 个较不发达国家已经成立了中央评价机构。但这些评价机构大多从属或挂靠政府的下属机构，相对独立的后评价机构和体系尚未真正形成。这些政府机构大都只是根据世界银行、亚洲开发银行等外部要求组织相关项目的后评价而设立的。从总体上看，后评价成果的反馈情况并不令人满意，存在的主要问题是没有完善的反馈机制。

（3）国际金融组织的后评价。20 世纪 70 年代以来，越来越多的国际金融组织依靠后评价来检查其工程活动的结果。20 世纪 80 年代末，英国海外开发署对全世界 24 个多边金融机构的评价体系进行了专门研究，研究表明：所调查的 24 个组织每年花费 3600 万美元用于后评价，而同期的资金投入约为 210 亿美元，即评价费用约占同期工程的 0.17%；几乎所有组织都有综合性的项目前评价系统和有组织的监测系统；评价的目的因各个方面的要求而异，但一般可分为两类：一是总结经验和教训；二是通过对项目价值的评价，检查本组织的工作情况。真实有效的评价应指出工程活动的缺点，因此评价和被评价之间的矛盾是不可避免的。评价单位对所做的评价报告的质量应有严格的控制，内容应与所用的资料来源相一致，评价结果应有很高的可信度。设立一个高级管理委员会是监督和控制评价成果质量的一种有效方法。

在各国际金融组织中，世界银行和亚洲开发银行由于工程贷款额大，后评价任务重，在项目执行评价方面积累了大量的经验。

（4）中国的工程项目后评价。中国的工程项目的后评价始于 20 世纪 80 年代中期，1988 年，国家计委正式委托中国国际工程咨询公司进行第一批国家重点建设项目的后评价。多年来中国的后评价事业有了长足的进步，初步形成了自己的后评价体系。

1）中国项目后评价的基本情况。中国工程项目后评价的目的是，全面总结工程项目的决策、实施和运营情况，分析项目的技术、经济、社会和环境等效益的影响，为投资决策和项目管理提供经验和教训，改进并完善建成项目，提高其可持续性。

就工程项目渠道和管理体制而言，项目后评价可分为以下几类：

第一类，国家重点建设项目。这类项目由国家发改委制定评价规定，编制评价计划，委托独立的咨询机构来完成。目前，国家发改委主要委托中国国际工程咨询公司去实施项目的后评价。国家重点建设项目后评价有多种类型，包括项目后评价、项目效益调查、项目跟踪评价、行业专题研究等。中国国际工程咨询公司十几年来完成约120项国家重点建设项目的各类评价报告，为国家发改委投资决策提供了有益的反馈信息。

第二类，国际金融组织贷款项目。这类项目主要是指世界银行和亚洲开发银行在华的贷款项目。国际金融组织贷款项目按其规定开展项目后评价，即按本书前面所述的原则、方法和程序，由这些组织进行分析评价。中方项目管理和执行机构主要做一些后评价的准备和资料收集工作。作为中国政府的对外窗口，财政部和中国人民银行也积极参与了这些项目后评价的指导和管理工作。当然，多数国际金融组织的贷款项目也是中国国家的重点项目，其中部分项目国家发改委也要安排进行国内的后评价。

第三类，国家银行贷款项目。过去国家建设项目的工程执行机构是中国人民建设银行，该行从1987年起就开展了国家工程大中型项目的效益调查和评价工作，目前，建设银行已形成了自己的评价体系。1994年国家开发银行成立，对国家政策性工程实现统一管理。国家开发银行担负起国家政策性工程业务的后评价工作，几年来在后评价机构建设、人员配备和业务开发上取得了较大的进展。

第四类，国家审计项目。20世纪80年代末，国家审计署成立，开始了对国家工程和利用外资大中型项目的正规审计工作。对这些主要项目的审计由国家审计署自己来完成，主要进行项目开工、实施和竣工的财务方面的审计。目前，国家审计署正在积极开拓绩效审计等与项目后评价相关的业务。

第五类，行业部门和地方项目。由行业部门和地方政府安排工程的建设项目一般由部门和地方去安排后评价。行业部门和地方的项目后评价发展还不平衡，目前，开展比较好的有农林、能源、交通、卫生等部门和黑龙江、云南、山西等地区。部门和地方项目管理机构还参与了在本地区或本部门的国家一级和世界银行项目的后评价工作。

2）中国项目后评价的机构和管理。到1995年，国家开发银行、中国国际工程咨询公司和中国人民建设银行等相继成立了后评价机构。这些机构大多类似世界银行的模式,具有相当的独立性。国家一级的后评价管理机构和组织正在酝酿之中。

国家重点建设项目和政策性贷款项目的后评价已经走上正轨。国家发改委和国家开发银行选择后评价项目的原则包括以下几个方面:第一,国家特大型项目,尤其是跨地区、跨行业的项目;第二,与国家产业政策密切相关的项目,特别是带有引导发展方向的项目;第三,有特点的项目,如采用新技术、新融资渠道、新政策的项目;第四,国家急需了解的项目等。

国内后评价一般分为四个阶段:

第一阶段为项目自评阶段:由项目业主会同执行管理机构按照国家发改委或国家开发银行的要求编写项目的自我评价报告,报行业的主管部门和国家发改委或国家开发银行。

第二阶段为行业或地方初审阶段:由行业或省级主管部门对项目自评报告进行初步审查,提出意见,一并上报。

第三阶段为正式后评价阶段:由相对独立的后评价机构组织专家对项目进行后评价,通过资料收集、现场调查和分析讨论,提出项目的后评价报告。

第四阶段为成果反馈阶段:在项目后评价报告的编写过程中,要广泛征求各方面的意见,在报告完成之后要以召开座谈会等形式进行发布,同时散发成果报告。

二、项目后评价的内涵

项目后评价用以确定项目预期目标是否达到和主要效益指标是否实现;查找项目成败的原因,总结经验和教训,及时有效反馈信息,提高未来新项目的管理水平。因此,项目后评价具有其鲜明的特点。

1. 特点

从前面的介绍中我们可以知道,工程项目后评价不同于项目决策前的可行性研究和项目评价。由于评价时点的不同,因而项目后评价具有如下特点。

(1) 现实性。工程项目后评价是对工程项目投产后一段时间所发生的情况的一种总结评价。它从现实出发,对项目建设、投产、运营的状况中存在的问题进行总结、分析、研究和评价。它分析研究的是项目的实际情况,所依据的数据资料是现实发生的真实数据或根据实际情况重新预测的数据,总结的是现实存在的经验和教训,提出的是实际可行的对策措施。工程项目后评价的现实性决定了其评价结论的客观可靠性。而项目前评价分析研究的是项目的预测情况，所采用的数据都是预测数据。

（2）可信性。项目后评价是对实际运行项目准备、建设和运营情况的分析研究。它通过搜集现实发生的实际数据资料来客观反映项目实施的成功经验与失败教训，因此具有客观性和可靠性。可信性的一个重要标志是后评价应同时反映出项目的成功经验和失败教训，这就要求评价者具有广泛的阅历和丰富的经验。同时，后评价也提出了"参与"的原则，要求项目执行者和管理者参与后评价，以利于收集资料和查明情况。为增强评价者的责任感和可信度，评价报告要注明评价者的名称或姓名。评价报告要说明所用资料的来源或出处，报告的分析和结论应有充分可靠的依据。

（3）全面性。工程项目后评价的内容具有全面性，即不仅要分析项目的投资过程，而且还要分析其生产经营过程；不仅要分析项目的投资经济效益，而且还要分析其社会效益、环境效益等；不仅要总结项目决策、建设和营运中成功的经验，更要发现问题，找出差距，分析研究成因，提出对策建议。另外，它还要分析项目经营管理水平和项目发展的后劲和潜力。

（4）透明性。透明性是后评价的一个重要原则。从可信性方面来看，要求后评价的透明度越大越好，因为后评价往往需要引起公众的关注，对投资决策活动及其效益和效果实施更有效的社会监督。从后评价成果的扩散和反馈的效果来看，成果及其扩散的透明度也是越大越好，这样可以使更多的人借鉴过去的经验和教训。

（5）反馈性。工程项目后评价的目的在于通过对现有项目的准备过程、建设过程和运营过程的回顾总结和分析研究，总结成功的典型经验和不成功的教训，并把它们作为一笔宝贵的财富反馈给有关部门，以提高项目决策水平和管理水平。因此，后评价的最主要特点是具有反馈特性。项目后评价的结果需要反馈到决策部门，作为新项目的立项和评价基础，以及调整工程规划和政策的依据，这是后评价的最终目的。因此，后评价的结论的扩散以及反馈机制、手段和方法成为后评价成败的关键环节之一。在国外，一些国家建立了"项目管理信息系统"，通过项目周期各个阶段的信息交流和反馈，系统地为后评价提供资料和向决策机构提供后评价的反馈信息。

（6）探索性。项目后评价是在分析工程项目现状的基础上及时发现问题然后研究问题，以探索项目未来的发展方向和趋势。因此，从这方面来讲，项目后评价还具有探索未来项目发展的特点。

2. 项目后评价与前评价（项目财务评价）的差异

项目后评价与前评价不同，项目后评价具有自身的特点，由于其独特的特点，使其与前评价有一定的差异。主要表现在以下几个方面：

(1) 评价的侧重点不同。工程项目前评价主要以定量指标为主，侧重于分析项目建设的必要性和可能性，评价项目经济上的合理性，其作用是直接为项目投资决策提供依据；而后评价则要结合行政和法律、经济和社会、建设和生产、决策和实施等方面的内容对项目投资全过程的实际情况进行综合评价，并与预期情况进行比较评价。它是以现有事实为依据，以提高经济效益为目的，对项目实施结果进行鉴定，并间接作用于未来项目的投资决策，为其提供反馈信息。

(2) 评价主体不同。工程项目前评价是由项目发起者、投资主体、贷款决策机构或项目审批部门组织实施的；而工程项目的后评价则是以投资运行的监督管理机构、单设的后评价机构或决策的上一级机构为主，主管部门会同计划、财政、审计、银行、设计、质量等有关部门进行。按照项目单位自我评价、行业主管部门评价和国家评价实施，这样一方面可保证工程项目后评价的全面性，另一方面也可确保后评价工作的公正性和客观性。

(3) 评价的依据不同。工程项目前评价主要依据历史资料和经验性数据，按照国家和有关部门颁发的定额标准、经济评价方法和参数进行评价；而项目的后评价则主要以项目实施中和投产后的实际数据和项目后续年限的预测数据为依据进行评价。

(4) 评价的内容不同。工程项目前评价主要是对项目的市场需求、建设的必要性、可行性、合理性及工程技术方案和建设条件等进行评价，对未来的经济效益和社会效益进行科学预测；而后评价除了对上述内容进行再评价外，还要对项目决策、项目实施效率、项目实际运营状况、影响效果、可持续性等进行深入细致的分析。

(5) 评价的阶段不同。工程项目的前评价是在项目决策前的前期工作阶段进行的，是项目前期工作的重要内容之一，是为项目的决策进行服务的评价；而后评价通常选择在项目建成投产并运行一段时间后，对项目全过程（包括项目的工程实施期和生产期）的总体情况进行评价。

总之，工程项目的后评价不是对项目前评价的简单重复，而是依据国家政策和制度规定，对工程项目的决策水平、管理水平和实施结果进行的严格检验和评价。它是在与前评价比较分析的基础上总结经验和教训，发现存在的问题并提出对策措施，促使项目更快、更好地发挥效益和健康地发展。

三、项目后评价作用

从上述的工程项目后评价的定义可以看出,工程项目的后评价主要目的是根据项目的实际成果和效益来检查项目预期的目的是否达到、项目是否合理有效、项目的主要效益是否实现。通过分析找出成败的原因,总结经验和教训并为未来新项目的决策提供建议。因此具体地说,工程项目后评价的作用主要表现在以下几个方面。

1. 提高项目投资决策的科学化水平,有利于降低项目的工程风险程度

项目后评价是对工程项目实施结果的全面评价,通过项目后评价可以检验项目前评价的理论和方法是否合理,决策是否科学。因此,通过建立和完善项目的后评价制度和科学的方法体系,一方面,可以增强前评价决策者和执行者的责任感,促使评价和决策人员努力做好前评价工作,提高项目预测的科学性和准确性;另一方面,可以通过项目的后评价的反馈信息,及时纠正项目决策中存在的问题,并为今后同类型工程项目的评估和决策提供参照和分析依据,防止和较少出现可行性研究和项目决策的随意性,从而提高未来工程项目决策的准确程度和科学化水平。

2. 总结工程项目建设管理的经验和教训,提高项目管理水平,对项目本身有监督和促进作用

投资项目管理是一项十分复杂的综合性工作活动。项目能否顺利完成并取得预期的工程经济效果,不仅取决于自身因素,还需要计划部门、主管部门、物资供应部门、勘察设计部门、银行等金融机构、施工单位和有关地方行政管理部门等较多单位的相互协调和密切合作,以便保质保量地完成各项任务和工作。只有这些部门相互密切合作才能保证项目的顺利进行,而如何协调各部门的关系,各方应采取什么样的协作形式等都尚在研究探索之中。

通过工程项目后评价,对项目建设全过程(从项目的立项、准备、决策、设计实施到投产经营)各阶段存在的问题提出切实可行的改进措施和建议,促进项目运营状况,使项目尽快实现预期的效益目标。也可对一些因决策失误、投产后经营管理不善、环境变化等造成生产、技术或经济状况处于困境的项目进行后评价,重新找到生存和发展途径。同时,项目后评价可以使项目决策者、实施者和承担项目可行性研究、项目前评估及设计、监理的单位感到自己的责任重大,主观上更自觉地认真做好每项工作,提高决策科学性、预测准确性,从这一点来说,后评价也会对现有工程项目起到一定的监督作用。

3. 对项目建成后的经营管理进行诊断,提出完善的建议方案

项目后评价是在项目运营阶段进行的,因此可以分析和研究项目投产初期和达产时期的具体情况,比较实际情况与预测情况的偏离程度,找出偏差产生的原因,提出切实可行的措施,从而使项目运营正常化,充分发挥项目的经济效益与社会效益。

4. 为政府制定工程计划、产业政策和技术经济参数提供依据,对国家建设项目的工程管理工作起着强化和完善作用

由于工程项目后评价能够发现宏观工程管理中存在的某些问题,因而国家可以及时地修正某些不适合经济发展的技术经济政策以及某些已经过时的指标参数。同时,项目后评价所反馈的信息可以为国家合理确定工程规模和工程流向,协调各产业、各部门之间及其内部的各种比例关系提供依据。此外,国家还可以充分运用法律、经济和行政手段,建立必要的法律法规,设立相应的机构,促进工程管理的良性循环。

四、项目后评价的种类与基本程序

尽管因项目规模、复杂程度的不同,而导致每个项目后评价的种类和具体工作程序也有所区别,但从总的情况来看,一般项目的后评价分为跟踪评价、完成评价、影响评价,同时都应遵循一个客观和循序渐进的过程。

1. 项目后评价的种类

一般来说,从项目开始即项目投资开始发生之后,由监督部门所进行的所有评价活动都属于项目后评价的范畴。项目后评价可以延伸到项目的期末。因此,根据项目评价时点的不同,项目后评价可以分为跟踪评价、影响评价、完成评价。

(1) 跟踪评价。跟踪评价又称中间评价或是过程评价,它是指项目开工后到项目竣工以前任何一个时点所进行的评价。这种由独立机构进行的评价的主要目的是检查评价项目的实施状况;评价项目建设过程中的重大变更(如项目的产品市场发生变化、概算调整、重大方案的变化等)及其对项目效益的作用与影响;判断项目发生的重大困难和问题,寻求对策和出路等。

(2) 影响评价。影响评价又称事后评价,它主要指在项目效益得到充分发挥后(一般是投资完成5~10年后)直到项目报废为止整个运营阶段中任何一个时点,对项目所产生的影响进行的评价。影响评价侧重于对项目长期目标的评价,通过调查项目的实际运营情况,衡量项目的实际投资效益,评价项目的发展趋势

和对社会与环境的影响；发现项目运营过程中的经营和管理方面的问题，提出改进措施，充分发挥项目的潜力。

（3）完成评价。完成评价也叫总结评价或终期评价，它是指在项目投资结束，各项工程建设竣工，项目的生产效果已初步显现时所进行的一次较为全面的评价。完成评价是对项目建设全过程的总结和对项目效益实现程度的评判。它的主要内容包括项目选定的准确性及其经验、教训的分析，项目的目标制定是否合理、适当，项目组织机构和管理是否有效，项目采取的技术是否适用，项目财务和经济分析是否符合实际，项目市场分析是否充分、全面，预期目标的实现情况，预期目标的有效程度，项目产生的社会影响等。

2. 项目后评价的基本程序

由于项目规模、复杂程度的不同，而导致每个项目后评价的具体工作程序也有所区别，但从总的情况来看，一般项目的后评价都应遵循一个客观和循序渐进的过程。具体可以概括为以下几个步骤：

（1）组织项目后评价机构。项目后评价组织机构问题实际上是指由谁来组织项目后评价工作，这是具体实施项目后评价首先要解决的问题。根据项目后评价的概念、特点和职能，我国项目后评价的组织机构应符合以下两个方面的基本要求：

1）满足客观性、公正性要求。这是由项目后评价本身的特点和要求决定的。只有项目后评价机构具有客观性、公正性，才能保证项目后评价的客观、公正性。这就要求后评价机构要排除人为干扰，独立地对项目实施及其结果作出评价。

2）具有反馈检查功能。项目后评价的作用主要是通过项目全过程的再评价并反馈信息，为投资决策科学化服务。因此要求后评价机构具有反馈检查功能，也就是要求后评价组织机构与计划决策部门具有通畅的反馈回路，以使后评价有关信息迅速地反馈到决策部门。

从以上两点要求看，我国项目后评价的组织机构不应该是项目原可行性研究单位和前评价单位与项目实施过程中的项目管理机构。

（2）选择项目后评价的对象。原则上，对所有竣工投产的投资项目都要进行后评价，项目后评价应纳入项目管理程序之中。但实际工作中，往往囿于各方面条件的限制，只能有选择地确定评价对象。

现阶段，我国在选择进行项目后评价的对象时优先考虑以下类型项目：①投产后本身经济效益明显不好的项目。如投产后一直亏损或主要技术经济指标明显低于同行业平均水平，或生产一直开工不足、生产能力得不到正常发挥的项目等。②国家急需发展的短线产业部门的投资项目，其中主要是国家重点投资项目，如能源、通讯、交通运输、农业等项目。③国家限制发展的长线产业部门的投资项目，如某些家用电器投资项目等。④一些投资额巨大、对国计民生有重大影响的项目，如宝钢、京九铁路等项目。⑤一些特殊项目，如国家重点投资的新技术开发项目、技术引进项目等。

（3）收集资料和选取数据。项目后评价是以大量的数据、资料为依据的。

这些数据和资料的来源要可靠。一般应由项目后评价者亲自调查整理，需要收集的数据和资料如下：①档案资料。主要有建设项目的规划方案、项目建议书（预可行性研究）和批文、可行性研究报告、评估报告、设计任务书、初步设计材料和批文、施工图设计和批文、竣工验收报告、工程大事记、各种协议书和合同及有关厂址选择、工艺方案选择、设备方案选择的论证材料等。②项目生产经营资料。主要是生产、销售、供应、技术、财务、劳动工资等部门的统计年度报告。③分析预测用基础资料。主要是建设项目开工以来的有关利率、汇率、价格、税种、税率、物价指数变化的有关资料。④与项目有关的其他资料。如国家及地方的产业结构调整政策、发展战略和长远规划；国家和地方颁布的规定和法律文件等。

（4）分析和加工收集的资料。对所收集的数据和资料进行汇总、加工、分析和整理，对需要调整的数据和资料进行调整。此时往往需要进一步补充测算有关的资料，以满足验证的需要。

（5）评价及编制后评价报告。编制各种评价报表及计算评价指标，并与前评价进行对比分析，找出差异及其原因。由评价组编制后评价报告。

（6）上报后评价报告。把编制的正式后评价报告和其重点内容摘要上报给组织后评价的部门。

第二节　项目后评价的内容与方法

项目后评价是指对已经完成的项目或规划的目的、执行过程、效益、作用和影响所进行的系统的、客观的分析。项目后评价通过对投资活动实践的检查总结，确定投资预期的目标是否达到，项目或规划是否合理有效，项目的主要效益指标是否实现，通过分析评价找出成败的原因，总结经验和教训，并通过及时有效的信息反馈，为未来项目的决策和提高完善投资决策管理水平提出建议，同时也为被评项目实施运营中出现的问题提出改进建议，从而达到提高投资效益的目的。

项目后评价的基本内容包括：项目目标评价、项目实施过程评价、项目效益评价、项目影响评价和项目持续性评价。

项目后评价的方法包括：①项目后评价方法的基础理论是现代系统工程与反馈控制的管理理论。项目后评价亦应遵循工程咨询的方法与原则。②项目后评价的综合评价方法是逻辑框架法。逻辑框架法是通过投入、产出、直接目的、宏观影响四个层面对项目进行分析和总结的综合评价方法。③项目后评价的主要分析评价方法是对比法，即根据后评价调查得到的项目实际情况，对照项目立项时所确定的直接目标和宏观目标以及其他指标，找出偏差和变化，分析原因，得出结论和经验教训。项目后评价的对比法包括前后对比、有无对比和横向对比。

一、项目后评价的内容

由于项目的类型、规模、复杂程度以及后评价目的的不同，因而对每个项目进行后评价的内容也并非完全相同。

1. 项目后评价的基本内容

（1）项目立项决策的后评价。根据国民经济发展规划和国家制定的产业政策以及区域经济优势，结合项目的实际情况，检验项目建议书、可行性研究报告和项目评估报告的编制是否坚持了实事求是的原则，如果项目实施结果偏离预测目标较远，要分析产生偏差的原因，并提出相应的补救措施。

（2）项目生产建设条件的后评价。着重分析项目实施过程的建设条件，建成投产后的生产条件与当初项目评估决策时主要条件的变动，作出定性与定量分析，剖析重要差别的原因，并提出诊断建议。

（3）项目技术方案的后评价。即对工程设计方案、项目实施方案的再评价，以确认技术方案的先进性和适用性。

（4）项目经济后评价。包括项目财务后评价和项目国民经济后评价两个组成部分。

2. 项目分段后评价的内容

（1）项目前期工作的后评价。建设项目前期工作是指从项目的酝酿到开工建设以前进行的各种工作。它是项目建设中一个重要的组成部分。因此，项目前期工作后评价是项目后评价的重要组成部分。它主要包括项目决策后评价、项目筹备工作评价、项目选择评价等几个部分。

（2）项目建设后评价。项目建设是指项目从开工到竣工的整个过程。在这个过程中投资集中发生，因而项目潜在的投资风险较大。同时，这个阶段的工作好坏直接影响未来项目运行的安全性、可靠性、稳定性和运行效益。所以项目建设后评价是项目后评价中十分重要的一个环节。其主要内容包括施工项目管理后评价、工程项目监理后评价。其中，施工项目管理后评价主要包括以下内容：项目管理班子、工作职责、程序、制度等的评价。工程项目监理后评价主要内容有：监理人资质，委托方式及委托合同；监理人分工准备审查，开工令签发，施工组织设计及进度计划审查、监督执行，停工复工等工期控制；监理人质量保证体系的审查及监督执行，材料检验等的评价。

（3）项目营运后评价。项目营运阶段是指项目从投产到项目后评价时的整个过程。项目营运后评价主要包括以下几个方面：生产准备工作后评价、项目营运后评价、项目营运效益后评价。

（4）项目综合后评价。项目综合后评价就是综合上述评定项目所预定目标的实现程度，并在此基础上预测项目实施对区域和国民经济、生态环境、社会发展进步等方面的影响。它是项目后评价的主要任务之一。其主要内容包括：项目后评价、项目可持续性后评价、项目影响后评价。项目影响后评价主要是考察项目对国民经济、生态环境、社会发展进步等方面的影响，主要包括：项目对资源配置、产业结构的调整、能源开发和综合利用、技术进步、生产力布局结构等影响的评价，项目实施后对大气、土地、水、生态等环境影响的评价。

二、项目后评价的常用方法

目前，国内外进行项目后评价的方法主要有以下几种。

1. "前后对比"法

一般情况下，"前后对比"是指将项目实施之前与完成之后的情况加以对比，以确定项目的作用与效益的一种对比方法。在项目后评价中，则是指将项目前期所进行的可行性研究及评估的预测结论与项目后期的实际运行结果加以比较，发现其中的变化并分析产生变化的原因。这种对比主要用于检验计划、决策和实施的质量，是项目过程评价中应遵循的原则。

2. "有无对比"法

"有无对比"是指将项目实际发生的情况与若没有该项目则可能发生的情况进行对比，以衬托及衡量项目的真实影响和作用。对比的重点在于要分清项目作用的影响与项目以外的作用影响。这种对比主要用于项目的效益评价和影响评价中。

"有无对比"中的"有"和"无"是指评价的对象，即项目。评价是通过项目的实施所付出的资源代价与项目实施后产生的效果进行对比，以得出项目业绩是好还是坏的结论。比较的关键是要求投入的代价与产出的效果口径一致，也就是说，所度量的效果要真正归因于所评价的项目。按照有无项目情况的不同假定，可以划分为以下四种对比方法。

（1）项目实施前与实施后的数据对比。它只是将项目实施前的情况与项目实施一段时间之后的情况加以对比。这样做有一个隐含的假设，即在没有项目的情况下，项目实施之前的情况将保持不变并一直持续下去。而事实上，由于项目本身的发展趋势和其他项目的影响，即使没有项目，评价对象也可能变好或变差。该方法对实施前就有后评价计划的项目最有效，因为这样可以收集到特殊数据来提供足够的评价判据。

这种简单的前后数据比较简单易行，成本低。不足之处是很有可能高估或低估项目的作用，准确性较差。所以适用于在实践中时间和人力都受到限制的情形。

（2）项目实施前的时间序列数据的预测结果与项目实施后的结果对比。这种方法根据评价标准将项目实施后的实际数据与根据项目实施前的时间序列数据进行的预测结果进行比较。这种方法适用于历史数据充足，而且预计无项目时，数据具有并保持较为明显的趋势（上升或下降）的情况。如果实施的数据不稳定，那么预测结果的意义便不明显，同时，如果有充分的理由相信实施前几年的数据发生了变化，则再早的历史数据就不能再使用。

（3）准随机试验设计。这种方法将受项目直接影响的地区的数据与其他地区的数据进行对比，具体包括：

1）受项目影响的地区与一个类似的地区或没有项目影响的一些地区进行同类指标比较。

2）受项目影响区域内受益于项目的人群与没有受益的人群进行对比。

由于很难确定一个可比较的类似的对象，因而在确定比较对象和解释对比结果时需十分谨慎；同样，由于没有进行随机抽样，对象群可能不平均，这也是这种方法的最大缺陷。

这种方法在可以找到一个与项目对象具有可比性的比较对象时适用。当随机实验方法不可行时，可考虑采用这种方法。另外，尽管本方法有助于控制一些较重要的外邻因素，但由于上述局限，它不能作为项目结果评价的一种完全可靠的方法，最好与其他方法一起使用。

（4）随机实验设计。这种方法是最有效的，同时也是最困难和成本最高的方法。它通过事先选好的两组对象进行对比，其中一组是受益于被评价项目的，而另外一组没有从中受益。最关键的是比较对象是科学地随机抽取的，除了受项目影响这一点外，两组对象之间尽可能地相似。这种方法也可用来评价项目的某个变量变化时所引起的整体上的变化，可据此确定哪些变量最有效。这种比较方法也较适用于衡量政策（如扶贫政策）、计划等的实施效果。它能准确地衡量项目效果，但成本也相对其他方法较高。

选择一种评价的方法主要取决于评价开始的时间、可获得的及所期望的精确度。这些方法并不一定单独使用，前几种方法中的一种或几种通常一起使用。在实际应用时尽量使用最精确的评价方法，如果是衡量使个人受益的项目，最好采用方法（4）。当不能使用方法（4）时，应结合前三种方法一起使用。即评价应比较指标的前后值，根据项目实施之前的时间序列数据做出预测，寻找没有从实施该项目中受益的对象。综合三种方法的结果可以得出比较完备的结论。另外，尽量避免单独使用方法（1），因为评价方法（1）不是一个有效的工具。但无论最开始时选择哪种方法，若以后的情况证明有更好的方法时都应及时修正。

3. 逻辑框架法

1970年，美国国际开发署（USAID）开发并使用一种设计、计划和评价工具，即逻辑框架法（Logical Framework Approach，LFA），目前已有2/3的国际组织把LFA作为援助项目的计划管理和后评价的主要方法。它可以对关键因素进行系统的选择和分析。LFA方法可以用来总结一个项目的诸多因素（包括投入、产出、目的和宏观目标）之间的因果关系（如资源、活动、产出），评价发展方向（如目的、宏观目标）。该方法有助于评价者"思考和策划"，侧重于分析项目的运作（如项目的对象、目的、进行时间和方式等）。

（1）逻辑框架法的含义。LFA不是一种机械方法程序，而是一种概念化论述项目的方法。即用一张简单的框图来清晰地分析一个复杂项目的内涵和关系，以达到便于理解的目的。LFA将几个内容相关并且必须同步考虑的动态因素组合起来，分析其相互之间的关系，从设计策划到目的目标等方面来评价一项活动或工作。LFA为项目计划者和评价者提供了一种分析框架，用以确定工作的范围和任务，并对项目目标和达到目标所需要的手段进行逻辑关系的分析。

（2）逻辑框架法的模式。LFA的模式是由4×4的矩阵组成，横行代表项目目标的层次（垂直逻辑），竖行代表如何验证这些目标是否达到（水平逻辑）。

1) 垂直逻辑。垂直逻辑用于分析项目计划做什么，弄清项目手段与结果之间的关系，确定项目本身和项目所在地的社会、物质、政治环境中的不确定因素。垂直逻辑关系划分为 4 个层次。

a. 目标（Goal）。通常是指高层次的目标，该目标可由数个项目来实现，如提高农业产出、扩大就业、改善老年人的生活状况、生态保护等。

b. 目的（Object or Purpose）。确定"为什么"要实施这个项目，也就是说，项目将为受益目标带来什么？例如，某项目的实施可以使某一地区的就业率提高百分之多少等。

c. 产出（Output）。通常用它描述项目"要取得什么"，即项目提供可计量的直接结果。例如，水利灌溉项目的产出是建立供水和灌溉网络。项目的产出并不直接实现上一层次的目标（增加稻米产出），它只是提供实现目标的手段和条件。

d. 投入与活动（Input and Activities）。描述项目是"怎样"被执行的，包括资源投入的量和时间。

以上 4 个层次由自下至上的 3 个逻辑关系相连接。第一级是：如果保证一定的资源投入，并加以很好的管理，则预计有怎样的产出；第二级是：项目的产出与社会或经济变化之间的关系；第三级是：项目的目的对整个地区甚至整个国家更高层次目标的贡献的关联性。上述这种关系在 LFA 方法中称为垂直逻辑关系，其逻辑关系的方向由下而上。垂直逻辑关系能体现一个项目的活动在什么条件下可以达到项目的直接目的，达到这一目的后在什么条件下可以达到项目的宏观目标。

2) 水平逻辑。每个层次的目标应该有客观验证指标、验证方法和重要假设条件，这些构成水平方向的逻辑关系。

a. 客观验证指标。指标用来界定达到目标的程度。各层次目标应尽可能地有客观的可度量的验证指标，包括数量、质量、实现（或提供）的时间及负责实施的人员。

b. 验证方法。指用什么方法检查项目是否达到目标。如农业项目达到增加农民收入的目标，需要搜集当地农民收入变化的数据，需要从当地统计部门搜集所需材料，或通过抽样调查获得数据。是否达到增加农业部门的收入的宏观目标，则要从国家统计部门搜集资料。一般验证方法中要包括资料的来源渠道和数据资料的采集方法。

c. 重要假设条件。重要的假设条件是指可能对项目的进展或结果产生影响，而项目管理者又无法控制的那些条件。即如果这些外部条件假设一旦发生，会产生什么结果。这种失控的发生有多方面的原因，首先是项目所在地的特定自然环境及自然变化。其次，政府在政策、计划、发展战略方面的失误或变化也会产生不良影响。最后，管理部门体制发生变化，使项目的投入、产出与目的、目标分割开来。水平逻辑的目的是要衡量项目的资源和结果，确立客观的验证指标及其指标的验证方法来进行分析。水平逻辑要求对垂直逻辑4个层次上的结果做出详细说明。其基本模式见表10-1。

表10-1 逻辑框架法的基本模式

层次描述	客观验证指标	验证方法	重要外部条件
目标	目标指标	监测和监督手段及方法	实现目标的主要条件
目的	目的指标	监测和监督手段及方法	实现目的的主要条件
产出	产出物定量指标	监测和监督手段及方法	实现产出的主要条件
投入	投入物定量指标	监测和监督手段及方法	实现投入的主要条件

(3) 项目后评价的逻辑框架。项目后评价通过应用LFA来分析项目原定的预期目标、各种目标的层次、目标实现的程度和原因，用以评价其效果、作用和影响。表10-2是某一个投资项目后评价的逻辑框架。

表10-2 某项目后评价的逻辑框架

	预计目标	实际结果	原因分析	可持续条件
宏观目标				
项目目的				
项目产出				
项目投入				

第三节 项目后评价报告

项目后评价报告是对项目后评价工作进行的总结和后评价成果的表现形式，是项目后评价的最终成果。项目后评价要求做到公正、客观、全面系统，以实现后评价的目标。后评价的内容与格式不相同，主要取决于项目的类型与规模。这里主要介绍世界银行和我国有关机构关于一般工业项目后评价的编写格式。

1. 世界银行项目后评价报告的编写格式

世界银行的项目后评价报告主要包括"项目完成报告书"和"项目执行情况审核备忘录",均有较为规范的格式,当然,具体内容也要根据项目的具体情况加以适当调整。

(1) 项目完成报告的编写格式。世界银行编制的"项目完成报告书"一般包括如下几个方面的内容。

1) 项目背景。主要包括项目提出、准备和实施的依据,项目目标,项目建设内容等。

2) 项目管理机构。主要包括项目管理机构的设置、管理措施、管理人员实绩、管理过程中的经验和教训等。

3) 项目物资与财务管理。主要包括采购、供应商和承包商的表现,物资与财务管理中出现的问题、问题产生的原因,存在的问题及所造成的影响,为解决问题所采取的措施及其实际效果等。

4) 项目贷款中的异常情况。主要是对项目贷款中的异常情况与贷款条件、贷款协议、贷款程序等方面相互关系的分析。

5) 项目重大修改。主要集中在对项目重大修改原因的分析。

6) 人员培训。主要对世界银行及贷款者双方在工作人员培训方面的经验和教训进行分析。

7) 项目违约事件。主要对违约事件的发生及采取的相应措施进行分析,如未采取任何措施,则要分析其原因。

8) 项目财务评价。计算相关的财务评价指标,分析其财务盈利能力与贷款偿还能力。

9) 项目国民经济评价。计算国民经济评价指标,分析其对国民经济的贡献程度。

10) 项目社会评价。计算相关的社会评价指标,分析其对社会的贡献程度。

11) 结论。总结项目的经验和教训,提出结论性意见及建议。

(2) 项目执行情况审核备忘录的编写格式。世界银行编制的"项目执行情况审核备忘录"主要包括以下几个方面的内容。

1) 对项目建设的背景、目的目标、实施过程和结果进行概述。

2) 分析评价项目完成情况,并检验其是否达到预期目标。

3) 分析检验项目选定情况以及准备阶段预计到的不利因素是否已消除。

4) 得出评价结论、经验和教训以及其他有特殊意义的问题。

5) 指出与"项目完成报告"的相同处及分歧点。

6) 重点阐述"项目完成报告"中未涉及的问题或者阐述不清的问题。

2. 我国项目后评价报告的编写格式

项目后评价是对工程项目取得的经济效益、社会效益和环境效益进行综合评价；项目财务后评价要编制有关财务后评价表格，计算有关财务评价指标；项目国民经济后评价应该编制有关经济后评价表格，计算有关国民经济指标。

（1）总论。主要包括以下内容：项目后评价的目的；后评价工作的组织管理；后评价报告的编制单位；后评价报告的编写依据；后评价方法；项目基本情况；项目设计单位；项目可行性研究报告及评价报告的编写单位等。

（2）项目前期工作后评价。主要包括以下内容：项目筹备工作评价；项目筹建单位及其工作效率；项目决策工作评价；项目厂址选择的科学性；项目征地拆迁工作评价；项目委托设计和施工工作评价；项目配套工作；项目物资与资金落实状况等。

（3）项目建设后评价。主要包括以下内容：项目开工手续情况；开工时间是否与计划时间一致，若不一致，则要分析原因以及对项目总体效益产生的影响；项目设计是否发生变更，若发生变更，则对建设期及总体效益有何影响；筹资方案是否符合国家有关规定；工程项目额是否超支；资金供应是否及时；工程项目质量是否与计划要求一致，若不一致，则其对生产期及运营状况有何影响；项目建设期是否与计划期相一致，若不一致，则其对项目总体效益有何影响；项目竣工验收程序是否符合国家有关规定等。

（4）项目运营后评价。主要包括以下内容：项目投产后的产品方案评价；项目投产后的经营管理水平评价；项目投产后实际达到的技术水平评价；项目投产期是否与预期值一致，若不一致，则要分析其原因，并提出积极建议等。

理论上讲，财务评价和国民经济评价应包括在项目运营后评价之中，但由于其内容较多，大多数项目后评价报告将其单独列出。

（5）项目财务后评价。根据实际资料得出的预测数据及现行的财税制度或项目运行的实际数据，编制相关的财务后评价表格，并计算相关的财务评价指标。

（6）项目国民经济后评价。根据实际资料得出的预测数据及国家有关部门公布的有关参数或项目运行的实际数据，编制相关的经济后评价表格，并计算相关的国民经济后评价指标。

（7）综合结论和建议。主要包括以下内容：总结项目决策、准备、实施和营运各阶段的主要成果和不足；预测项目未来发展前景；总结经验和教训；提出改进和完善措施；提出项目提高经济效益的途径和可持续发展的战略。

👉 本章小结

　　项目后评价是项目建设周期中不可缺少的重要环节，对项目进行后评价，是对已完成项目的目的、过程、效益、作用和影响进行客观的、全面的、系统的分析，总结经验和教训，为未来的新项目提供参考和建议。本章依次介绍了项目后评价的含义、特点、作用、内容以及评价方法，并讲述了项目后评价报告的编写格式。通过本章的学习，可对项目后评价有概括的认识和了解。在现代工程项目管理中，项目后评价已经成了必不可缺的环节。同时，项目后评价并非一项简单的工作。大型项目的项目后评价涉及内容庞杂，在进行此类项目评价时，需要耐心地分析每一部分的内容和细节，从整体到局部，由简单到复杂，做到不遗漏、不空缺，并在此基础上进行客观的、科学的分析评价，为今后的项目后评价提供足够的经验，促进项目后评价在我国更好更快地发展。

👉 概念回顾

　　项目后评价（Post Project Evaluation）：是指在项目已经完成并运行一段时间后，对项目的目的、执行过程、效益、作用和影响进行系统的、客观的分析和总结的一种技术经济活动。

　　跟踪评价（Tracking Assessment）：跟踪评价又称中间评价或是过程评价，它是指项目开工后到项目竣工以前任何一个时点所进行的评价。

　　影响评价（Post-project Evaluating）：影响评价又称事后评价，它主要指在项目效益得到充分发挥后（一般是投资完成5~10年后）直到项目报废为止整个运营阶段中任何一个时点，对项目所产生的影响进行的评价。

　　完成评价（Impact Assessment）：完成评价也称总结评价和终期评价，它是指在项目投资结束，各项工程建设竣工，项目的生产效果已初步显现时所进行的一次较为全面的评价。完成评价是对项目建设全过程的总结和对项目效益实现程度的评判。

　　"前后对比"法（Before and After Comparison）：将项目实施之前与完成之后的情况加以对比，以确定项目的作用与效益的一种对比方法。

"有无对比"法（With and Without Antitheses）：是指将项目实际发生的情况与若无项目可能发生的情况进行对比，以度量项目的真实影响和作用。

逻辑框架法（Logical Framework Approach，LFA）：LFA 是一种概念化论述项目的方法。即用一张简单的框图来清晰地分析一个复杂项目的内涵和关系，使之更易理解。

练习题

1. 发达国家与发展中国家的后评价有什么不同？
2. 项目后评价有何特点？基本程序包括哪几个步骤？
3. 项目前评价与后评价有何区别？
4. 试述项目后评价的方法？
5. 试述我国项目后评价报告的编写格式。
6. 什么是项目后评价？
7. 简述项目后评价的作用。
8. 项目后评价的内容有哪些？
9. 试述项目后评价的常用方法。
10. 试简述逻辑框架法中垂直逻辑和水平逻辑的含义和内容。

案例分析

上海石化塑料事业部项目后评价案例

上海石化塑料事业部聚烯烃联合装置 3PP 单元的干燥系统在运行时，加热器 E-503 翅片间隙内有沉积下来的 PP 粉料，会逐步填满翅片散热空间；干燥器 D-502 内的分布板由于结构不合理，物料流动不畅而不能充分流化。生产运行一段时间后，就出现循环气粉料的沉积引起加热器 E-503 阻塞或干燥器 D-502 内分布板的堵塞，只能采取停车清扫措施来维持干燥系统的正常运行。其中，2008 年因气粉料堵塞停车清扫两次。这些问题不仅影响干燥系统的正常运行和产品的质量，也增加了装置的能耗，对装置稳定生产和节能考核都产生极大的影响，需要进行改造。

该项目 2009 年 4 月 8 日可研报告批复，2009 年 10 月 12 日开工建设，2009 年 10 月 16 日完工，2010 年 6 月进行了项目后评价。

已知可研报告所预计达到指标与实践达到指标如表 10-3 所示。

表 10-3 聚烯烃联合装置技改项目评价指标

内容	可研阶段指标	后评估阶段指标
每年减少产品产量损失/t	1290	1290
每年减少产品品质降等/t	443.4	443.4
每年节约电量/(WM·h)	200	91.034
总投资/万元	95.19	73.18
建设投资	95.19	73.18
建设期利息	0	0
流动资金	0	0
每年新增销售收入/万元	21	30.2
每年新增总成本/万元	1	3.31
每年新增利润总额/万元	15	20
税后内部收益率（%）	47.40	53.6
税后投资回收期/a	3.08	2.85
税后财务净现值/万元	101	85.8

案例来源：张慧玲. 投资项目后评价不同方法的应用实例分析［J］. 石油化工技术与经济，2011，27(1)：15-18.

思考题：

请用项目后评价的方法，对该项目的经济效果和技术经济指标进行项目后评价。

参考文献

［1］武献华，宋维佳等. 工程经济学［M］. 大连：东北财经大学出版社，2002

［2］邵颖红，黄渝祥. 工程经济学概论［M］. 北京：电子工业出版社，2003

［3］李相然，陈慧等. 工程经济学［M］. 北京：中国电力出版社，2008

［4］兖矿集团有限公司. 济宁三号矿井建设项目后评价与展望［M］. 北京：煤炭工业出版社，2002

［5］张慧玲. 投资项目后评价不同方法的应用实例分析［J］. 石油化工技术与经济，2011，27（1）：15-18

［6］郑小虎. 逻辑框架法在医药物流中心建设项目后评价中的实践与应用［J］. 项目技术管理，2010，8（9）：42-45

［7］黄耀琴，郑千军. 鄂尔多斯盆地长北气田钻井工程项目后评价［J］. 石油钻探技术，2011，39（5）：110-114

［8］黄渝祥. 后评价的方法论原则——项目后评价系列讲座之二［J］. 石油化工技术经济，1997（2）：52-56

［9］辛侨. 浅谈项目后评价方法［J］. 山西建筑，2007（7）：194

［10］李育宁. 鹤壁电力集团公司粉煤灰蒸压砖厂扩建工程项目后评价［D］. 保定：华北电力大学出版社，2008：3-12

［11］崔轶. 公路建设项目后评价内容及方法的研究［D］. 成都：西华大学，2006：12-18

［12］张阿迪. 西昌玫瑰油项目后评价研究［D］. 天津：天津大学，2006：19-26

［13］刘翠梅. 旅游投资项目后评价［D］. 青岛：青岛大学，2006：9-10

［14］杨寿元. 我国边远农村地区通信建设项目评价分析［D］. 北京：北京邮电大学，2008：4-7

［15］鲍海君. 土地开发整理的BOT项目融资研究［D］. 杭州：浙江大学，

2005：21-25

[16] 鲍学英，王琳. 工程经济学［M］. 北京：化学工业出版社，2011

[17] 布局成竞争关键［N］. 经理日报，2010-12-01

[18] 曹玲. 中国集成电路芯片项目投资风险分析［D］. 西安建筑科技大学硕士学位论文，2008（5）：18-53

[19] 陈德平，汪华华. 国内外技术经济理论的演变[J]. 南昌水专学报，1992（1）：58-63.

[20] 陈福贵. 城市轨道交通项目经济评价方法研究与系统开发［D］. 西南交通大学硕士学位论文，2007（1）

[21] 陈家根. "洋快餐"选址策略的启示［N］. 新华日报，2001-05-11

[22] 陈敬武. 项目融资能力的综合集成评价方法和风险管理研究［D］. 天津：河北工业大学，2007：22-24

[23] 陈旭. 公路BOT项目基于BAYES理论的投资决策［D］. 成都：西南交通大学，2009：23-24

[24] 陈占涛，郑天立. 关于物流园项目财务评价案例分析的探讨［J］. 水利工程，2011，334（11）：8-11

[25] 崔轶. 公路建设项目后评价内容及方法的研究［D］. 成都：西华大学，2006：12-18

[26] 当当面临转型抉择［N］. 经理日报，2010-12-01

[27] 邓华平. 行政立法价值工程原理初探［D］. 西南政法大学硕士学位论文，2006：52-62

[28] 邓铁军. 工程风险管理［M］. 北京：化工工业出版社，2002：47-50.

[29] 丁丽萍. 价值工程在房地产项目规划设计中的应用研究［D］. 武汉理工大学硕士学位论文，2006：9-28

[30] 董小丽. 价值工程在软件项目需求工程中的应用研究［D］. 天津大学硕士学位论文，2008：54-60

[31] 杜春艳等. 工程经济学［M］. 武汉：华中科技大学出版社，2007

[32] 杜峰，张胜利. 黄土高原丘陵沟壑区第1副区小流域淤地坝工程经济效益分析［J］. 安徽农业科学，2011，39（5）：3035-3036

[33] 杜江. 基础设施特许经营项目投资机会分析［D］. 湖南：中南大学，2008：40-54

[34] 段海瑞. 房地产投资项目经济评价研究［D］. 首都经济贸易大学硕士学

位论文，2002，3

[35] 郭立夫，张泽文. 多个独立方案的评选问题研究 [J]. 北京：技术经济，2005（10）：95-96

[36] 国家发改委建设部. 建设项目经济评价方法与参数 [M]. 北京：中国计划出版社，2006：23-25

[37] http://netedu.xauat.edu.cn/jpkc/netedu/jpkc/jsjjx/readnews.asp?Newsid=438&page=1

[38] http://netedu.xauat.edu.cn/jpkc/netedu/jpkc/jsjjx/ReadNews.asp?NewsID=410

[39] 何洪伟. 万科资本结构决策研究 [D]. 成都：西南交通大学，2002：26-27

[40] 黄利明. 腾讯QQ今日在香港正式上市 [N]. 千龙科技，2004-06-16.

[41] 黄亮. 城市基础设施建设项目融资模式研究 [D]. 北京：华北电力大学（北京），2008：18-22

[42] 黄伟. AHP法的房地产项目投资方案的比较和选择 [D]. 杭州：浙江大学，2002：45-47

[43] 黄有亮，徐向阳，谈飞，李希胜. 工程经济学 [M]. 南京：东南大学出版社，2005

[44] 黄有亮，徐向阳等. 工程经济学 [M]. 南京：东南大学出版社，2002.

[45] 黄渝祥，邢爱芳. 工程经济学 [M]. 上海：同济大学出版社，2005

[46] 姬赢.《70万吨/年油页岩制油项目》财务评价 [D]. 北京：华北电力大学（北京），2008：35-39

[47] 蒋德嵩. 蒙牛乳业登陆香港股市 [N]. 南方日报，2004-10-20

[48] 肯德基（KFC）在中国 [J]. 中国经营报，2001-03-20

[49] 李大龙. 价值工程成本化评价方法在工程造价控制中的应用研究 [D]. 华北电力大学（北京）硕士学位论文，2009：26-38

[50] 李骏（导师：时建人）. 关于快餐门店可获店址的选择研究 [D]. 大连：大连海事大学，2004-02-01

[51] 李南. 工程经济学 [M]. 科技出版社，2007：162-170

[52] 李彤. 尴尬的资本运作 是谁导演国美"独角戏"？[N]. 中国企业家网，2004-09-29

[53] 李为. 城市轨道交通项目国民经济评价方法与参数研究 [D]. 西南交通大学硕士学位论文，2007，03

[54] 李伟. 价值工程在水利水电工程施工项目管理的应用研究 [D]. 国防科学技术大学硕士学位论文，2009：20–25

[55] 李相然，陈慧等. 工程经济学 [M]. 北京：中国电力出版社，2008.

[56] 李育宁. 鹤壁电力集团公司粉煤灰蒸压砖厂扩建工程项目后评价 [D]. 保定：华北电力大学，2008：3–12

[57] 林鹏. 住宅建设前期造价控制研究 [D]. 重庆：重庆大学，2003：10–16

[58] 刘长滨. 建筑工程经济学 [M]. 北京：中国建筑工业出版社，1999

[59] 刘翠梅. 旅游投资项目后评价 [D]. 青岛：青岛大学，2006：9–10

[60] 刘凡顺. 湖南省锂鱼江电厂扩建工程的经济效果评价研究 [D]. 湖南大学硕士学位论文，2002（12）：28–44

[61] 刘芬. 建筑设计项目管理理论方法及应用研究 [D]. 天津大学硕士学位论文，2007：25–29

[62] 刘霁，陈建宏，周智勇. 城市公园建设项目综合费–效分析的灰色评价 [J]. 环境科学与技术，2009（8）：179–182

[63] 刘凌. 建设项目全过程造价控制研究 [D]. 武汉：武汉理工大学，2006：13–15

[64] 刘晓君，刘洪玉. 工程经济学 [M]. 北京：中国建筑工业出版社，2008.

[65] 刘亚臣. 工程经济学 [M]. 山东：大连理工大学出版社，2008.

[66] 刘玉杰. 价值工程在港口规划设计中的应用研究 [D]. 天津大学硕士学位论文，2009：20–31

[67] 刘玉明. 工程经济学 [M]. 北京：清华大学出版社，2006

[68] 马瑞光，郭淑萍. 本土化：肯德基抢占中国市场的利器 [N]. 经理日报，2007-07-22

[69] 马瑞光. 肯德基的选址秘密 [N]. 民营经济报，2006-05-22

[70] 马瑞光. 肯德基圈地 [J]. 农产品市场周刊，2007-04-30

[71] 马瑞光. 肯德基选址策略 [N]. 市场报，2006-07-07

[72] 马瑞光. 他山之石——肯德基的选址秘密 [J]. 中小企业科技，2006-06-05

[73] 冒伟炜. 谈财务评价的分析和国民经济评价 [A]. 科学之友，2010，11

[74] 聂希凯. 价值工程 [M]. 济南：山东人民出版社，1990

[75] 齐天志. 世界著名烹鸡"专家"肯德基选址策略 [N]. 证券日报，2004-03-07

[76] 秦淼（导师：杨惠昶）. 候鸟客栈的创业构想 [D]. 长春：吉林大学，2004-04-01

[77] 邵颖红，黄渝祥. 工程经济学概论 [M]. 北京：电子工业出版社，2003

[78] 宋国防，贾湖. 工程经济学 [M]. 天津：天津大学出版社，2006

[79] 宋伟，王恩茂. 工程经济学 [M]. 北京：人民交通出版社，2006

[80] 孙晓芹（导师：王飞）. 热水供热一次网经济比摩阻的研究 [D]. 太原：太原理工大学，2010：14-19

[81] 谭浩邦，杨明. 新编价值工程 [M]. 暨南：暨南大学出版社，1996

[82] 唐凌凤. S 公司财务诊断与优化 [D]. 广州：华南理工大学，2010：32-34

[83] 涂胜. 建设项目投资研究 [D]. 武汉：武汉理工大学，2002：14-26

[84] 王蓓敏. 沪常高速公路建设项目的国民经济评价 [J]. 中国市政工程，2010，08

[85] 王红岩. 公共项目经济评价体系研究 [D]. 大连：东北财经大学博士学位论文，2007：114-115

[86] 王乃静. 价值工程概论 [M]. 北京：经济科学出版社，2006

[87] 王旭青. 公共环境建设项目融资研究 [D]. 天津：天津大学，2005：24-25

[88] 王蕴俊（导师：贾湖）. 现阶段房地产企业投资风险分析 [D]. 天津：天津大学，2007-05-01

[89] 王振颖. 高新技术改造传统产业项目的技术经济评价研究 [J]. 科学之友，2003，11

[90] 王卓甫. 工程项目风险管理：理论、方法与应用 [M]. 北京：中国水利水电出版社，2002

[91] 魏法杰，王玉灵，郑筠. 工程经济学 [M]. 北京：电子工业出版社，2007

[92] 文刚. 建筑施工项目成本控制研究 [D]. 武汉理工大学硕士学位论文，2008：41-47

[93] 武献华，宋维佳，屈哲. 工程经济学 [M]. 北京：科学出版社，2010

[94] 武献华，宋维佳，屈哲. 工程经济学 [M]. 大连：东北财经大学出版社，2007

[95] 向丽，戴晓晖，刘天星. 水资源综合利用规划的国民经济评价——以阜

康市水资源规划为例 [J]. 价值工程，2010（19）：117- 118

[96] 肖静. 如何与天使共舞——本土企业联姻境外资本的三个案例 [J]. 企业管理，2005-01-05

[97] 辛侨. 浅谈项目后评价方法 [J]. 山西建筑，2007（7）：194

[98] 熊鹏，陈伟琪，王萱，孟海涛. 福清湾围填海规划方案的费用效益分析 [J]. 厦门大学学报（自然科学版），2007（S1）：214-217

[99] 徐帮学. 公路工程项目可行性研究与经济评价手册 [M]. 长春：吉林摄影出版社，1995

[100] 徐朝，黄洁. 肯德基给我们的启示 [J]. 中国牧业通讯，2004-10-25

[101] 薛巨来. BOT 项目融资模式风险及其治理研究 [D]. 成都：西南交通大学，2006：57-59

[102] 杨汉宏等. 工程经济学 [M]. 北京：煤炭工业出版社，2002

[103] 杨虹. 价值工程在砌体结构加固方案中的应用 [D]. 西南交通大学硕士学位论文，2004：7-14

[104] 杨久斌. 开发新产品如何做好财务评价 [J]. 航天技术与民品，1998，11

[105] 杨敏. 改扩建项目评估中经济效益评价的系统研究 [D]. 西安建筑科技大学硕士学位论文，2005，04

[106] 杨寿元. 我国边远农村地区通信建设项目评价分析 [D]. 北京：北京邮电大学，2008：4-7

[107] 杨扬. 肯德基创始人哈兰·山德士 [J]. 名人传记（财富人物），2009-11-15

[108] 于春田，赵建华. 工程经济学 [M]. 石家庄：河北科学技术出版社，1990：37-39.

[109] 袁家荣. 基于价值工程的移动式混凝土布料机改进方案研究 [D]. 国防科学技术大学硕士学位论文，2009：16-30

[110] 张成林（导师：王明亮）. CD 经济开发区工业标准厂房建设项目可行性研究 [D]. 成都：西南交通大学，2008：11-12

[111] 张胜寒，张彩庆，胡文培. 电厂湿法烟气脱硫系统费用效益分析 [J]. 华东电力，2011（2）：196-197

[112] 张翔，马瑞光，郭淑萍. 中国市场、中国式管理的外资大鳄 [J]. 现代营销（学苑版），2009-08-15

[113] 赵国杰. 工程经济学 [M]. 天津：天津大学出版社，2003

[114] 赵国杰. 为工程硕士设计新工程经济学体系 [N]. 中国地质大学学报（社会科学版），2003-02-28

[115] 赵国杰. 新工程经济学体系设计[J]. 基础管理优化，2003（3）：32-35

[116] 赵俊平. 油气钻井工程项目风险分析与管理研究 [D]. 大庆石油学院博士学位论文，2007：124-145

[117] 赵雅娟. 基于绿色 GDP 的污水处理项目国民经济评价 [A]. 科技创新导报，2011

[118] 赵玉建. 企业项目投资策划理论与方法研究 [D]. 成都：西南石油学院，2004：33-35

[119] 周健（导师：韩浩、陈桂珍）. 公路工程经济分析的关键问题研究 [D]. 上海：上海海事大学，2006：8-9

[120] B Leland. & T Anthony. Engineering Economy (5th Edition) [M]. McGraw-Hill Companies Inc.，2002

[121] F. 罗伯特. 雅各布斯，理查德 B. 蔡斯著. 运营管理 [M]. 任建标译，北京：机械工业出版社，2011 Ursula Backhaus. An engineer's view of economics: Wilhelm Launhardt's Contributions. Journal of Economic Studies 27, 4/5

[122] [美] L. D. 麦尔斯. 价值分析与价值工程技术 [M]. 北京：北京技术经济和管理现代化研究会，1984.8

[123] [美] L. D. 麦尔斯. 价值工程教程 [M]. 长沙：湖南大学出版社，1987，11（1）

[124] S P Chan. Contemporary Engineering Economics (3th Edition). Prentice Hall，Upper Saddle River，New Jerey，2002